Die Kriegsjahre in Schaffhausen 1939–1945

Angst – Trauer – Hoffnung

*Die Kriegsjahre in Schaffhausen
1939–1945*

Angst – Trauer – Hoffnung

Redaktionelles Konzept Andreas Schiendorfer

Autorinnen und Autoren
Christian Amsler
Christian Birchmeier
Werner Breiter
Urs Conrad
Edith Fritschi
Paul Harnisch
Karl Hirrlinger
Hans Isler
Ursula Junker
Urs Keller
Thomas Meier
Erwin Müller
Hans Neukomm
Angelika Ramer
Max U. Rapold
Peter Scheck

Andreas Schiendorfer
Carina Schweizer
Felix Schwank
Ruth Schwank-Suter
Edwin Spleiss
Patrick Steinemann
Kurt Waldvogel
Hermann Wanner
Berta Winzeler-Howald
Matthias Wipf
Walter Wolf

James H. Hutson
Peter Vogelsanger
David Vogelsanger
(Übersetzung)

Meier Verlag Schaffhausen

© 1995 by Meier Verlag Schaffhausen
ISBN 3-85801-090-1

Layout und Produktion:
Typografik Schaffhausen, Alain Tschirky

Umschlag:
Typografik Schaffhausen, Ulrika Hampl

Lithos: Meier Schaffhausen

Druck: Meier Schaffhausen

Inhaltsverzeichnis

Einleitung 7

Aktivdienst 11
Kriegsalltag 21
Landwirtschaft 43
Zwischen Anpassung und Widerstand 57
Nachbarn 87
Schreckenstage 101
Kriegsende 123
Bildnachweis 144

«Bombing the Sister Republic» 145
Anmerkungen 172

Einleitung

«Kriegsjahre in Schaffhausen 1939–1945» ist in enger Zusammenarbeit mit der Redaktion der «Schaffhauser Nachrichten» entstanden. Für dieses Werk haben wir eine Zeitungsserie zusammengefasst und erweitert, die im Laufe des Jahres 1995 erschienen ist und an den Friedensschluss in Europa vor 50 Jahren erinnern sollte.
So vielfältig wie die Autorinnen und Autoren innerhalb und ausserhalb der Redaktion sind auch deren Beiträge. Sie beleuchten verschiedenste Aspekte jener Zeit voller «Angst, Trauer und Hoffnung» und haben recht eigentlich nur eines gemeinsam: die Schaffhauser Sicht. 28 Personen aus unserer Region – die meisten sind Zeitzeugen – blicken zurück und schreiben, was sie gesehen, gehört oder selber erlebt haben. Es sind oft subjektive Schilderungen, die hier zu Papier gebracht wurden, aber um so mehr vermitteln sie uns heute ein eindrückliches Bild jener Zeit, zeigen sie den Alltag des Krieges, wie er in unserem Land zu bestehen war, obwohl wir nicht direkt am Kriegsgeschehen beteiligt waren. Ich danke allen Autorinnen und Autoren für die Mitarbeit an diesem Buch ganz herzlich. Dank gebührt aber auch jenen Leserinnen und Lesern, die uns, angeregt durch die Zeitungsserie, Berichte oder Unterlagen zukommen liessen.
Mit dem für Schaffhausen und seine Bewohner schrecklichen Ereignis der Bombardierung vom 1. April 1944 setzt sich der amerikanische Historiker Dr. James Hutson seit langem auseinander. Wir veröffentlichen das bearbeitete Manuskript eines Vortrages, den der Director of Documents an der Library of Congress in Washington am 31. März 1994 in der Schaffhauser Rathauslaube hielt. In diesen Teil des Buches führt Pfarrer Peter Vogelsanger ein, der leider im Sommer dieses Jahres verstorben ist. Sein Sohn, David Vogelsanger, hat liebenswürdigerweise Hutsons Text übersetzt, wofür wir uns herzlich bedanken. Ebenfalls danke ich Andreas Schiendorfer, Redaktor und Historiker, für seine grosse Hilfe bei der Konzeption und der Realisation dieses Buches.

Im Dezember 1995   *Marie-Christine Neininger*

Krieg und Frieden – Rückblick und Ausblick

MAX U. RAPOLD

Gedenkanlässe sollen mehr sein als periodische historische Routine oder nostalgische Schwelgerei: nämlich Chance zu Rückbesinnung, Rechenschaft und Zuversicht. Erlebte Vergangenheit wird vergegenwärtigt und für die jüngere Generation verstehbar und kann so für künftiges Gestalten fruchtbar gemacht werden.

Dass die Schweiz, dass unsere Grenzregion Schaffhausen in einem von zwei Weltkriegen gezeichneten Jahrhundert von den damit verbundenen menschlichen Leiden und materiellen Verwüstungen fast gänzlich verschont wurde, ist ein Wunder. Dass es uns «zugefallen» ist, sollte weder als blosser glücklicher Zufall bagatellisiert noch als rein selbstverdiente Leistung hochgejubelt werden. Jeder Friede ist letztlich mit einem Wunder verbunden: mit dem Wunder der Menschwerdung der beteiligten Menschen. Um es zu ermöglichen, bedarf es neben eigenem Bemühen des Beistandes höherer Mächte.

Wir Schweizer sind in die Wechselbäder der europäischen Geschichte des 20. Jahrhunderts nicht ernstlich einbezogen worden. Und doch hat mindestens der Zweite Weltkrieg, an den wir mit dieser Schrift erinnern, tiefere Spuren hinterlassen, deren sachgerechte Aufarbeitung noch nicht abgeschlossen ist. Diese Spuren sind nicht grundlegend verschieden von denjenigen ehemals kriegführender Staaten und Bevölkerungen. Sie umkreisen die Frage nach der Verhinderung oder wenigstens Begrenzung weiterer kriegerischer Konflikte in Europa und anderswo. Oder – positiv gewendet – nach den Bedingungen echten, dauerhaften Friedens in einer unvollkommenen Welt.

50 Jahre nach dem Zweiten Weltkrieg ist man überall in Europa geneigt, vom Ende der bisher üblichen «Fortsetzung der Politik mit anderen Mitteln» (Clausewitz) sprechen zu dürfen. In der Tat haben Hauptbeteiligte des Krieges aus gravierenden Mängeln früherer Nachkriegsbewältigung gelernt. Die auf den Schlachtfeldern erzwungene bedingungslose Kapitu-

lation der Achsenmächte ist von den westlichen Siegerstaaten nicht für einseitige Friedensdiktate missbraucht worden. Vielmehr wurde mit der Durchsetzung des von Adolf Hitler verhöhnten Prinzips der Demokratie in ganz Europa die entscheidende staatspolitische Grundlage für ein friedliches Mit- und Nebeneinander freier Völker veranlagt. Hinzu kam die ebenso bewunderungswürdige wie kluge Wirtschaftshilfe der USA in Form des Marshallplans, aus dem die westeuropäische wirtschaftliche und politische Zusammenarbeit erwuchs. Nicht minder bedeutsam war schliesslich, dass es nach dem Weltkrieg gelungen ist, den allgemeinen Menschenrechten in den Ländern des Europarates und der OECD zu praktizierter Anerkennung zu verhelfen.

Menschen- und Minderheitsrechte, rechtsstaatlich-demokratische Legitimation und föderalistische Organisation öffentlicher Gewalt und wirtschaftlicher Austausch im Zeichen verantworteter, solidarischer Freiheit sind die entscheidenden Eckpfeiler des Friedens. Keiner von ihnen darf fehlen oder hat Vorrang, wenn Menschen ihre unvermeidbaren persönlichen Interessenkonflikte gewaltlos austragen wollen.

Platon, philosophischer Ahnherr europäischer Friedenskultur, bezeichnete Weisheit, Mut und Besonnenheit als die «Kardinaltugenden» menschenwürdigen Verhaltens, aus deren Zusammenspiel die gemeinschaftsbildende vierte Tugend, die Gerechtigkeit, erblühen könne. Nach mehr als 2000 Jahren europäischer Geschichte seit Platon, nach einer blutigen ersten Hälfte und einer friedlichen Fortsetzung des zu Ende gehenden Jahrhunderts sind wir zur Hoffnung auf dauerhafte Friedensfortschritte berechtigt. Aber die Friedensaufgabe ist, gemessen an den Ideen Platons, unermesslich gross.

Sie als persönliche und gesellschaftliche Verpflichtung ernst zu nehmen, ist der tiefere Sinn jeder Betrachtung auf die hinter uns liegenden Jahre der Bedrohung, Versuchung und Bewährung. Und die Botschaft General Guisans zum 1. August 1940 an die mobilisierten schweizerischen Soldaten bleibt in erstaunlichem Ausmass aktuell und gültig: «Schweizerisch denken will heissen: Im Nachbarn den Menschen ehren, bei uns wie ausserhalb unserer Grenzen. Darum stellen wir das Recht über die Kraft, die Menschlichkeit über Nutzen und Wohlfahrt. Darum freuen wir uns der Verschiedenheit der Sprachen, der Rassen und der Kulturen. Darum bleiben wir neutral im Kampf der Grossmächte und bemühen uns, sie zu verstehen so wie sie sind, indem wir uns selber treu bleiben.»

Aktivdienst

Kurz vor dem Ausbruch des Zweiten Weltkrieges war die allgemeine Wehrpflicht bis zum vollendeten 60. Altersjahr ausgedehnt worden. Da gleichzeitig die meisten Schaffhauser ihren Aktivdienst im Grenzschutz, in der Grenz-Brigade 6, verrichteten, verteidigten oft Vater und Sohn gemeinsam die Schweizer Heimat, zunächst an der Grenze selbst, danach hinter den Rhein zurückgezogen. Viele von ihnen verrichteten 900 bis 1000 Diensttage, opferten notgedrungen, aber doch bereitwillig, ihre besten Jahre des Ausbildungs- und Berufslebens. Gleichzeitig wussten sie, dass es die Familien zu Hause noch schwerer als sie selbst hatten.

Der Weltkrieg zeichnet sich ab

Der Zweite Weltkrieg begann für die Schweiz nicht überraschend. Spätestens seit 1935 begann man, sich konkret darauf vorzubereiten. Die mangelhafte Bewaffnung der Armee wurde verbessert, der allgemeine Wehrwille der Bevölkerung gefördert.

ANDREAS SCHIENDORFER

Wann hat eigentlich der Zweite Weltkrieg begonnen? Am 1. September 1939 mit dem Überfall Deutschlands auf Polen? Oder bereits mit dem Ende des Ersten Weltkrieges, als der Versailler Friede keine stabile Friedenszeit einzuleiten vermochte? Die Gebietsabtretungen Deutschlands an Frankreich (Elsass-Lothringen), an Dänemark (Nordschleswig) und Polen (Westpreussen, Posen, Oberschlesien), die keineswegs unberechtigt waren, mussten für Deutschland eine unverdauliche Schmach bedeuten, zumal dieses bei der Ausarbeitung der Friedensregelung nicht angehört worden war. Und die auferlegten Reparationszahlungen waren so hoch, dass Deutschland gemäss einem Plan von 1929 noch bis 1988 hätte Abzahlungen leisten müssen...

Zudem erwies sich der Völkerbund, dem im Laufe der Jahre 63 Länder angehörten und dem 1920 auch die Schweiz beigetreten war, in den dreissiger Jahren als unfähig, den Frieden zu sichern. Als Japan 1931 die Mandschurei überfiel, blieben Sanktionen aus, als aber 1935 der Völkerbund eine totale Handelssperre gegen Italien wegen des Überfalls auf Abessinien verhängte, machten die wichtigsten Länder nicht mit. Auch die Schweiz erliess nur ein Waffenausfuhrverbot, aber kein Handelsembargo. Der Anschluss Österreichs an Deutschland machte klar, dass ein Kleinstaat vom Völkerbund keinen Schutz zu erwarten hatte, weshalb die Schweiz am 14. Mai 1938 von der differenzierten zur uneingeschränkten, bewaffneten Neutralität zurückkehrte.

Deutliches Ja zur Armee

In der Zwischenzeit hatte die Schweiz ihre eigene Armee schrittweise besser bewaffnet. Bundesrat Rudolf Minger war es gelungen, das Parlament zu höheren Rüstungskrediten zu bewegen. Die Sozialdemokraten verzichteten ab September 1935 auf den Klassenkampf und ihre Forderung der «Diktatur des Proletariats». Sie bekannten sich fortan zur bewaffneten Landesverteidigung, da diese notwendig sei «zur Abwehr drohender Gefahren faschistischer Gewaltangriffe». Nun wurde endlich über den Ausbau der Flugwaffe diskutiert. 1936 wurden die ersten Panzer eingeführt. Allerdings war der Nachholbedarf zu gross: Die Schweizer Armee war bei Kriegsbeginn längst nicht optimal bewaffnet. «Vor allem fehlten Panzer- und Fliegerabwehrwaffen; die Artillerie verfügte zum Teil noch über veraltete Geschütze aus dem letzten Jahrhundert», schrieb später der Generalstabschef in seinem Bericht über den Aktivdienst.

Grenzschutz wurde ausgebaut

Gleichzeitig war eine Armeereform eingeleitet worden: Im Februar 1935 stimmte die Bevölkerung der neuen Militärordnung zu, die die Dauer der Rekrutenschule von 67 auf 118 Tage erhöhte. Später wurden die Wiederholungskurse von zwei auf drei Wochen verlängert und das Ende der Dienstpflicht vom 48. auf das 60. Altersjahr erhöht. Die neue Truppenordnung verstärkte die Gebirgstruppen und schenkte dem Luft- und Grenzschutz mehr Beachtung als bisher.

Für den Grenzschutz wurden erstmals eigene Truppen ausgeschieden, wovon die Schaffhauser besonders stark betroffen waren.

Die Schweizer Bevölkerung selbst bekannte sich im Oktober 1936 mit Nachdruck zur Landesverteidigung, als sie trotz der immer noch vorherrschenden Wirtschaftskrise eine niederverzinsliche Wehranleihe um 100 Millionen Franken überzeichnete; dabei war wenige Wochen zuvor der Franken um 30 Prozent abgewertet worden.

Im ganzen Land wurden mehr oder weniger konkrete Kriegsvorbereitungen getroffen, so wurde beispielsweise im September 1938 eine Verdunkelungsübung durchgeführt. Angesichts der Geschehnisse im Ausland rückte die Schweizer Bevölkerung immer näher zusammen und reduzierte die parteipolitischen Auseinandersetzungen auf ein Minimum. Das «Friedensabkommen» zwischen Arbeitgeber und Arbeitnehmer der Maschinen- und Metallindustrie am 19. Juli 1937 kann ebenso als ein Indiz hierfür angesehen werden wie die Ernennung des Rätoromanischen zur vierten Landessprache am 20. Februar 1938. Am eindrücklichsten offenbarte sich diese positive Gesinnung der Bevölkerung allerdings in der Eidgenössischen Landesausstellung, die am 6. Mai 1939 in Zürich eröffnet wurde.

In der Schweiz und vor allem auch in Schaffhausen war die politische Macht der (allerdings immer noch lautstarken) Fronten längst gebrochen. Und auch wenn es nach wie vor viele «Anpasser» aus Angst oder Begeisterung gab (und während des Krieges geben sollte), so waren der allgemeine Wehrwille und die Bereitschaft zum Widerstand doch ungemein gross und verdienen die Anerkennung der nachgeborenen Generationen.

Auslandchronik 1935 bis 1939

1935: Wiedereinführung der allgemeinen Wehrpflicht in Deutschland (16. 3.); Ausnahmegesetze gegen die Juden («Nürnberger Gesetze», 15. 9.); Italien eröffnet den Abessinienfeldzug (3. 10.).
1936: Deutschland besetzt das entmilitarisierte Rheinland (7. 3.); Beginn des Spanischen Bürgerkrieges (18. 7.).
1938: Einmarsch Hitlers in Österreich (11. – 13. 3.); im «Münchner Abkommen» stimmen Frankreich, England und Italien dem Einmarsch Deutschlands in das Sudentenland zu (29. 9. / 1. 10.); schwere Ausschreitungen gegen die Juden («Reichskristallnacht», 9. 11.).
1939: Hitler besetzt den Rest der Tschechoslowakei (14./15.3.); Italien besetzt Albanien (7.4.); deutsch-sowjetischer Nichtangriffspakt (23.8.); das Deutsche Reich sichert der Schweiz, Belgien, Luxemburg, Dänemark und den Niederlanden die Respektierung ihrer Neutralität zu (26.8.); Deutschland greift Polen an (1.9.); England und Frankreich erklären Deutschland den Krieg (3.9.).

Wo leisteten die Schaffhauser Milizen ihren Aktivdienst?

Dies war vornehmlich in drei Heereseinheiten der Fall, nämlich: das Gros, die Infanterie, in der Grenz-Brigade 6 (Gz Br 6), die Spezialtruppen wie Artillerie, Genie, Sanität in der 6. Division (6. Div.), die Leichten Truppen, die «Gelben», u.a. die Dragoner, in der Leichten Brigade 3. Bei den Armeetruppen waren die Angehörigen der Flieger- und Flabtruppen, der Pontoniere, von Motor-Transport-Kolonnen.

HERMANN WANNER

Das Schweizervolk, das im Laufe der Geschichte ein feines Gespür für aufkommende Bedrohungen entwickelt hatte, erkannte als eines der ersten das Kommen eines neuen Krieges. Im Rahmen der Neuordnung der Truppen von 1936 wurden neue Heereseinheiten geschaffen. Die grosse Neuerung für uns war die Bildung von Grenztruppen, die besonders unseren Kanton anging. Voraussetzung für eine erfolgreiche Mobilmachung der Armee war eine rasche Grenzsicherung. Dies erforderte die Aufstellung festorganisierter Verbände, und es musste auf die in den Grenzräumen wehrpflichtige Bevölkerung gegriffen werden: die Heranziehung sämtlicher Altersklassen, die zu Truppenkörpern (Grenzbrigaden, -regimentern, -bataillonen) und Einheiten formiert wurden. Ihr Auftrag hiess: «Halten und die Einfallachsen in unser Land in die Tiefe verteidigen». Diese Organisation gestattete, den Grenzschutz rasch zu mobilisieren und die Stellungen besetzen zu lassen, die durch Bunker und einzelne Artilleriewerke verstärkt wurden.

Unser Kanton stellte vier Grenz-Füsilier-Bataillone (263 bis 266), Auszug, Landwehr und Landsturm, oft Vater und Sohn nebeneinander. Jeder «Auszügler» hatte zwei Einteilungen, die des Auszugs- oder Stammbataillons (61, 64 oder Schützen 7) und der Einheit der Grenztruppe (zum Beispiel Wachtmeister Robert Pfund, 13, Füsilier-Kompanie III/61 und Grenz-Füsilier-Kompanie II/266), die älteren Jahrgänge nur eine. Die Grenz-Einheiten waren lokal gebildet, so die Gz Füs Kp II/255 aus den Gemeinden Hallau, Beringen und Siblingen. Falls die Grenztruppen entlassen wurden, wurden in der Regel die Auszugsbataillone aufgeboten und leisteten ihren Dienst an der Grenze.

Der Raum der Gz Br 6 erstreckte sich von Eschenz bis Weiach. In der Mitte deckte das Schaffhauser Gz Inf Rgt 53 das Weinland; anschliessend nach Osten war das Gz Inf Rgt 52, nach Westen das Gz Inf Rgt 54 eingesetzt. In den beiden benachbarten Regimentern taten auch Schaffhauser Dienst, aus dem Bezirk Stein, aus Neuhausen und Rüdlingen-Buchberg.

Nach 1939 war das Gz Inf Rgt 53 rings um Schaffhausen tätig; nach dem Polenfeldzug, der neue Erfahrungen in der Kriegsführung brachte, wurden alle Truppen über den Rhein gezogen. Der Kanton Schaffhausen war somit ohne Truppen, und der Grossteil der Bevölkerung verstand diese Massnahme.

Der Dienstbetrieb

Als sich die Lage in Europa verdüsterte, wurden die Grenztruppen auf Dienstag, 29. August 1939, aufgeboten: Ein paar Tage später erfolgte die Kriegsmobilmachung der gesamten Armee. Als erste Dringlichkeit ergab sich ein Ausbau der bezogenen Stellungen durch die Truppe selbst. «Unkundige Hände lernten Pickel und Schaufel führen, Säge und Hammer bedienen.» Bei allen Einhei-

Defilee der Schaffhauser Truppen auf dem Fronwagplatz – die Bevölkerung stand voll und ganz hinter dem Militär und leistete zu Hause ebenfalls ihren Teil an der Landesverteidigung.

ten der Grenzbrigade 6 dominierten weiterhin der Wachtdienst und die Einsatzschulung im anvertrauten Stellungsbau. Dabei ging es darum, die fertiggestellten, teilweise aber zu weit auseinanderliegenden Bunker entlang dem Rhein durch behelfsmässige Zwischenstellungen zu ergänzen und dem ganzen Abwehrdispositiv durch Feldbefestigungen mehr Tiefe zu verleihen. Aus dem Bestreben, eine optimale Ausbildung und Einsatzschulung sowie die Geländeverstärkungen auszunützen, ergab sich für die Aktivdienstleistungen der Grenztruppen das charakteristische, ständige Nebeneinander von Alarmeinsätzen, Besetzungsübungen, Bewachen, Bauen, Ausbilden mit Körpertraining, Marschübungen, Kampfschulung und Scharfschiessübungen.

Für die Wehrmänner summierten sich die gesamten Aktivdienstleistungen auf 300 bis rund 1000 Diensttage. Viele dieser Tage waren gefüllt mit harter militärischer Arbeit. Manche waren geprägt durch kameradschaftliche Fröhlichkeit, durch harmonische Zusammenarbeit mit Gleichgesinnten und durch die Genugtuung über vollbrachte Leistungen. In weniger bedrohlichen Zeiten war die Urlaubsregelung grosszügig, zumal die Wehrmänner nahe ihrer Familien und ihres gewohnten Arbeitsplatzes waren.

Eine besondere Stellung innerhalb der Grenzbrigade hatten die Trainformationen der Stammbataillone 61, 64 und 67. Weil die im Prinzip ortsfesten Grenzeinheiten die Pferde kaum sinnvoll verwenden konnten, wurden alle Truppenmannschaften in drei selbständige Trainstaffeln mit Pferden und Fuhrwerken (pro Stammbataillon 120 bis 150 Mann, 133 Pferde und 78 Fahrzeuge) unter der Führung der jeweiligen Bataillons-Trainoffiziere vereinigt und zum Einsatz für vielfältige Transportaufgaben der Armee bestimmt. Sie waren unmittelbar dem Brigadekommando unterstellt.

Die 6. Division

Für die Spezialtruppen, die zur Zürcher 6. Div. gehörten, waren sowohl der Auftrag wie der dienstliche Alltag anders. Sie gehörten zu einer Heereseinheit der Feldarmee, die nicht an dem einen Einsatzort festgelegt war. Nach der Mobilmachung war die Division im Raume Zürich–Winterthur, und die Ausbildung stand im Vordergrund. Nach der Niederwerfung Polens engagierte sich die Truppe in der nun einsetzenden Ausbauarbeit ihrer Stellungen an der Limmat; der Bau dieser Verteidigungslinie entsprach ganz den Vorstellungen der Soldaten und

Nach der Bombardierung von Schaffhausen kennzeichnete man exponierte Häuser wie hier an der Grabenstrasse in Schaffhausen sowie die Landesgrenze mit grossen Schweizerkreuzen. Die aktive Verteidigung der Schaffhauser Heimat war jedoch – zum Leidwesen der Schaffhauser Einheiten – den Appenzeller Truppen vorbehalten.

der Bevölkerung: Sie sollte einen möglichen Ansturm aufhalten. Als die Schweiz ganz von den Achsenmächten umschlossen war, entschied sich der General im Juli 1940 für eine Alpen- und Zentralraumstellung, die durch die Befestigungen von Sargans, Gotthard und St-Maurice flankiert wurde. Die 6. Div. bezog den Raum Zug–Schwyz und begann wieder von neuem, ihren Abschnitt zu befestigen. Als die Umklammerung gelockert wurde und französische und amerikanische Truppen der Westgrenze entlang gegen das Elsass vorrückten, wurde das Reduit verlassen, und die Division wurde zur Verstärkung der Grenztruppen in den Raum Laufen–Delsberg–Passwang verlegt. Dort erlebten die meisten ihren letzten Dienst.

Die 6. Div. wurde durch die aussergewöhnliche Persönlichkeit ihres Divisionskommandanten Constam geprägt. Er sorgte mit seinen Weisungen und Befehlen, seiner Übungsgestaltung, vor allem auch durch sein unermüdliches Erscheinen bei allen Truppen und die dabei klar ausgesprochene Beurteilung gesehener Leistungen sowie die scharfe und völlig eindeutige Kritik bei unzweckmässigem Kampfverhalten für die absolute Durchsetzung der Massnahmen. Bis Mitte Juli 1940 war ihm auch die Gz Br 6 unterstellt.

Das Kriegsende

Im April und Mai 1945 leistete die 7. Div., insbesondere das Appenzeller Inf Rgt 34, den Grenzdienst im Kanton Schaffhausen. Der Brigadekommandant, Oberst Walter Frey, schrieb in seinem Bericht an die Armeeleitung: «Ich habe es für Kdt und Trp der Gr Br 6 sehr bedauert, dass sie während der einzigen paar Tage, da das Kriegsgeschehen auch in unserm Abschnitt etwas an die Grenze kam, zu Hause bleiben und zusehen mussten, wie andere ihre ureigene Aufgabe des Grenzschutzes versahen. Vom Soldaten aus gesehen, der nun fünfeinhalb Jahre in zum Teil eintönigem Wachtdienst seine Pflicht getan und der für alle möglichen Fälle eingeübt und instruiert worden war, wäre es wie eine Bestätigung des Wertes seiner bisherigen Pflichterfüllung gewesen, wenn er einmal seinen Dienst nicht in supponierter, sondern in wirklicher Lage hätte versehen können.»

Aus dem Dienstbüchlein des Wachtmeisters Pfund

Vom 16. bis 29. April 1939 absolvierte Reallehrer Robert Pfund in Lohn einen Kurs für Grenzschutztruppen. Ein halbes Jahr später, am 29. August 1939, wurde er von der Grenz-Brigade 6 zum Aktivdienst in der Grenzschutz Füsilier Kompagnie II/266 aufgeboten. Es sollte bis zum 21. September 1939 dauern, bis er vorübergehend aus dem Dienst entlassen wurde. In dieser Zeit hatte er abwechslungsweise im Grenzschutz und im Auszug (Füsilier Kompagnie III/61) bereits 241 Tage Aktivdienst geleistet. Bis zum Kriegsende sollten es – wie bei vielen Schaffhausern – über 900 Tage werden, das sind also beinahe drei Jahre.

	In der Füs Kp III/61 (Auszug)			In der Gz Füs Kp II/266 (Grenzschutz)		
	Datum	Tage	Ort	Datum	Tage	Ort
1939	07.12. – 31.12.	25	Rheinau, Uhwiesen	29.08. – 06.12.	103	Enge, Birch
1940	01.01. – 05.03.	50	Birch, Rheinau	06.03. – 02.07.	123	Stammheim
	03.07. – 21.09.	76	Rheinau			
	28.10. – 16.11.	20	Feuerthalen			
1941	17.02. – 12.03.	24	Rheinau, Feuerthalen	13.03. – 18.05.	80	Nussbaumen, Schlatt, Rheinau
				13.08. – 14.09.	33	Schlatt, Rheinau
1942				26.10. – 02.12.	38	Rorbas, Schlatt
1943	05.02. – 10.03.	34	Hausen a. Albis, Gurtnellen, Steinen, Winterthur	08.05. – 10.05.	3	Besetzungsübung
				13.08. – 18.09.	37	Schlatt, Weiach
1944	06.03. – 06.04.	32	Diessenhofen	07.01. – 11.02.	36	Eglisau, Feuerthalen, Schlatt
	09.10. – 09.11.	32	Weinland	15.06. – 17.08.	64	do.
				11.09. – 12.10.	38	Flaach, Ossingen
1945				22.01. – 22.02.	32	Glattfelden, Wildensbuch
Total		293		Total	581	
		20	Spezialkurse		20	Vorkurse
		313			601	

914 Diensttage in der Auszugs- und der Grenzschutzeinheit

Die letzte Wurst

FELIX SCHWANK

Das Kasernentor, das ich am 6. Juli 1942, an meinem 20. Geburtstag, durchschritt, empfand ich nicht als Triumphbogen! Volljährig und Soldat am gleichen Tag schien mir eher etwas viel auf einmal. Ich hatte kaum Zeit, meinem bisher üblichen Geburtstagsgeschenk nachzutrauern, der grossen runden Keramikplatte mit dem Berg glänzend schwarzer Kirschen. Das Bewusstsein, einen ersten, entscheidenden Schritt ins Leben auf eigenen Füssen zu tun, dieses Bewusstsein machte mich ruhig und gefasst. Alles, was noch mir gehörte, trug ich in einem Koffer bei mir. Er würde unter der eisernen Bettstatt verschwinden, nahe bei den Fenstern zur Sihl. Kleines Refugium des Persönlichen!

Am Kasernentor hatte sich eine Menschentraube aus lauter Kahlgeschorenen gebildet. Das Loch in der grauen Mauer, mit den Schilderhäuschen, hatte Sogwirkung. Ein verrückter Gedanke: War dieses Kasernentor nicht wie der Ablauf einer Badewanne? Alles begann sich zu drehen und verschwand.

Noch stärker empfand ich das Einförmige. Der Eintopf, der uns bilden sollte. Eintopf, Kahlkopf, dass schien sich zu reimen. Man müsse das Hirn abschalten, wenn man zum Militär gehe, so hatten sie gespottet, als wir gingen. Da war ich misstrauisch! Zum Glück! Halt deine Augen offen und halt fürs erste einmal den Mund! Das hatte ich mir vorgenommen.

Erster Höhepunkt: Das Uniforme der Einkleidung: Waffenrock mit kleinem Stehkräglein, zwei Haften zum Schliessen. Darauf würden sie besonderen Wert legen. «Kragen und zwei Knöpfe öffnen», gehörte zu den angenehmen Befehlen. Hätten sie das Angenehme mit dem Befehl «Singen!» nur nicht immer auf die Spitze getrieben! Das ist vorgegriffen. Im stickigen Kasernenestrich wurde ein Kaput (Mantel), gut wadenlang, gefasst. Dann die Hosen. Zwei Paar. Die B-Hose für den Ausgang und die A-Hose zum Mittragen im Tornister, wo auch die B-Hose vorübergehend verschwand. Man schonte die Uniform auf den Ausmärschen. Trug Ex(erzier)-Kleidung. Die mir gemässe Hosengrösse 84 ging bei den Ex-Hosen bald aus. Bei den Grössen 80 und 78 fühlte sich bei mir alles noch geborgen. Nur um Hand und Wade einigermassen gleichzeitig in den Hosen versorgen zu können, da musste ich die Hosenträger mit Schnüren verlängern.

Brotsack, graues Segeltuch, steifes Lederzeug, Schliesslasche mit Aluminiumniete, irgendwo auch Kupfer, das zu Grünspan neigte. Meine Zuneigung zum Brotsack war grösser als die zu den Patronentaschen. Diese waren steif wie der Kompanie-Instruktor, aber geeignet, 48 Schuss am Bauch herumzutragen. Wenn ein Lader im Gewehr war, blieb noch etwas Platz für die Zigaretten. In der Patronentasche. Bei Inspektionen Tabakkrümel gut entfernen. Druckluft aus den Pausbacken – Augen schliessen!

Höhepunkt: das Gewehr! Ein Karabiner 31! Meine Nummer: 632 357. Im Militär ersetzt die Gewehrnummer den Vornamen. Meldung als leidenschaftliches Gebrüll: «Rekrut Schwank 632 357!» Ich höre das Kommando: Laufdeckel ab! Dann galt es ernst. Das friedliche «Gold-Hütchen» verschwand in der Patronentasche, und der Lauf stierte drohend ins Gelände. Nur im Krieg dürfe man, notfalls, durch den Laufdeckel schiessen. Das gebe eine Blähung im Lauf, im Gewehrlauf. Wenn man das erste Mal ins Feuer komme, gebe es auch sonst Blähungen und volle Hosen. Der Korporal prahlte mit dieser Peinlichkeit, wie wenn er schon einmal dabei gewesen wäre. Den Unterof-

Eine kleine Pause. Die Unteroffiziere Rahm und Glanzmann.

fizieren war alles recht, was unserer Einschüchterung dienlich war. Immerhin, die Sache stimmte mich nachdenklich. Müsste man da nicht, auf dem Gefechtsfeld, die Schuhe ausziehen... Frühe Erkenntnis: Alles musste beim Militär nicht zu Ende gedacht werden, beziehungsweise: Schotte müsste man sein! Rock statt Hose, Dudelsack statt Gewehr.

Der Korporal hatte meinen Namen gerufen. Mir entwischte ein freundliches «Jo, wa isch?». Da sagte er «Schwanz» zu mir. Ich beharrte auf Schwank. Er wurde böse, und ich wurde Fassmann! Hatte mit der Küche zu tun. Der Küchenkorporal brüllte: «Aufrichten!» Die Kommandostimme traf Ahnungslose! Da hatte einer einen Tag Vorsprung. Herablassendes Grinsen des «Küchen-Generals». Aber jede menschliche Regung war willkommen!

Ich sehe die herrlichen Würste noch vor mir. Schüblinge, gross, wie sie sein mussten. Ihr rotbrauner Glanz war so überaus appetitlich, dass mir das Wasser im Mund zusammenlief. Auch die Brotstücke waren ansehnlich, dazu Senf in separater Schüssel. An rohen Holztischen sassen meine Kameraden vor dem Blechteller, den die Würste, die ich austeilte, weit überragten. Nur mein Teller blieb leer. Diesmal meldete ich mich korrekt beim Korporal. «Eine Wurst zuwenig, auch das werden Sie noch lernen», meinte er. Ich verstand und blitzte den Unteroffizier an: «Nein, das werde ich nie lernen!» Für mich wäre das wie Kameraden-Diebstahl gewesen. Im Militär zu Recht verpönt. Mein Korporal war gutmütig, braver Durchschnitt, er liess uns leben – mich fürs erste ohne Wurst. Wenn man nicht an die Wurst denkt, ist Brot köstlich. Ich organisierte mir ein zweites Stück. Und die Armee gab den Senf dazu!

Als Fassmann blieb mir noch das Abräumen, das Reinigen der Tische und das «Zurückfassen» des Geschirrs, was bedeutete, dass dieses wieder in die Küche zu tragen war. Die Militärsprache ist reich an Blüten. Auch Sumpfblüten kommen vor!

Das Reinigen der Tische schockierte mich mehr als das Fehlen meiner Wurst. Lag da ein unappetitlicher, zu Schwarz neigender «Lumpen», Patinaspender für die fast weiss geschrubbten Tische. «Du bist doch kein Weib», motzte der Kamerad, der mir zur

Auch der Humor kam zu seinem Recht.

Hilfe beigegeben war! Er packte das schwarze, saftende Ding und wischte die Brosamen vom Tisch. Mich packte tiefer Ekel. «Du wirst es schon noch lernen», meinte der andere tröstend, und er sollte, ein Stück weit, recht bekommen.
Aber nur ein Stück weit! Als sie mich Wochen später in die Küche kommandierten, liess der Küchenchef die Blechteller «reinigen», die Rost angesetzt hatten. Wo die Militärmesser Spuren im Blech hinterlassen hatten, blühte es rostrot! Man gab uns Stahlwolle, Fett und wieder den unappetitlichen «Lumpen»! Meine Kameraden strahlten, schnitten sich Scheiben vom Brotlaib, bestrichen diese mit weissem Fett – Schweinefett? – und pressten das Ganze in den Zuckersack. Zuckerbrot! Sie hielten auch mir eins hin, und als ich fremdete, fiel ein verächtliches «Blöde Siech!»

Ich «figgte» stumm, dem Erbrechen nahe, mit der Stahlwolle das Blechgeschirr, die Kameraden fetteten sie ein und schichteten die Teller zu Bergen. Ich wollte Boden gutmachen und anerbot mich dem Küchenkorporal fürs Abwaschen. Der schaute mich fassungslos an, unterdrückte mit Mühe das Wort, das ich da nicht hinschreiben dürfte: «Abwaschen? Dann hast Du schon morgen wieder Rost im Teller!» Das Mittagessen wurde also über der fettigen Schmutzschicht im Teller serviert! Ich opferte ein sauberes Nastuch, behauptete, bei mir hätte eine Maus in den Teller geschissen, worauf einer der «Einfetter» trocken meinte: «Herrebüebli!» Rekrutenschule, das begann ich einzusehen, war auch die Schule des Unzimperlichen. Ich würde noch einiges zu lernen haben. Nur, fürs erste rückte ich am Abend des

«Tellerputztages» mit fast 39 Grad Fieber im KZ (Krankenzimmer) ein. Gastro-Enteritis, sagte der Sanitätsleutnant. Ob ich ein Soldatenpäckli mit Fleisch oder Wurst bekommen hätte? Nun musste ich das Wort vom Küchenkorporal verschlucken. Wurst? Das Wort kann man mit 39 Grad Fieber schon gar nicht mehr hören. Nur «Blechteller» wäre noch schlimmer gewesen, «gefetteter Blechteller»... Nein, Erbrechen musste ich nicht. Nach unruhiger Nacht wollte ich zur Truppe zurück, aber der Arzt wollte nicht. Die rasche Genesung vermittelte mir das Gefühl des Drückebergers. Ein ungutes Gefühl. Lieber noch einmal die «letzte» Wurst verpassen! Dann war da das Wort «Herrebüebli» gefallen. Das alarmierte! Ich wollte ein guter Kamerad sein – und ein guter Soldat.

Kriegsalltag

Das Leben geht weiter – trotz allem: Wie schnell ist eine derartige Floskel ausgesprochen! Was aber heisst dies in bezug auf die über 2000 Tage des Schreckens, in denen die Hausfrau nicht wusste, wie sie ihre Familie ernähren sollte, in denen die Männer ständig zwischen Aktivdienst und Berufsleben pendelten und in denen auch zwischenmenschliche und kulturelle Bedürfnisse mehr und mehr befriedigt sein wollten? Die folgenden «Mosaiksteine» beleuchten einen viel zuwenig beachteten Aspekt des Weltkrieges, den Alltag, den jeder einzelne individuell zu meistern und zu gestalten hatte.

Sparsamkeit, Selbstversorgung, Zusammenhalt

Wie hat es der «kleine Mann» geschafft, die harte Zeit während des Zweiten Weltkrieges mit Frau und zwei Kindern zu bestehen? Ein Postangestellter mit Eigenheim und einem durchschnittlichen Monatslohn von 546 Franken im Jahre 1940? Hohes Pflichtbewusstsein und strenge Selbstdisziplin eines Ehepaares und das gute Gedächtnis der Ehegattin ermöglichen eine Art Rekonstruktion des Alltags einer Schaffhauser Durchschnittsfamilie von 1939 bis 1945.

KURT WALDVOGEL

Das Ehepaar Franz und Anna Müller-Bolli an der Albisstrasse im Hohlenbaumquartier hat während Jahren minutiös das «Coop-Haushaltungsbuch» geführt. Es zeigt auf, wie genügsam, aber auch einfallsreich die «Kriegsgeneration» auch bei uns war, sein musste. «Durchhalten!» hiess die Parole.

Keine 200 Franken für Fleisch und Wurst im ganzen Kriegsjahr 1940 und gegen 360 Franken für Milch im gleichen Zeitraum – wohl war der Familienvater lange Zeit im Aktivdienst – aber trotzdem: Wie war dies möglich, wie liess sich eine drei- bis vierköpfige Familie mit Eigenheim bei einem monatlichen Durchschnittseinkommen von 546 Franken über die Runden bringen?

Anna Müller, heute hochbetagt im Altersheim «Wiesli», assistiert durch Tochter Eva, erinnert sich: Beide Ehegatten kamen als «Landkinder» in die Stadt, Franz (geb. 1899) aus Löhningen, Anna (1903) aus Beringen, beide aus Bauernfamilien. Diese familiären Bande erleichterten sicher die Zeit der Entbehrungen, halfen manchen Engpass überwinden. Aber auch die Ansprüche waren bescheiden, man kannte schlicht nichts anderes.

Hoher Selbstversorgungsgrad

Franz und Anna Müller-Bolli konnten, dank vorgängiger Sparsamkeit und viel Eigenleistung, schon 1934 ein Eigenheim erstellen. Arbeitgeber PTT verhalf mit einer Hypothek dazu. 400 Quadratmeter, ein für damalige Verhältnisse stattliches Haus. Und der ländliche Tatendrang des jungen Paares führte bald zu einer eigentlichen Expansion: Ein fast gleich grosses Nachbargrundstück kam hinzu. Das ermöglichte einen hohen Selbstversorgungsgrad mit Beeren, Gemüse, Obst und Salat. Damit nicht genug, machten sich Vater Franz und Mutter Anna bei den Verwandten im Klettgau nützlich und fuhren per Velo in mancher freien Stunde aufs Land zur Mithilfe bei Feld-, Hof- und Erntearbeiten. Klar, dass ihr Entgelt in Naturalleistungen bestand: Eier, Milch, Härdöpfel ... Oder «vo der Megsete» – ein Festessen!

Eine seltene Familienidylle, da der Vater oft im Aktivdienst weilte (von links): Ruth, Franz, Eva und Anna Müller.

Als 1939 die Lebensmittel rationiert wurden, erwies sich diese ländliche Basis als besonders wertvoll: Milch und Milchprodukte, Zucker, Eier und Brot, später auch das Fleisch, waren nur gegen «Märggli» (Lebensmittel-Coupons) erhältlich. Auch die Verwandten auf dem Land mussten (meist) «Märggli» verlangen – es bestand eine entsprechende Kontrolle der Lebensmittelämter. Bei Müllers an der Albisstrasse gab es oft Suppe vom Gemüse aus dem eigenen Garten. Und zum grossen Glück für sie mussten die Härdöpfel nie rationiert werden – der «Plan Wahlen» machte es möglich! Doch im grossen Garten wurde auch «Mägis» (Mohn) angepflanzt und zum Ölen nach Marthalen gebracht. Die damals üblichen Konservierungsmethoden erleichterten die Verwertung der Produkte der ausgiebigen Selbstversorgung: Gemüse, Beeren und Früchte wurden sterilisiert und zu Konfitüre verarbeitet. Die Eier vom Land wanderten im Keller ins Wasserglas. Äpfel und Birnen wurden gestückelt und mit den Bohnen per Leiterwagen in die Dörranlage des Kraftwerks gefahren und nach einigen Tagen wieder abgeholt.

Zum Leben im Hohlenbaumquartier gehörte während des Krieges auch die rege Nachbarschaftshilfe. Man stand sich gegenseitig bei, half sich mit diesem und jenem aus. Nachbars züchteten Kaninchen, das befruchtete den Tauschhandel. Dieser erstreckte sich auch auf die begehrten «Märggli», die Lebensmittelpunkte, denn nicht jede Familie war gleich zusammengesetzt und hatte denselben Bedarf an rationierten Gütern. Auf dem Gebiet der (ebenfalls rationierten) Textilien kamen Müllers zwei Faktoren zugute: Als Postbote trat Vater Franz in Uniform zum Dienst an, hatte aber dafür ebenfalls Textilmarken abzugeben. Ausserdem trug er während mehr als 1000 Militärdiensttagen die «andere» Uniform...

Vater Franz, ein «gwehriger», lebhafter Bursche, hatte schon die Krisenjahre bei der eidgenössischen Post absolviert. Während der Kriegsjahre amtete er als Paketbote im Quartier Emmersberg. Sein Dienstgefährt war ein Postwagen mit Holzvergaser-Antrieb. Eine echte Attraktion für gross und klein! Und Müllers Töchter Eva und Ruth durften stolz sein auf ihren Papa mit dem zwar schwarz rauchenden, dann und wann hustenden, aber echt originellen Dienstgefährt.

Alles wurde gesammelt

Die allgemeine Mangelwirtschaft führte die Kriegsgeneration auch zu einer ausgedehnten Sammeltätigkeit: In den stadtnahen Wäldern fielen Tannen- und Föhrenzapfen, Holzrinden und trockenes Holz an. An den schulfreien Nachmittagen im Herbst wurden ebenda eifrig Buchnüssli zusammengesucht. Daraus entstand ein begehrtes Speiseöl. Im eigenen Haus wurden Papierbriketts verbrannt, um die knappe amtliche Zuteilung zu ergänzen. Im familieneigenen kleinen Waldstück auf dem Biberich wurden unter Mithilfe der Beringer Verwandtschaft Bäume gefällt und ausgearbeitet, mit dem Pferdefuhrwerk an die Albisstrasse gefahren, gespalten und getrocknet. An schulfreien Nachmittagen waren die beiden Müller-Mädchen ausserdem mit dem Leiterwägeli beim Rossbollensammeln an der Arbeit: der Hohlenbaumstrasse entlang ins Eschheimertal, zum Griesbach bis ins

Hauental. Die Bauernpferde lieferten damit wertvollen Dung für den Hausgarten.

Entscheidende Rolle der Frau

«Im Haus waltet das tüchtige Weib…» Schon der Dichter wies auf die bedeutende Rolle der Hauswirtschaft innerhalb der menschlichen Gemeinschaft hin. In Notzeiten kommt ihr eine noch erhöhte Bedeutung zu. Das zeigte sich auch bei Müllers: Mutter Anna, zwar als Krankenschwester ausgebildet, frönte während des Krieges ausgiebig ihrem eigentlichen Hobby, der Näherei. Zwei heranwachsende Töchter, ein Ernährer mit anstrengender Berufs- und ausgiebiger Gartenarbeit – und beschränkte Textilpunkte, da fehlte es nicht an Möglichkeiten für eine verhinderte Schneiderin… So nähte sie für die ganze Familie von der Unterwäsche bis zum Kindermantel, und mit geschickter Hand schuf sie aus getragenen Kleidungsstücken neue für ihre Kinder, änderte, flickte und strickte Socken und Pullover usw.

Kein Radio, kein Telefon

Tief in die Erinnerung eingeprägt haben sich die Kellernächte: Bei Fliegeralarm und wenn die schwe-

Ein bemerkenswertes Haushaltungsbuch

Auf den Rappen genau hat Franz Müller zusammen mit seiner Frau Anna über den gemeinsamen Haushalt Buch geführt. Die Aufzeichnungen liefern einen zuverlässigen Einblick in die ökonomischen Verhältnisse eines durchschnittlichen Schaffhauser Haushalts: Zwei Erwachsene und zwei Mädchen, ein Einfamilienhaus im Hohlenbaumquartier bewohnend. 1940 ergab sich bei Einnahmen von Fr. 6357.23 und einem Vortrag von Fr. 105.56 eine positive Saldo-Bilanz von Fr. 455.87.

Wenn Götti und Onkel Emil Müller mit dem von Gritte gezogenen Fuhrwerk nach Schaffhausen kam, strömten alle Nachbarskinder zusammen. Meist gab es einen Apfel zu «erben»...

ren Bombergeschwader über die Stadt hinwegdonnerten, dann verzogen sich Müllers in den Gemüsekeller, um notfalls die Nacht auf hergerichteten Liegen und mit Wolldecken bedeckt zu verbringen.

Familienleben damals – das war doch so ganz anders als heute: Gemeinsam sass man um den Stubentisch, Vater las die Zeitung oder ein gutes Buch – wenn nicht der Garten rief! Mutter und Kinder nähten oder strickten, dann und wann kam es auch zu einem «Eile mit Weile»-Spiel. Und man nahm sich Zeit, die täglichen Sorgen und Freuden anzuhören und zu besprechen. Auch der Krieg bildete einen stets anregenden Diskussionsstoff. Bis nach dem Krieg besassen Müllers kein Radio, und zum Telefonieren ging man ins nahe Restaurant «Zum Weinberg». Das war dann und wann für die Kinder ein Rollschuhausflug über die Rosenbergstrasse nach Beringen und Löhningen. Und die Eltern fuhren fleissig per Velo in den Klettgau, auch ein Busabonnement war ihnen damals fremd. So gut wie die Kinder zu Fuss zum Unterricht in die Steigschule und später ins Bachschulhaus marschierten. «Ferien» war ein Fremdwort, die schönsten Stunden verlebte die Familie bei Spiel und «Prötle» auf dem Randen.

In den Sommerferien wurde den Mädchen nach getaner Arbeit zu Hause gestattet, zusammen mit den Nachbarskindern in der «Rhybadi» Erfrischung vom langen Fussmarsch zu suchen.

Müllers, die exakten Buchhalter, haben «überlebt», dann und wann sogar einige wenige 100 Franken pro Jahr zur Seite zu legen vermocht. Wie war dies auf dieser schmalen wirtschaftlichen Basis möglich? Wohl lag das allgemeine Preisniveau erheblich tiefer – doch die Teuerung, die leidige, war auch eine der unliebsamen Kriegsfolgen. Anna Müller und ihre Kinder erlebten es so: Die Familie musste zusammenhalten, ein gut funktionierendes Team bilden. Dieses Gemeinschaftsgefühl, auch im Quartier, half manchen Engpass überwinden. Man gab sich mit weniger zufrieden, musste wohl auch. Und vielleicht haben sich just deswegen die harten Kriegsjahre so stark in der Erinnerung eingeprägt.

Der Mangel brachte eine neue Zusammengehörigkeit

Als Sanitäter leistete alt Regierungsrat Paul Harnisch, damals Zeichner-Konstrukteur bei Georg Fischer, seinen Aktivdienst. Noch heute erinnert er sich daran, als ob es gestern gewesen wäre. Und begonnen hat alles mit einer Zugsverspätung...

PAUL HARNISCH

Auf den 1. Juli 1939 war ich, nach zweijähriger Abwesenheit, wieder nach Neuhausen am Rheinfall gekommen und hatte eine Stelle als Zeichner-Konstrukteur für den Eigenbedarf im Maschinenpark der GF Mühlental angetreten. Bereits 14 Tage später hatte ich indes zum dreiwöchigen WK mit der San Kp 1/6 einzurücken. Es sollte der letzte WK für viele Jahre sein. Schon während dieser Dienstzeit kreisten unsere Gespräche und Gedanken immer wieder um die Frage, ob und wann es Krieg geben würde. Die Meinungen waren sehr geteilt. Obwohl unverkennbare Anzeichen aus Deutschland darauf hindeuteten, dass die dortigen Machthaber vor nichts zurückschrecken würden, was sie am Erreichen ihrer Ziele hindern konnte, hoffte man doch auf die Erhaltung des Friedens. Die Hoffnung trog. Schon Ende August war das klar, bevor der Zweite Weltkrieg begann und die Schweizer Armee zur Verteidigung der Landesgrenzen mobilisiert wurde. Da unsere San Kp zu den nicht zuerst benötigten Divisionstruppen gehörte, hatten wir noch Zeit, uns in der Firma und zu Hause richtig zu verabschieden. Wir hatten erst am 3. September einzurücken. Das militärische Aufgebot befahl uns zur Vereidigung der ganzen San Abt 6 und zum Beginn unseres Aktivdienstes auf 10 Uhr in den Hof des Hirschenwiesen-Schulhauses am Hirschengraben in Zürich. Das Einrücken war allerdings nicht so einfach. Es herrschte Kriegszustand. Und für Wehrmänner in Uniform bedeutete dies, dass die direkte Zugverbindung via Eglisau nach Zürich für sie nicht mehr benützbar war, weil sie über deutsches Gebiet führt. Sie mussten über Winterthur fahren. Hier aber galt bereits ein Kriegsfahrplan.

Die missglückte Vereidigung

Wie praktisch in all jenen Tagen lag auch über «unserem» Einrückungstag der Schatten des Abschiednehmens und der ungewissen Zukunft. Beim Zusammenkommen mit den miteinrückenden Dienstkameraden fehlten die sonst üblichen Frotzeleien und faulen Sprüche. Die Stimmung war ernst, sehr ernst sogar, aber doch erstaunlich gefasst.

Zunächst kam die angekündigte Zugskomposition nach Winterthur erst mit grosser Verspätung. Auch in Winterthur klappte es beim Umsteigen nicht hundert-

Truppenverschiebung: Paul Harnisch (links) machte diese zu Fuss, aber doch bei bester Laune mit.

prozentig. So kamen wir erst in Zürich HB an, als im Hirschenwiesen-Schulhaus der Einrückungsappell bereits begonnen haben musste. Obwohl man dort offenbar noch einige Minuten auf das Eintreffen der Schaffhauser wartete und wir selbst uns auch trotz der schwerer als beim WK-Einrücken beladenen Tornister zügig auf den Weg gemacht hatten, kam mindestens ein ansehnlicher Teil von uns erst im Schulhof an, als die ganze Vereidigungszeremonie bereits zu Ende war. Da wir aber hinter der im Hof aufgestellten Abteilung durch eine Schulhaustür eingetreten waren, wurde unser Zuspätkommen wegen des diffusen Lichtes, das im Hof herrschte, vorne gar nicht realisiert. Wir traten also den Aktivdienst unvereidigt an!
Das änderte freilich nichts daran, dass die Schaffhauser in unserer Kompanie zu den «guten Mitgliedern» gezählt werden durften. Vielleicht nicht alle unbedingt im damals noch herrschenden «militärischen Stil». Wohl aber in bezug auf Kameradschaft, Solidarität und vor allem in bezug auf den Einsatzwillen und die Arbeit im praktischen Bereich.

An solchen Einsatzmöglichkeiten mangelte es in den ersten Aktivdienstmonaten allerdings bei uns in geradezu bedenklicher Weise. Für reine Sanitäter-Kompanien, wie wir eine waren, kam die eigentliche und befriedigende Arbeit erst, als Divisions-Krankenanstalten und Lazarette eingerichtet und betrieben, Verwundete und Kranke gepflegt, Internierte und Flüchtlinge betreut werden mussten. In den ersten Aktivdienstmonaten blieb uns nur das Exerzieren mit den schweren, unhandlichen Halb-Bahren, das Graben von Leitungsgräben usw. Am besten hatten es in dieser Situation die uns zugeteilten Angehörigen des Trains, meistens Bauern. Sie konnten und durften mit ihren Pferden bei den Landwirten in der Umgebung von Schwamendingen, wo wir inzwischen Unterkunft bezogen hatten, praktische und nützliche Arbeit verrichten. Das gefiel ihnen. Manche persönliche Beziehung nahm dort ihren Anfang. Dafür allerdings nagte an den meisten von ihnen die grosse Sorge, wie es zu Hause gehe, wer dort die Arbeit mache, da ja auch keine «fremden» Truppeneinheiten im Schaffhauserland waren, die hätten aushelfen können. In dieser Beziehung waren wir, die wir in Industrie und Gewerbebetrieben gearbeitet hatten, weniger bedrückt.

Immense Leistungen der Frauen

Es lag angesichts des Umstandes, dass unsere Kompanie noch keine eigentliche Sanitätsaufgabe zu erfüllen hatte und andererseits den zu Hause verbliebenen Bauern- und Kleingewerbefrauen die Arbeit um so schwerer wurde, je länger der Aktivdienst dauerte, auf der Hand, dass Urlaubsgesuche in den ersten Kriegsmonaten vor allem den Angehörigen dieser Berufsgruppen bewilligt wurden. Denn mit der blossen Anerkennung und Wertschätzung der immensen Leistungen dieser Frauen war es ja wirklich nicht getan, so berechtigt und notwendig die Anerkennung war. Später trat in der Urlaubsregelung dann insofern eine Verschiebung ein, als nun auch die Aufrechterhaltung der wirtschaftlichen Produktion in der Industrie, insbesondere in der Rüstungsindustrie, Vorrang bekam.
Es wäre allerdings völlig unzulässig, ja ungerecht, ob der optisch besonders hervorstechenden Lei-

stungen von Bäuerinnen und Kleingewerblerinnen das, was die Frauen von Arbeitern und Angestellten in den Kriegsjahren leisteten, zu übersehen oder gering zu achten. Wohl war es für die meisten von ihnen wirtschaftlich leichter, das Leben zu meistern, als das ihren Schwestern während des Ersten Weltkrieges möglich gewesen war. Denn diesmal gab es, im Gegensatz zu 1914 bis 1918, einen geregelten Ausgleich für den Lohnausfall der im Aktivdienst abwesenden Männer. Wenn dieser auch nicht besonders üppig ausfiel, so verhinderte die Lohnersatz-Ordnung doch die schlimmsten Notlagen. Zudem leisteten, gerade auch in Schaffhausen, einzelne Unternehmen noch freiwillige Zuschüsse. Das änderte aber nichts daran, dass die Frauen, obwohl politisch noch alles andere als ernst genommen oder als gleichberechtigt behandelt, während des Krieges einen nicht hoch genug einzuschätzenden Beitrag zum Durchhalten geleistet haben.

Die 2. Generalmobilmachung

Die Angehörigen unserer Kompanie hatten, soweit sie nicht wegen kriegswichtiger Beschäftigung vorzeitig in Urlaub gehen konnten, das Pech, dass die Kompanie als letzte in der Abteilung Gesamturlaub erhalten sollte. Die erste Entlassung der Kompanie war auf den 10. Mai 1940, nach über acht Monaten Aktivdienst, angesetzt. Nach verschiedenen Dislozierungen und der Einrichtung und der Führung eines Militärspitals in Zürich-Wiedikon waren wir am 8. Mai 1940 in Steinhausen zur Demobilisierung eingetroffen. Mitten in den letzten Entlassungsarbeiten am 10. Mai am Vormittag wurde plötzlich die zweite Generalmobilmachung der Schweizer Armee verfügt und bekannt. Deutschland hatte den Krieg im Westen eröffnet. Die wildesten Gerüchte schwirrten umher. Genaueres war bei uns, mindestens zunächst, nicht zu erfahren. Entsprechend aufgewühlt war die Stimmung. In fast überstürzter Eile mussten nun das noch nicht abgegebene Korpsmaterial deponiert und die Tornister gepackt werden. Statt nach Hause ging's sodann per pedes oder höchstens mit dem Velo wieder Richtung Zürich.

Schon unterwegs begegneten uns die ersten vollbepackten Wagen aller erdenklichen Gattungen. Alle mit offensichtlich geschockten Insassen und alle Richtung Innerschweiz. An wenig schmeichelhaften Bemerkungen unsererseits fehlte es bei diesen Begegnungen nicht. Uns Schaffhauser drückte zudem die Angst, wie es zu Hause aussehe. Ganz schlimm wurde es dann in Zürich. Was wir da in diesen mitternächtlichen Stunden mitansehen mussten, trieb manchem von uns die Schamröte ins Gesicht. Meterhoch stapelten sich auf den Perrons des Hauptbahnhofs, inmitten wild gestikulierender Menschen, die Gepäckstücke aller überhaupt vorstellbarer Grössen. Sie sollten offenbar die Schweizer, die es sich erlauben konnten, in «sichere Orte» in der Innerschweiz begleiten. Diejenigen, die es sich nicht leisten konnten oder wollten, sollten oder mussten sehen, wie sie zu Rande kamen. Auch in Schaffhausen soll es, wie wir später zu hören bekamen, nicht besser gewesen sein!

Bleiben, wohin man gehört

Aber das war zum Glück doch nur eine Episode. Und nur die eine Seite des Geschehens. Die andere, Besonnenheit und Vertrauen in ein gütiges Schicksal, ja das ganz bewusst ausgesprochene «Wir bleiben hier, weil wir hierher gehören und hier unsere Aufgaben haben», die gab es auch. Und zwar, wenn auch vielleicht in den ersten Tagen nach dem 10. Mai etwas zurückhaltend, an nicht wenigen, oft ganz und gar nicht erwarteten Orten. Und in so vielfältiger Form und durch so viele einzelne, dass hier gar nicht genügend Raum zur Verfügung stünde, sie aufzuzählen. Besonnenheit und der Wille, am eigenen Platz gültige

Besonders gerne machte der Neuhauser Paul Harnisch (zweiter von rechts) bei der Flüchtlingsbetreuung mit.

Arbeit zu leisten, setzten sich immer mehr durch. In der täglichen Arbeit an den Arbeitsplätzen und zu Hause. Es zeigte sich aber dann vor allem auch im Verhalten der Schaffhauser bei den schwerwiegenden Folgen zeitigenden Bombardierungen von Schaffhausen, Neuhausen, Thayngen oder Stein am Rhein, aber auch in der Art, wie gegen Kriegsende die Tausenden von Flüchtlingen aufgenommen wurden.

Je länger der Krieg dauerte, desto spürbarer wurden für die einzelnen wie für die Gesamtheit, insbesondere aber für die Wirtschaft, die Wirkungen des Kriegsgeschehens auf unser Land. Viele Dinge wurden knapper. Vieles war überhaupt nicht mehr oder nur unter allergrössten Anstrengungen zu beschaffen. Trotzdem hörte man weniger Klagen als heute. Soweit der Mangel Lebensmittel betraf, machte sich ein erstaunlich kreativer Selbsterhaltungstrieb bemerkbar, gepaart mit einem ebenso erstaunlichen Erfindungsgeist, wie und wo man sich das Notwendige holen könnte. Auch ergab sich inmitten des spürbarer werdenden Mangels an vielen Orten ein neues Zusammengehörigkeitsgefühl, das keineswegs nur bis zur eigenen oder zu Nachbars Gartentür reichte. Dieses Zusammengehörigkeitsgefühl war auch im Berufsleben und in den meisten und keineswegs etwa nur in den kleineren Betrieben deutlich wahrnehmbar. Das gegenseitige Aushelfen wurde, obwohl dadurch gegenteilige Ansichten oder politische Weltanschauungen nicht verwischt wurden, eher zur Regel als das Beiseitestehen, wenn Not am Manne oder an der Frau war.

Leistungen der Industrie

Hier sei auch auf die gewaltigen Leistungen hingewiesen, die in den obersten Etagen unserer ansässigen Schaffhauser Grossindustrie in bezug auf die Erhaltung ihrer Produktionsmöglichkeiten sowie in bezug auf Beschäftigung und Versorgung der Bevölkerung erbracht wurden. Es ist auch im nachhinein immer wieder faszinierend festzustellen, wieviel und mit welchen Mitteln durch ein offenes und ehrliches Zusammenspannen aller Kräfte erreicht werden konnte. Unvergesslich, wie, als die für uns so lebenswichtigen Eisen- und Stahleinfuhren drastisch zurückgingen, der weitere Verbrauch sichergestellt werden konnte. Und zwar zu einem sehr grossen Teil allein schon durch eine lückenlose Erfassung und die Ausnützung aller in der Schweiz irgendwo herumliegenden Schrotthalden und Abfälle. Vor allem dem Spürsinn und dem Erfindergeist von Direktor Ernst Müller und seiner weit über die GF-Werke hinausreichenden Helferhände schienen keine Grenzen gesetzt zu sein. Massgeblichen Einfluss auf diesen Zusammenarbeitswillen in der Industrie hatte neben den bis zum äussersten ausgenützten technischen Möglichkeiten an Einsparungen und der Verwendung neuer metallischer Verbindungen zweifellos auch die unübersehbare Entkrampfung zwischen Arbeitgeber- und Arbeitnehmer-Organisationen. Eine Entkrampfung, die auch im sozialen und im menschlichen Bereich nicht ohne Folgen blieb. Zu dieser Entkrampfung hat das zwar oft und heute wieder vermehrt geschmähte, aber in der Praxis mindestens damals sehr wirksame «Friedensabkommen» in der Metallindustrie Wesentliches beigetragen.

Kriegsalltag – oder das Linsengericht

FELIX SCHWANK

Linsengericht – ein biblisches Wort! Eine biblische Geschichte. Sie ist sprichwörtlich geworden. Man erinnert sich: Esau kommt vom Feld. Ist hungrig. Sein Bruder Jakob ist am Kochen. Linsen. Esau: «Gib mir davon.» Jakob, die Chance witternd: «Wenn du mir dein Erstgeburtsrecht abtrittst.» Esau, mit dem Loch im Bauch – nicht sehr viel mehr im Kopf, schloss den Handel. Warf, mit einem anderen Bibelwort ausgedrückt, Perlen vor die Säue. Als er den Vatersegen an Jakob verloren hatte, weinte Esau, verlangte einen zweiten Segen, und Isaak sprach zu ihm: «Sieh, fern vom Fett der Erde soll deine Wohnung sein.» In diesem Bilde spiegelte sich unser Kriegsalltag. «Fern vom Fett der Erde...»

Ich hatte als Kind diese Geschichten gemocht. Stand immer auf der Seite Esaus, der mir leid tat. Ich ahnte nicht, dass das Linsengericht einmal handgreiflich auf mich zukommen würde. Nicht als biblische Geschichte. Einfach als Menü, als Kriegsmenü. Die Lebensmittelkarte wird man den Heutigen erklären müssen. Fürs erste nur soviel: Sie hat unser Leben im Krieg entscheidend bestimmt. Sie hängte unseren Brotkorb hoch und gegen Kriegsende immer höher. Es gab da den Coupon «Hülsenfrüchte». Das konnten Erbsen sein. Gelbe Erbsen, zum Beispiel. Ich stelle mir vor, es müssten diese Erbsen gewesen sein, welche die mittelalterlichen Pilger in den Schuhen trugen. Nicht als Notvorrat. Mit Erbsen in den Schuhen tat man Busse. Ich tat Busse beim Linsengericht. Hülsenfrüchte konnten auch Linsen sein. Und wenn es sie gab, kamen sie auf den Tisch. Ich sehe eine graue Masse. Kaviarähnlich, aber gröber und flacher gekörnt. Ins Bräunliche spielend und weit davon entfernt, eine Spezialität zu sein. Gegen unsere «Was der Bauer nicht kennt, frisst er nicht»-Mienen meinte die Köchin: «Mit Speck gekocht, können Linsen zum Leibgericht werden.» Von Speck natürlich keine Spur, weit und breit keine Spur. Speck? Mit der Lebensmittelkarte vom Dezember 1944 waren davon 100 Gramm pro Monat und Person zu bekommen. Speck oder Schweinefett, hiess es auf der Karte – und eben 100 Gramm. Von den Hülsenfrüchten gab es im Dezember 1944 250 Gramm pro Person. Linsengericht nature. Was Jakob bei den Linsen in der Pfanne hatte, steht nicht in der Bibel. Speck entfällt, ist nicht gebräuchlich in Israel!

Brot ass Esau zu den Linsen. Davon gab es im Dezember 1944 6750 Gramm pro Person, 200 Gramm mehr als im November. Im Blick auf Weihnachten war auch ein zweites Ei auf der Karte. Bei Zucker, Mehl und Butter zuckte Bern nicht mit der Wimper. Es gab 500 Gramm Zucker, für die man auch Konfitüre, Honig oder Kompott beziehen konnte. Mehl und Mais 250 Gramm, Butter 300 Gramm. Obwohl der Dezember kein ausgesprochener Käsemonat ist, davon gab es zu Weihnachten 50 Gramm mehr pro Person. Bei der Confiserie waren es sogar 100 Gramm mehr.

Die «November-Karte 1944» feierte ihr Fünf-Jahr-Jubiläum mit einem Aufdruck: Eine Ähre wuchs aus dem Schweizerkreuz, ein Bauer wurde beim Pflügen mit Pferd gezeigt. Ein Frachtschiff erinnerte an die damals aufgebaute Hochseeflotte der Schweiz und eine Lokomotive daran, dass für den Güterverkehr die Schiene zuständig war. Dann hiess es: «Am 1. November 1939 trat die erste Lebensmittelkarte dieser Kriegsperiode in Kraft. Seither wurden un-

Die Verpflegung der Soldaten im Aktivdienst war vergleichsweise reichhaltig, und die Logistik klappte, auch auf dem Feld, sehr gut.

serer Bevölkerung 400 Millionen Lebensmittelkarten aller Art zugeteilt. Hinter uns liegen fünf Jahre angestrengten und durch gute Ernten gesegneten Bemühens der Bauern, Arbeiter, Bürger und Hausfrauen, die inländische Lebensmittelerzeugung nach Kräften zu steigern, 5 Jahre unermüdlicher Unterhandlungen mit dem Ausland, erfolgreichen Strebens der Importeure und Transportfachleute, hingebungsvoller Arbeit der Mitarbeiter in Kanton und Gemeinde. 5 Jahre waren wir vom Krieg umtobt und blieben bis heute verschont. So gibt die Lebensmittelkarte zu Beginn des 6. Ausgabejahres Anlass zu besonderem Dank dafür, dass uns ein gnädiges Schicksal die Heimat unversehrt erhalten hat und uns des täglichen Brotes nicht mangeln liess. Geben wir dem Dankgefühl sichtbaren Ausdruck, indem wir durch Zusendung von Coupons an das Schweizerische Rote Kreuz namenlose fremde Not lindern helfen.» Eidgenössisches Kriegs-Ernährungs-Amt.

Spatz und «Kuhrunggis»

Prosaischer waren die Aufdrucke auf der Junikarte 1944 gewesen: «Knochen nicht wegwerfen – sammeln und abgeben!» Daneben wurden die Dienstpflichtigen aller Sparten ermahnt, ihre Dienstleistungen zu melden. Ich weiss noch, wie uns der Kanzleiton der Bürohengste auf die Nerven ging, die sich nicht entblödeten, uns für den Unterlassungsfall Bestrafung anzudrohen. Und für diese Brüder stehen wir an der Grenze!

Natürlich war uns Soldaten klar, dass wir nicht Anspruch auf doppelte Ration hatten. Wir schätzten die reichlichen Portionen, die sie uns im Militär auftischten. Im Zivilen gab es für die, die besonders hart zu arbeiten hatten, Schwerarbeiter-Rationen. Mit diesen verwandt war das, was der Soldat auf seinem Teller hatte. Es gab auch den sagenhaften Spatz, der die Soldatenkost im Ersten Weltkrieg ausgezeichnet hatte. «Kuhrunggis» und «Türschliesser» waren unsere boshaften Bezeichnungen für das, was sich dann, etwas verfeinert vielleicht, als «Pot-au-feu» in die Friedenszeit hinübergerettet hat. Aber der Menüzettel des Soldaten war im Zweiten Weltkrieg reicher geworden. Voressen an brauner Sauce machte für mich sogar Mais geniessbar.

Nur meinem Hauptmann wurde die Sauce zum Verhängnis: Einer von den Leutnants hatte Verspätung, so unanständig viel Verspätung, dass die Suppenteller schon abgeräumt waren, als er kam. Und wie er kam! Hochrot im Gesicht. Keuchend! Und keuchend zeigt sich ein Leutnant nicht in der Öffentlichkeit! Unser Freund tat noch ein mehreres. Er war auf Kompensation aus. Für die Verspätung! Er stampfte eine Achtungstellung aufs Kantinenparkett, dass das seinem Gleichgewicht nicht gut tat. Nagelschuhe und gewichstes Parkett, das verträgt sich schlecht. Item, der Leutnant fand dann Halt an der Serviertochter, die grad mit dem braunen Voressen hinter dem Hauptmann stand. Ein Aufschrei unserer wohlbebusten Schönen, Schräglage der ovalen Fleischplatte. Als er beim Hauptmann laut zu fluchen begann, hatte er die heisse Sauce hinten im Kragen! Ich bot mit meiner Serviette Samariterdienste an, schickte den fehlbaren Leutnant diskret vom Tisch und beguckte die roten Flecken auf den Schulterblättern des Hauptmanns. Dann hielt ich einen Vortrag über die Achtungstellung bei Tisch. Ich hatte einem Enkel von General Wille das sachte «Läuten» mit den Sporen abgeguckt – und die kleine Verbeugung, die etwas von einem militärischen Tischgebet an sich hatte. «Braune Sosse, zum Teufel noch einmal», sagte der Oberst, als er von der Sache hörte. «Heisse, braune Sosse! Nazi-Sosse, ha, ha!» Bestand der Kriegsalltag nur aus Fütterungsproblemen? Nein, aber von allen Sorgen war es die allgegenwärtige, die tägliche auch. Anbauschlacht, wie wir dem Plan Wahlen sagten, war Kampf gegen den Hunger. Auch der Landdienst gehört hierhier und das «Pflanzwerk der Schaffhauser Industrie». Wer weiss noch, dass auf den «Gretzenäckern» ein grosser Wald fiel. Lange stand dort noch ein Thuyabaum mit hängenden Ästen wie mit untätigen Armen im weiten Feld, das nun Korn trug. Das gleiche Bild vor Gennersbrunn. Wenn man vom Solenberg her gegen die Höhe beim Reservoir fährt, war auch zur Linken Wald, der gleich weit reichte wie der Wald zur Rechten. Der frühere Gemeindepräsident von Gächlingen könnte davon erzählen. Auch vom «roten Müller», dem als Personalchef von GF das Pflanzwerk unterstand.

Ich war zwischen zwei Diensten einmal bei ihm. Mit schlechtem Gewissen bat ich um eine Stelle auf einem Büro. Man sah es damals nicht gern, wenn der Sohn eines Chefbeamten einem Arbeiter die Stelle wegnahm. Büro, das liess sich diskreter an. Müller sah mich an. Sein Scharfblick hatte ihm im Unternehmen Respekt verschafft. Auch sein Einsatz für seine Leute. Ich spürte sofort: Der durchschaut dich! «Ich habe eine Stelle für Sie, aber in der Fabrik», hörte ich ihn sagen. Ich spürte den «Herr-im-Haus»-Standpunkt, reckte mich sachte im Genick und sagte: «Das kommt für mich nicht in Frage.» Wir schauten uns an. Ich ging, und ich sagte schon auf der Treppe zu mir: «Du Esel!» Nächste Station: Genossenschaftsverband, GVS. Verwalter Wettstein nahm mich. Acht Franken im Tag. Er verdiente um 800 Franken, so viel wie mein Vater als Postverwalter. Der Lohn des GVS-Prokuristen schien mir mager: 350 Franken im Monat, ein Bürofräulein wird 250 Franken verdient haben.

Grosse Verantwortung der Frauen

Ich bekam es mit Kartoffeln zu tun. Namen stürmten auf mich ein: «Bintje», damals eine neue Sorte, «Ackersegen» gross, unförmig, für Schweine geeignet, «Uptodate», «Centifolia», «Urgenta». «Böhms», waren das Frühkartoffeln? Ich hatte Saatgut zuzuteilen. Rar war das ausländische. Den ersten Anspruch hatten die Saatzüchter. Von diesen kam das sogenannt feldbesichtigte Saatgut herein. Ich verschob tonnenweise «Feldbesichtigt I» und «Feldbesichtigt II». Ich lernte, was es mit

Marke der Verpflegungstruppen.

den Böden auf sich hatte. Dann war die Sorgfalt der Bauern gefordert. Und wenn die im Dienst waren, lag alle Verantwortung auf den Schultern der Frauen. Auch bei den Gewerblern übrigens. Das gehört mit zum Kriegsalltag, die fast unglaubliche Leistung der Frauen. Stilles Heldentum, soweit man das Wort heute noch mag. Dienst am Vaterland, wie ihn auch der Soldat geleistet hat. Vaterland, das Wort ist verblasst. Für uns hatte es damals Leuchtkraft. Wenn wir nicht die Pflicht fürs Ganze gespürt hätten, hätten wir da zwei, drei Jahre – Ausbildungsjahre, Studium – einfach drangegeben? Ohne Lohnausgleich!

Erst gegen Kriegsende bekam auch der Student Fr. 1.60 pro Tag ausbezahlt. Das reichte dann fürs Semestergeld. Sonst mussten wir schmal durch. Viele von uns, die meisten vielleicht. Es reichte nicht für ein Studenten-Heim-Mittagessen für Fr. 1.20 oder Fr. 1.70. Kohlrabenschwarzer Kaffee in Minitässchen ohne Milch und Zucker kostete 20 Rappen, dazu ein Minibrötchen für 5 Rappen. Dabei hat man gejasst, und wenn man verlor, war auch das Nachtessen im Eimer. Oft kaufte ich mir auf dem Heimweg ein Pfünderli (Brot) und ein Stück Käsekuchen. Machte mir oben in der heimeligen Bude an der Dolderstrasse (35 Franken pro Monat) Tee und schob Brot und Käsekuchen so in den Mund, dass Käse spürbar blieb. Zum Frühstück wurde gefuttert, was vom Nachtessen übrigblieb. Wieder mit Tee ohne Zucker.

Im «Frauenverein» am Hottingerplatz wählte ich einmal «Sardinen garniert» für 80 Rappen. Sie brachte einen Teller Grünzeug, auf dem – eine – Sardine «aufgebahrt» war. Ich deutete auf die Speisekarte: Sardinen garniert. Ich wusste als Jurist, was eine Auslobung (Offerte) war. Die Ältliche griff zum Bleistift, der an leichter Kette ums obere Bein baumelte, und strich das n bei Sardinen. Wäre sie hübsch gewesen, ich hätte sie geküsst. Der Gedanke belebte meine Geister. Ich sah sie vor mir, die Schöne, mit Sardinen! Und wir würden die Büchse, an einem hübschen Ort zusammen ausfingern und das Öl auftunken bis zum letzten Tropfen.

Dass ich nicht, in den «Stürmen des Hungers», in gefährliche Fahrwasser abdriftete, dafür sorgte eine wöchentliche Einladung der Tante an der Ekkehardstrasse zu geschwellten Kartoffeln, Currysauce und Salat. Und ich ass und ass, schälte ab und zu eine Kartoffel nicht, und wenn man die Augen schloss, fühlten sich die Erdäpfel-

Auch die Milch war rationiert.

häute zwischen den Zähnen, der Currysauce wegen, wie Fleisch an. Mit etwas Phantasie kam man leichter durch den Kriegsalltag. Nur, dass niemand so viel Phantasie aufbrachte, der Kartoffel, unserer Lebensretterin, ein Denkmal zu setzen, habe ich nie begriffen.
Zum Kriegsalltag gehörte, im zivilen Bereich wenigstens, das Frieren im Winter. Neben dem ständigen Hungergefühl. Weil Kohle fehlte, gab es an den Universitäten die Kurzsemester. Man verbrannte alles, was warm zu geben schien. Es wurde nicht nur Torf gegraben. Wenn die Zeitungen gelesen waren, wurden sie zu Papierbriketts gepresst.
Auch in den Zügen war es oft kalt. Wenn man keine Bude gemietet hatte, fuhr man mit der Bahn nach Zürich. 7.02 Uhr ab Perron 1, Tag für Tag. Polsterklasse kostete 30 Franken im Monat. Wenn es beim Müllerdenkmal sieben Uhr schlug, war ein gewaltiger Spurt vonnöten. Aber es hat jedesmal gereicht. Man kannte sich im Zug, grüsste sich, jasste, warf beim Bahnhof Altenburg eine NZZ oder die «Nachrichten» durchs Abtrittrohr. Das ging gegen die Nazis.
War das nach Kriegsende, als in Eglisau der frischgebackene Zürcher Regierungsrat Meier zustieg? Mit ihm kam ich oft ins Gespräch. Er müsse noch gestreifte Hosen kaufen, sagte er, ganz am Anfang, einmal zu mir. In der Regierung brauche es das. Was es sonst noch brauchte, brachte dieser gescheite Mann in reichem Masse mit. Ich sehe das scharfgeschnittene Bauerngesicht und die gütigen Augen dieses Magistraten noch vor mir.
Und als der Krieg zu Ende war, an jenem denkwürdigen 8. Mai 1945, entfloh ich aus dem lärmigen, kreischenden, grölenden und Fähnchen schwenkenden Zürich hinauf auf den Üetliberg. Ich ertrug diese feiernden Horden nicht, diese «Peace» plärrende Bande war mir zutiefst zuwider. Vor mir tauchten die Sommertage 1943 auf. Rekrutenbataillon in Biberbrücke. Im Wald standen Baracken. Einige hatten aus dem vorbeifliessenden Bächlein getrunken. Ruhr, oder sonst eine Krankheit, bei der es leicht in die Hosen ging. Jeden Morgen, mit Munition behängt, im Laufschritt zum Bunker ob Schindellegi. Fallschirmjäger kommen im Morgengrauen. Auf die Füsse halten und am Abzug langsam durchkrümmen. Jeder, der am Boden nicht mehr aufsteht, ist nicht mehr euer Feind. Befehl im Kriegsalltag.
Meine Leute? Die hätte ich durchgebracht. Alle? Ich hätte ohne Wimperzucken geschossen. Aber dieser «Brüllfriede» war zuviel für mich. Die Einsamkeit überkam mich. Der Kriegsalltag würde langsam weichen. Es würde Zeit brauchen. Was würde das werden, was sie da unten im Lärm feierten – Frieden?

Warmherzige Schülerpost an die Soldaten

Der General und «Heer und Haus», die militärische Organisation für geistige Landesverteidigung und Stärkung der inneren Widerstandskraft, lancierten schon auf Weihnachten 1939 und in den folgenden Jahren die Aktion «Jedes Schulkind schreibt einem Soldaten im Feld». Daraus erwuchsen teilweise in späteren Jahren dauernde freundschaftliche Kontakte über die Kantonsgrenzen hinweg. Stil und Inhalt der Schülerpost illustriert die abgebildete Karte – Vor- und Rückseite –, die ein Glarner Mädchen einem Schaffhauser Soldaten zukommen liess.

SOLDATEN WEIHNACHT 1941 * NOEL DU SOLDAT 1941 * NATALE DEL SOLDATO 1941

Lass strahlen deinen schönsten Stern nieder auf mein Vaterland

Lieber Wehrmann!

Wir können Gott danken, dass wir noch im Frieden leben können.

Ich danke Dir, dass Du so treu unser liebes Vaterland beschützest.

Du gingest wohl gerne Heim, um Weihnachten im Familienkreis zu feiern. Es würde mich freuen, wenn ich ein Brieflein bekäme. Die Adresse heisst: Ida Frei Kreuzbühlstrasse Netstal (Glarus)

Es grüsst Dich

Ida Frei

Überwindung der Gewalt durch geistige Kraft

Auch während der Kriegsjahre gab es in Schaffhausen ein reichhaltiges kulturelles Leben. An den Landesgrenzen tobte zwischen 1939 und 1945 der Krieg. Fliegeralarm und Bombenabwürfe bestimmten in weiten Teilen Europas den Alltag. Die Zeitungen waren voller Schreckensmeldungen. Trotz den widrigen Umständen: Schaffhausen hatte auch während der schlimmen Jahre etwas zu bieten. Für Lebensmittel brauchte man Marken, für die Kultur einige Franken und etwas Lebensfreude. Theateraufführungen, Opern und Operetten wurden gespielt, im «Konzertcafé Rüden» und an zahlreichen anderen Orten wurde getanzt, in den Kinos liefen Filme, selbst an Konzerten oder Ausstellungen herrschte alles andere als Mangel.

EDITH FRITSCHI

Mag sein, dass die kulturellen Veranstaltungen den einen als Ventil dienten, um die schlimmen Umstände wenigstens für eine kleine Weile zu vergessen, anderen wiederum machten Maria Beckers starke Frauenfiguren oder Therese Giehse als Mutter Courage in der Aufführung des Zürcher Schauspielhauses enorm Mut. Vieles, was während der Kriegsjahre geboten wurde, war nicht vergnügliche Unterhaltung, sondern geistige Demonstration gegen den braunen Strom, der aus Deutschland herüberzuschwappen drohte. Dazu gehörten auch die satirischen Vorstellungen des Cabaret Cornichon, das mehrmals in Schaffhausen gastierte.

«Wir sind die letzten, fragt uns aus.» Dieses Diktum des deutschen Dichters Hans Sahl, der jahrelang im Exil lebte, ist jetzt, 50 Jahre nach Kriegsende, stets noch aktuell. Während die Kultur in Deutschland gleichgeschaltet war und Naziideologen mit ihrem Blut- und Bodenkult ästhetische Prinzipien durch rassische Biologismen ersetzten, erwies sich das Zürcher Schauspielhaus für zahlreiche Emigranten als Fluchtpunkt und als Hort der Freiheit. Von der aussergewöhnlichen Qualität des Ensembles profitierten auch die Schaffhauser, da das Zürcher Ensemble regelmässig in der Munotstadt gastierte.
Nicht nur die Berichte des Stadtrats nennen die Aufführungen des Zürcher Schauspielhauses als besondere Glanzpunkte der Saison; auch Theatergänger von damals geraten ins Schwärmen, wenn sie an die Aufführungen zurückdenken. «Hervorragende Schauspieler und durchdachte Inszenierungen waren zu sehen», sagt die 92jährige Margrit Klingenberg, die während der Kriegsjahre stets ein Theaterabo hatte. An alle Einzelheiten erinnert sie sich nicht mehr, aber Therese Giehse als Mutter Courage hat bei ihr einen bleibenden Eindruck hinterlassen. «Wenn die Courage mit ihrem Wagen über die Bühne zog, dann machte das ungeheuren Mut.» Und Ermutigung war es, was Margrit Klingenberg und mit ihr viele andere in diesen finsteren Zeiten vom Theater erwarteten.

Angst ass die Seele nicht auf

Die Situation in Schaffhausen war ja nicht mit anderen Schweizer Städten zu vergleichen. «Die nahen Grenzen», so Margrit Klingenberg, «beunruhigten uns.» Die Angst vor den machthungrigen Nachbarn dürfte deshalb grösser gewesen sein als bei den Bewohnern in der Innerschweiz. Aber die Angst ass die Seele nicht auf. Ungefähr alle zwei Wochen bildete der Theaterbesuch einen Höhepunkt im Alltag.
Die Gastspiele des Schauspielhauses Zürich setzten Massstäbe im

Elsie Attenhofer und Heinrich Gretler in «Gesundung der Kunst», Cabaret Cornichon.

Schaffhauser Kulturleben. «Letztlich hatten wir diese kulturelle Bereicherung auch Walther Bringolf zu verdanken, denn seine Schwester war Schauspielerin, und er setzte sich für das Theater ein.» Jeweils montags oder dienstags gastierte das Zürcher Ensemble in der Munotstadt. 1939 spielte es Shakespeares «Viel Lärm um nichts», und in der Spielzeit 1940/41 eröffnete es die Saison mit Gerhard Hauptmanns «Ratten». Es folgten Ibsens «Gespenster» sowie Goethes «Iphigenie auf Tauris».

Auch auf weiteren Gebieten konnte sich das Programm sehen lassen: Das «Cabaret Cornichon» offerierte «Frischi Weggli», das Stadtorchester Winterthur Mozarts «Zauberflöte» und das Stadttheater Basel brachte «Tosca». Ob des attraktiven Angebots mussten die Schaffhauser nicht nach Zürich reisen, zumal die Leute damals noch weniger mobil waren als heute. Hin und wieder fuhren Margrit Klingenberg und ihr Mann aber doch in die Limmatstadt und verknüpften diesen Ausflug mit einem Kinobesuch.

«Überwindung der Gewalt durch die geistige Kraft. Eine schweizerische Bühne kann heute nichts anderes bedeuten, als eine Bühne von freiem Geist.» So lautete ein Motto des Zürcher Schauspielhauses in der Ära Leopold Lindtberg. Dieses Bestreben zeigte sich auch in der Stückauswahl. «Ein Stück weit habe ich die Aufführungen auch als Protest gegen Hitler verstanden», erzählt Charlotte Geyer, langjährige Lehrerin am Steigschulhaus. Sie war auch während der Kriegsjahre eine begeisterte Theatergängerin und erinnert sich noch an eine phantastische Maria Becker als Maria Stuart. «Dank den vielen Emigranten konnte das Zürcher Theater aussergewöhnliche Leistungen vollbringen», meint

Charlotte Geyer rückblickend. Sie schätzte zudem das kritisch-wache Bewusstsein des Hauses und den Mut, den gefährlichen Strömungen in jenen Jahren geistig die Stirn zu bieten. Der freiheitlich-offene Geist des Hauses sprang auch auf das Publikum über. Aufführungen wie Brechts «Guter Mensch von Sezuan» waren in der Spielzeit 1942/43 ebenso gut besucht wie Kleists «Penthesilea» oder Gogols «Revisor».

Grün ist die Hoffnung

«Alle Gastspiele wiesen ausgezeichnete Qualitäten auf und wurden durch ein erfolgreiches Gastspiel des in Schaffhausen immer gerne willkommen geheissenen Cornichon-Ensembles belebt», hält der Stadtrat in seinem Protokoll über die Spielzeit 1942/43 fest. Das Cabaret Cornichon präsentierte übrigens sein Programm «Grün ist die Hoffnung» – dies war damals beinah schon ein Lebenselixier.

«Das Theater war mir sehr wichtig», erzählt Charlotte Geyer. Und ein bisschen stolz sei sie schon gewesen, dass es in Schaffhausen trotz den widrigen Umständen ein reges kulturelles Leben gab. Zwar war die Angst vor dem Einfall der Deutschen stets da, «gleichzeitig sind wir etwas fatalistisch gewesen».

Inserat aus den «Schaffhauser Nachrichten».

Nehmen, was kommt, und von einem Tag auf den anderen leben, lautete die Devise. Ohnehin war es schwierig genug, den Alltag zu organisieren und mit den Marken an die benötigten Lebensmittel zu kommen. «Allzuviel Zeit ist mir für kulturelle Anlässe nicht geblieben», erzählt Charlotte Geyer. Hin und wieder ein Ausflug nach Winterthur zu einem Konzert, der Gang ins Stadttheater sowie angeregte Diskussionen über das Gesehene auf dem Heimweg waren für Charlotte Geyer ein Stück geistiges Brot. So halfen ihr kulturelle Anlässe, die schwierige Zeit etwas gelassener zu nehmen. Trotz allem: «Wir haben nur gewartet, bis der Krieg zu Ende war.» Als dann endlich die Friedensglocken ertönten, so erinnert sich Charlotte Geyer, war der Jubel mehr als gross. «Wir konnten es kaum fassen.»

«Fräulein Huser» und UFA-Streifen

Keine Pause für das Kino während der Kriegsjahre. In den Schaffhauser Lichtspielhäusern flimmerten die unterschiedlichsten Filme über die Leinwand: im «Scala», im «Palace», im «Orient» oder im «Central» in Neuhausen. Wer sich jedoch nicht mit Streifen der Kategorie «Geierwally» oder Schnulzen mit Hans Albers abgeben wollte, musste sich ein wenig in Geduld üben und abwarten. Obwohl das Niveau der Filme eher tief angesiedelt war, liefen auch Filme wie «Hotel du Nord» von Marcel Carne. Neben amerikanischen und französischen Filmen standen zahlreiche Machwerke in deutschtümelnder Heimat- und Zerstreuungmanier – made in Deutschland – auf dem Programm. Jedoch war das gesamte Filmschaffen nicht so einseitig, wie es auf den ersten Blick scheint: 1940 hatte Veit Harlan mit «Jud Süss» entsetzliche antisemitische Greuelpropaganda gemacht, aber im fernen Amerika setzte Charly Chaplins «The great dictator» einen freudig begrüssten Kontrapunkt. Der Film wird in den Staaten als antifaschistischer Aufruf begrüsst. Und in Hollywood hatte Alfred Hitchcock 1940 «Rebecca» mit Laurence Olivier abgedreht. Ein Jahr später, im Juni 1941, war dieses filmische Kunstwerk dann auch im Schaffhauser «Palace» zu sehen. Die Palette der Kinos in der Munotstadt reichte von den «Wiener Geschichten» über den «Glöckner von Notre Dame» bis hin zu «Befreite Hände» oder UFA-Streifen mit Zarah Leander. Trotz der Dominanz der ausländischen Filmprodukte waren auch in der Schweiz die Regisseure aktiv. Eigene Produktionen wie «Wachtmeister Studer», «Fräulein Huser» oder, 1941, der Soldaten-Film «Gilberte de Courgenay» lockten die Filmfreunde in Scharen ins Kino; ein Blick in die Zeitungen jener Jahre zeigt, dass die Filme damals über längere Zeit in den Kinos vorgeführt wurden. Allerdings sollte die grosse Zeit des Kinos und der qualitativ hochstehenden Filme erst noch kommen.

Die gezeigten Werke behandelten meist die Genres Abenteuer-, Heimatfilme oder Sittenkomödien, in denen bekannte Schauspieler wie Heinz Rühmann, Paula Wessely oder Paul Hörbiger agierten. «Die moralische Anstalt» war zu jener Zeit eindeutig das Theater.

Heisse Rhythmen in kalten, düsteren Zeiten

«Punkto Nahrung sind wir während der Kriegsjahre mager geworden, aber die Musik hat uns fröhlich gestimmt.» Hans Ehrat muss es wissen: Er und seine Band «To-day» brachten den Swing nach Schaffhausen, unter anderem ins Tanzcafé Rüden, wo Sonntag für Sonntag das Tanzbein geschwungen wurde. Trotz tristen Zeiten schwebten die Damen und Herren übers Parkett, gerade so, als gäbe es keinen Krieg.

EDITH FRITSCHI

Blättert man in alten Zeitungsbänden, so wird nach kurzer Zeit klar: Die Schaffhauser waren ein tanzfreudiges Volk. Nicht nur im Concert-Café Rüden wurde aufgespielt, sondern auch im «Adler», im «Pilgerbrunnen», es gab den «Thé-dansant» in der spanischen Weinhalle, getanzt wurde beim Ball im Konzerthaus «Ritter», im Thiergarten, in der «Schweizerhalle» oder in der «Falkenburg». Hans Ehrats Band «To-day» war fast überall präsent, denn am Samstag und Sonntag waren die vier Herren stets auf Tour. Das war ganz und gar keine Selbstverständlichkeit; immerhin übte jedes Bandmitglied die Woche über einen «bürgerlichen Beruf» aus, um seinem Hobby nachgehen zu können. Hans Ehrat arbeitete tagsüber als Werkzeugmacher. Sein Lohn war eher bescheiden, und die Anschaffung eines Schlagzeugs eine riesige Investition. In Franz Küng von der Blockflötenfabrik fand er einen Förderer, der ihm mit einem Kredit aushalf. «Den verdiente ich dann in dessen Werkstatt wieder ab», erzählt Ehrat, denn durch ihre Auftritte wurde die Band, die bis nach Ermatingen tingelte, nicht reich. Der Eintritt ins Tanzlokal kostete die Tanzfreudigen 1.50 Franken, gespielt wurde meist von 20 bis 23.30 Uhr, und der Zulauf war enorm. Ehrat kann sich immer begeistern, wenn er an die «rassig aussehenden Damen» und die gut gekleideten Herren auf dem Parkett denkt. «Es gab keine Altersgrenzen, jung und alt traf sich im Saal», erinnert er sich. «Die Frauen trugen meist kurze Kleider und lange Jacken, die Männer kamen in Vestons, hatten selbstverständlich eine Krawatte umgebunden und

Hans Ehrat und seine Band «To-day» brachten den Swing nach Schaffhausen.

waren äusserst elegant.» Die Akustik im Rüdensaal hatte es dem Schlagzeuger besonders angetan. Hätte draussen nicht der Krieg getobt, so könnte man glatt von goldenen Tanzzeiten reden. Aber selbst für die Bratwurst, die sich die Musiker als Verpflegung leisteten, brauchte man Lebensmittelmarken, und so brachte sich die Realität immer wieder unsanft in Erinnerung.

Letztlich war auch die Tanzmusik harte Arbeit: Noten besass die Band «To-day» keine, ihren Namen gab sie sich, weil sie keine gestrige Musik spielen wollte, sondern den damals fast avantgardistisch anmutenden Swing, der aus Amerika importiert war. Die vier

Sonntag für Sonntag wurde im Tanzcafé «Rüden» zu den Rhythmen des Orchesters «To-day» das Tanzbein geschwungen.

Musiker wussten sich zu helfen. Statt Noten griffen sie auf ihr gutes Gehör und den Sender AFN zurück. Mittels eines Radios begeisterten sie sich am Sound von Duke Ellington, Benny Goodmann oder Glenn Miller, und sie beschlossen, auch die Schaffhauser damit zu beglücken.

Der Akkordeonspieler Hans Zünd konnte fast alles auswendig und notierte das Stück, die Musiker probten die Musik Stelle für Stelle, bis auch sie sie auswendig beherrschten und Melodie und Rhythmus quasi aus dem Effeff sassen. «Mit meinem Beruf verdiente ich das Geld, damit ich mir die Musik leisten konnte», sagt Hans Ehrat. Daneben blieb ihm nicht viel Zeit für andere Vergnügungen, aber das habe er auch nicht vermisst. Im Kino schaute er ab und zu einen Gangsterfilm an, sein grosses Interesse jedoch galt dem Swing.

Während oder vor ihren Auftritten erlebten die Musiker so Allerlei, aber offenbar konnte sie kaum etwas aus der Ruhe bringen. «Selbst beim Fliegeralarm haben wir nicht aufgehört zu spielen», erzählt er.

Auf dem Weg zu einem Auftritt in Ermatingen begegnete der Band ein notgelandeter Bomber. Danach spielten die vier Musiker – als wäre überhaupt nichts geschehen. Ehrat kann sich auch noch lebhaft an gemeinsame Auftritte mit der Schaffhauser Stadtmusik erinnern. Viele Wochen studierten die Musiker klassische Stücke ein, die sie dann in der Kirche St. Johann spielten. Und auf dem Herrenacker fanden unter der Leitung von Dirigent Giovanni Battista Mantegazzi immer wieder Platzkonzerte statt – vor einem riesigen und begeisterten Publikum. «Musik und Tanz machte die Menschen einfach fröhlicher.» Und sie liess den Musiker Ehrat auch die winterliche Kälte vergessen. Briketts zum Heizen waren Mangelware, weshalb er mit dem Velo in den Wald fuhr, um Holz zu sammeln. «Mit einem Wagen voller Bengel kehrte ich jeweils heim.» Damit wurde geheizt, und für die restliche Wärme sorgten die heissen Rhythmen.

Inserat aus den «Schaffhauser Nachrichten».

Hotel Adler - Feuerthalen

Samstag, den 15. März 1941
von 8 Uhr an großer

Ball

des beliebten Jazzorchesters

TO-DAY

Verlängerung bis 2 Uhr

Dann hatten wir seinen Teller auch noch zu füllen

BERTA WINZELER HOWALD (1914 – 1995)

…Ich war auch eine von jenen armen, nicht begüterten Frauen und wohnte ennet dem Rhein, damals. Vorkrieg: Mein Vater war 8½ Jahre arbeitslos, meine Schwester war 3½ Jahre arbeitslos. Mein Mann war Chauffeur und hatte einen Lohn von Fr. 80.– im Monat. Damals wohnten wir noch bei meinen Eltern, alle zusammen in einem Einfamilienhaus in Neuhausen.

In diese Armut hinein kam die Mobilmachung. Wir wohnten oberhalb vom Dorf, weiter oben gab es fast nur noch Villen, eine schöner als die andere. Vis-à-vis von uns war ein Laden, in dem man fast alles haben konnte. In der Nacht der Mobilmachung kamen alle die reichen Leute vom Berg mit ihren Leiterwagen und luden die Ware auf. Am Morgen war der Laden leer. – Wir hatten ja kein Geld zum Kaufen, keinen Tropfen Öl, keinen Löffel Zucker, kein Mehl, nichts. Wir haben nichts bekommen ohne Geld. Mein Mann war, ausser kurzen Urlauben, fast fünf Jahre im Dienst. Während dieser Zeit bekamen wir zu unserem Sohn noch drei weitere Kinder.

Ich nahm, um eine eigene Wohnung zu bekommen, eine Abwartstelle an. Für Fr. 40.– im Monat. Das reichte nicht einmal für die Wohnung. Wie froh war ich um die Beeren und das Gemüse von meiner Mutter! Am Anfang gab es noch keine Unterstützung, und ich schämte mich, vom Sozialamt etwas zu holen. So halfen wir uns gegenseitig in der Not. Ich nähte für meine Kinder aus meinen Kleidern neue Sachen, und aus alten Herrenhosen gab es Hosen für die Buben. Als es kritisch wurde, fuhren die Betuchten dem Gotthard zu, wir aber mussten sehen, was kommen sollte. Wir hatten damals dann die Lebensmittelkarten. Jeden Monat kamen Leute zu mir, die mir die Marken abbetteln wollten. Es ist ihnen nicht in den Sinn gekommen, dass wir diese ja selber nötig hatten!

Damals war der Wald wunderschön, wie im Märchen. Jeden Tag suchten wir Holz, gingen bis drei Stunden weit mit den Kindern. Mit Brot und Tee. Das eine noch: War man ein bisschen nett anzuschauen, wäre man bald zu Freiwild geworden, wenn man nicht stark genug gewesen wäre – für die Männer, die zu Hause bleiben «durften» und die Sozialarbeit für den Krieg machten.

Nun zu meinem Mann. Anfangs musste er Schützengräben und Stellungen bauen. Dann in den Grenzschutz. Dazwischen Urlaub ohne Arbeit. Dann hatten wir seinen Teller auch noch zu füllen. Kaum Seife, um seine Uniform zu waschen. Diese wurde im Waschschiff im Rhein gewaschen und brauchte drei Tage zum Trocknen. Zu essen hatten die Soldaten genug, aber zu Hause durften sie von unseren süssen, gefrorenen Kartoffeln probieren und gingen immer wieder gerne in den Dienst zurück…

Fünf schlimme, «verlorene» Jahre unseres Lebens. Man kann sich das heute nicht vorstellen, dass es so etwas gegeben hat. Alles blieb stehen, nichts konnte angeschafft werden. Auch die Nachkriegszeit war schlimm.

Ich hatte die Kinder zu Hause geboren und hatte niemanden, der mir die Arbeit machte. So musste ich jeweils am zweiten Tage aufstehen und die Windeln von Hand waschen.

Manchmal frage ich mich heute, wie man mit so wenig Lebensmitteln hat leben können.

Landwirtschaft

Der Kanton Schaffhausen als traditionelles Getreidebaugebiet hat einen wesentlichen Beitrag an das Überleben der Schweizer Bevölkerung geleistet. Gleichsam mit dem potentiellen Feind und Angreifer im Rücken steigerte die Landwirtschaft ihren Ertrag massiv. Die Forstwirtschaft ihrerseits hatte einen Anteil zum Nationalen Anbauwerk («Plan Wahlen») zu übernehmen, und auch die industriellen Unternehmungen und die privaten Haushalte wurden in die Kriegswirtschaft eingespannt. In der Landwirtschaft bewährte sich die schon in der Vorkriegszeit eingeführte Erntetechnik, allerdings unter Beizug aller erreichbaren Arbeitskräfte. Schweizerische Berühmtheit erhielt die von Schaffhausen aus propagierte «Guntmadinger Puppe mit geknickter Deckgarbe».

«Rücksichtslose Einschränkung aller nicht lebensnotwendigen Tätigkeitsgebiete»

1938 holte «Bern» den nachmaligen Bundesrat Fritz Traugott Wahlen als Planer in die kriegswirtschaftliche Schattenorganisation. Seine Grundsätze für die Sicherung der weitgehenden Autarkie des Schweizervolkes waren: Sparsame Bewirtschaftung der Vorräte und Rohmaterialien, äusserste Ausnützung aller Rohstoffquellen inklusive Abfall- und Altstoffverwertung und Herstellung von Ersatzstoffen, straff organisierter Einsatz aller vorhandenen Produktionsmittel sowie der menschlichen Arbeitskraft, vorab auf dem Gebiete der Lebensmittelproduktion, unter «rücksichtsloser Einschränkung aller nicht lebensnotwendigen Tätigkeitsgebiete».

KURT WALDVOGEL

Die Ernennung des Agronomen Friedrich Traugott Wahlen (1899 bis 1985) zum Leiter der Sektion Landwirtschaftliche Produktion und Hauswirtschaft im damals gegründeten Kriegsernährungsamt (KEA) war eine Art schicksalshafter Glücksfall für unser Land.

Das von den eidgenössischen Räten am 30. August 1939 ausgelöste Notrecht («Vollmachtenregime») war von langer Hand vorbereitet: Schlag auf Schlag erfolgten die fundamentalen Eingriffe in das staatliche und wirtschaftliche Geschehen: Bezugssperre für zahlreiche Lebensmittel, Sicherstellung der flüssigen Kraft- und Brennstoffe, Arbeitseinsatzpflicht, Rationierung, Preiskontrolle. Handels- und Gewerbefreiheit adieu! Es gehe jetzt um die Sicherung der Landesversorgung in schwerer Zeit, schrieb Wahlen den Kantonen schon am 2. September 1939, und, trocken, dafür seien die Gründe ja hinreichend bekannt…

260 Hektaren Mehranbau

Schon Ende September konnte der Beauftragte der Schaffhauser Regierung, Pflanzenbaulehrer Walter Marbach (1895 bis 1967), den Gemeinden vermelden, dass es beim verfügten Mehranbau von rund 260 Hektaren (ha) um nur 1,9 Prozent der Kulturfläche gehe. Verbunden mit entsprechenden praktischen Ratschlägen…

Von Anbeginn weg setzte Walter Marbach seine ganze Durchsetzungskraft für den Mehranbau ein. Der Bruder des bekannten Berner Volkswirtschaftsprofessors war ein Patriot bester Sorte und ausserdem mit F.T. Wahlen durch bernisches Geblüt und gemeinsame Jahre am «Poly» eng verbunden. Walter Marbach blieb aber stets auch der gewissenhafte Pflanzenbauer. Beim Erlass der zweiten Etappe der Anbaupflicht beispielsweise erhob er den Warnfinger wegen der Gefahr der Getreidemüdigkeit der Böden!

Zwei «Schlaatemer»

Anlässlich der September-Konferenz traten auch die beiden Regierungsräte vor die Gemeindevertreter, die in erster Linie mit den kriegswirtschaftlichen Dossiers befasst waren: Die beiden «Schlaatemer» Traugott Wanner (1881 bis 1958) und Dr. Gustav Schoch (1901 bis 1944). Wanner leitete in der Folge auch die grossen Meliorationswerke im Kanton ein, ebenfalls eine spürbare Konsequenz der «Anbauschlacht». Gustav Schoch begründete an der Konferenz sorgfältig die vom Bundesrat erlassene Arbeitsdienstpflicht. «Bern» hatte schon am 23. Juni 1939 eine «Verordnung über die Organisation des Arbeitseinsatzes im Falle einer Mobilmachung» erlassen, und am 30. August 1939, am Tag der Wahl des Generals, ordnete die Schaffhauser Regierung den Arbeitsein-

Strohreiche Gerstenernte auf dem Hagen auf rund 900 m ü. M.

satz. Auf Bauern und andere Erwerbsfähige aller Art warteten damit neue staatliche Pflichten.
Für die Realisierung des dekretierten Mehranbaus bestanden jedoch auch im traditionellen Ackerbaugebiet keineswegs nur optimale Voraussetzungen: Starke Parzellierung, kleinbäuerliche Struktur und bescheidener Mechanisierungsgrad erschwerten die Intensivierung des Landbaus. Hingegen fehlte es nicht an Erfahrung und Gerätschaften, im Gegensatz etwa zum Kanton Glarus, wo von Netstal bis Linthal kein einziger Pflug aufzutreiben war. Es fehlte zwar an Arbeits- und Zugkräften, aber im Sommer 1940 konnte eine weitere Mehrzuteilung von 500 ha verkraftet werden. Ganze 120 ha trugen dannzumal schon die Kleinpflanzer bei.

Als Wahlen 1940 seinen Anbauplan präsentierte, setzte er die wirtschaftliche Autarkie des Landes als Leitmotiv. Das führte zu einer eigentlichen Mobilmachung der Kräfte und zu immer wieder neuen Mehranbau-Etappen. Kaum hatte Schaffhausen seine Anbaupflicht als erfüllt gemeldet, wurde dem Kanton 1941 ein neues Kontingent von weiteren 150 Hektaren zugeteilt. Das hatte Folgen für die ganze Bevölkerung: Die wirtschaftlichen Unternehmungen wurden verpflichtet, ihren Belegschaften beim Anbau von Gemüse und Kartoffeln behilflich zu sein.

Und es wurde eine formelle Selbstversorgungspflicht der Bevölkerung erlassen. Die Milch wurde rationiert, und dies liess jedermann spüren, dass es jetzt – im Milchland Schweiz – ernst galt.

Gesundheitliche Opfer der Frauen

Auch der Obrigkeit im Rathaus blieben die ausserordentlichen Leistungen und Entbehrungen vor allem der Bauernfamilien nicht verborgen. Im Verwaltungsbericht 1942 anerkennt die Regierung diese ungewöhnlichen Leistungen, «die leider infolge Militärdienst der Männer da und dort nicht ohne gesundheitliche Opfer der

Frauen möglich wurden». 1942 war auch das Jahr der vermehrten Anstrengungen zur Gewinnung von Neuland durch Rodungen. Vorgängig hatten Experten die Frage der Getreidemüdigkeit der Böden prüfen müssen.

«Aufstand» im Jahre 1942

Eingriffe wie Anbaupflicht und Mehranbau inklusive Ablieferungspflicht von Schlachtvieh, Heu, Stroh usw., konnten naturgemäss nicht nur reibungslos über die Bühne gehen. Dann und wann ist in den Akten von «vereinzelten Querulanten» und «offener Renitenz» zu lesen, die der Strafjustiz zugeführt werden mussten. Zu einem grösseren «Aufstand» kam es offenbar 1942, als aus 28 Gemeinden insgesamt 180 Einsprachen gegen die Mehrzuteilungen zu bewältigen waren. Damals kamen die Fachleute auch zur Erkenntnis, dass einzig über Waldrodungen sofort grössere Flächen Neuland gewonnen werden konnten.

64 Auszeichnungen

In Bern wurde nichts unterlassen, um zum Mehranbau anzuspornen. So wurde ein Nationaler Wettbewerb der landwirtschaftlichen Produktion ausgeschrieben. Nach Meinung der Regierung war die Teilnahme der eigenen Landsleute «ziemlich schwach». Man hatte Dringenderes zu tun, als Formulare auszufüllen, mag sich mancher wackere Landmann gedacht haben. Immerhin reichte es im Kanton zu 35 Dankesurkunden und 29 Ehrendiplomen. 1941 wurden auch bereits 1336 Kilogramm Rosskastanien gesammelt und der Coffex AG (zur Herstellung eines Kaffee-Ersatzes) abgeliefert.

Die Anbauerhebung 1943 ergab Aufschluss über die unterschiedliche Steigerung des Anbaus bei den verschiedenen Produktionszweigen des Ackerbaus. Gegenüber 1934 ergab sich eine Steigerung um stattliche 36 Prozent, bei den Kartoffeln um 50 Prozent, beim Getreide um 27 Prozent und – beim Gemüse um volle 120 Prozent. Hier widerspiegelte sich auch der enorme Einsatz des damaligen Obergärtners von Charlottenfels, Dietrich Woessner, der die Treuhandstelle für Gemüsebau betreute und die Pflanzer aller Gattungen immer wieder mit neuen Ideen antrieb. Die Regierung hielt jedenfalls im Verwaltungsbericht fest, die Last des Mehranbaus werde vor allem von den alten Ackerbaugebieten getragen. Agrarhistorisch interessant ist die vorübergehende Wiedereinführung von Textil- und Ölpflanzen. Hanf, Flachs, Mohn und Raps wurden ab 1940 angepflanzt, der Mohn ab 1941 im Umfang von mehreren Dutzend Hektaren. Einzig der Raps hat sich jedoch dank Bundesförderung nach 1945 zu halten vermocht.

Parallel zum Mehranbau unternahm der Staat verstärkt auch Massnahmen zur Strukturverbesserung in der Landwirtschaft. Ab 1942 bis 1946 lief ein ausserordentliches Meliorationsprogramm des Bundes, an dem sich im Kanton acht Gemeinden mit einer Perimeterfläche von 5400 Hektaren beteiligten. Güterzusammenlegungen wurden zügig in Angriff genommen, neue Siedlungen entstanden, und Ställe wurden saniert. Höhere Bundesbeiträge erleichterten den skeptischen Grundeigentümern die Zustimmung.

Pflicht vortrefflich erfüllt

Der Schaffhauser Mehranbau hat einen wesentlichen Anteil am Erfolg des Nationalen Anbauwerkes. Schaffhausen lag mit der Erfüllung der Anbaupflicht zusammen mit Baselland und Solothurn an vorderster Stelle. Vor allem war es dem Mehranbau zu verdanken, dass Kartoffeln, Gemüse und Obst während des ganzen Versorgungsengpasses nie rationiert werden mussten.

Die gemeinsame Anstrengung hat sich somit gelohnt. Der Erfolg musste aber durch enorme Opfer und Verzicht erarbeitet, erkämpft werden.

Im Kampf gegen den Hunger: Die «Anbauschlacht»

Im Rahmen des Nationalen Anbauwerks und auf Grund der Vollmachtenbeschlüsse des Bundesrates wurden nach Massgabe der Versorgungsschwierigkeiten einschneidende Schritte im Sinne des Mehranbaus angeordnet: die Selbstversorgungspflicht der nichtlandwirtschaftlichen Bevölkerung und die Anbaupflicht der wirtschaftlichen Unternehmungen. Im Kanton Schaffhausen kam es zu stark umstrittenen grossflächigen Waldrodungen, und erstmals wurde industrielle Landwirtschaft betrieben.

KURT WALDVOGEL

Die damalige Schaffhauser Landwirtschaft wäre nicht imstande gewesen, die behördlich vorgegebenen Auflagen für die Ausdehnung der Ackerflächen zu erfüllen. Doch auch hier wieder zeigte es sich, dass eiserner Durchhaltewille und die Einsicht in die Richtigkeit der «Zwangswirtschaft» tragbare Lösungen ermöglichten.

Die Fachwelt war sich nach Beginn des behördlichen Mehranbaus bald einig, dass der ungewohnte Weg der Gewinnung von Neuland durch Waldrodungen begangen werden musste, abgesehen von der Kultivierung von Allmenden, Sportanlagen oder alten Friedhöfen (wie z.B. des Emmersbergfriedhofs in Schaffhausen). 1941 verpflichtete der Bund die Kantone zur Rodung von 2000 Hektaren, was sich bei der Planung der Anbauetappe 1942/1943 als ungenügend erwies. Darum lautete der zweite Rodungsbefehl auf zusätzliche 10 000 Hektaren. Parallel dazu wurden die wirtschaftlichen Unternehmen verpflichtet, zur Selbstversorgungspflicht der Bevölkerung beizutragen.

Kampf um den Wald

Im Kanton Schaffhausen entstand vor dem geschilderten Hintergrund 1942 die Genossenschaft «Pflanzwerk der Schaffhauser Industrie» (nachfolgend Pflanzwerk genannt). Ihrem Präsidenten, Rechtsanwalt Johannes Müller, ist eine sachkundig-präzise Schilderung der Vorgänge um die Rodungen im Kanton Schaffhausen zu verdanken. Er schreibt vom «Kampf um den Wald» und weist darauf hin, dass die traditionellen Ackerbaugebiete – wie Schaffhausen – wenig Bereitschaft zeigten, dem Rodungsbefehl Folge zu leisten. Man empfand es als Zumutung, einen Teil des (geschützten!) Waldbestandes zu opfern. 1941 gab der Kanton statt 50 Hektaren nur deren 15 zur Rodung frei. Als der Bund 450 Hektaren forderte, wurde aktiver Widerstand laut, und man erreichte eine Reduktion auf 150 Hektaren. Am 12. September 1942 versicherte kein Geringerer als der Vater des Anbauwerks, Prof. F.T. Wahlen, Schaffhausen vermöge seiner Anbaupflicht vorläufig ohne Rodungen nachzukommen. Das zuständige Departement desavouierte indessen im Gefolge den Anbauplan-Delegierten und verfügte Rodungen im Umfange von 200 Hektaren. Schliesslich setzte die Regierung eine Rodungskommission ein.

«Hals über Kopf» gegründet

Der «Kampf um den Wald» hatte zur Folge, dass hierzulande später als anderswo der industrielle Anbau in Szene gesetzt werden konnte. Die Pflichtfläche der Industrie betrug schliesslich 212 Hektaren oder drei Prozent des Gesamtanbaus der Landwirtschaft. «Hals über Kopf», schreibt Müller, hätte das Werk ab Januar 1943 in Angriff genommen werden müssen. Die Rechtslage war ungewöhnlich: Die Industrie rodete Wald, der nicht ihr gehörte, ohne

Die grossflächigen Rodungen auf dem Randen ermöglichen ab 1942 wieder den Ackerbau auf gebirgiger Höhe: Gerstenernte beim Industrie-Pflanzwerk, 1945.

grosse Regelungen. Am 12. April 1943 erfolgte die Gründung der Genossenschaft Pflanzwerk. 29 Firmen traten bei, die Leitung lag bei Johannes Müller, Carl Maier, Walter Morger, Hermann Graf und Eduard Hitz. Später wurde Henri Wegmann das Sekretariat übertragen.

Fällaktionen mit 250 Mann

Das grossflächige Roden bedeutete für die von der Industrie zur Verfügung gestellten Arbeitskräfte eine schwere Arbeit, die für die meisten unter ihnen völlig ungewohnt war. Bis zu 250 Mann waren im ganzen Kanton zeitweise mit der Fällaktion beschäftigt. Ausser dem direkten Pferdezug mit Seilwinden wurden auch motorisierte Winden eingesetzt, den Umbruch besorgten starke Traktoren. Besondere Equipen besorgten das Aufmachen und den Wegtransport des Stockholzes.

Zwei Fachleute aus dem Paradies

Auch das Pflanzwerk profitierte von der Kompetenz von Fachleuten. Nach der Rodung wurden die neuen Flächen unverzüglich angebaut, meist mit Hafer. Planung, Ansaat, Pflege und Ernte oblagen der Technischen Leitung unter Oberst Hermann Graf, Gutsverwalter im «Paradies». Sein Adjunkt, Kulturchef geheissen, wurde Hans Reich, dannzumal Mitarbeiter im «Paradies». Die beiden Männer kannten und respektierten sich gegenseitig, und der Chef brachte dem jungen Landwirt viel Vertrauen entgegen. Hans Reich, der Thurgauer, fand den Zugang zu den Leuten rasch und nahm sich der faszinierenden Aufgabe mit Schwung an. Als besonders wertvoll erwies sich die enge Zusammenarbeit mit den ansässigen oder herangezogenen Landwirten. Der nachmalige Gächlinger Gemeindepräsident war es auch, der – geistesgegenwärtig – fotografierte. Ihm verdanken wir viele fotografische Dokumente aus jener Zeit.

Mit Spannung sahen natürlich alle Beteiligten der ersten Ernte auf dem Neuland entgegen. Die Kartoffeln ergaben anfänglich über 200 Kilogramm pro Are, der Weizen 25 bis 35 Kilogramm, sie lagen damit etwas höher als der damalige schweizerische Durchschnitt. Die Ernte 1943 wurde gesamthaft verkauft, 1944 bis 1946 wurden die Erträge in Form von Speisekartoffeln, Backmehl, Hafer- und Gerstenflocken an die Mitgliederfirmen verteilt. Das Pflanzwerk wurde damit zum handgreiflichen Beispiel einer solidarischen Aktion im Kampf gegen den Hunger.

40 033 Arbeitstage

In einem privaten Bericht, der als Wettbewerbsarbeit ausgezeichnet wurde, hob der Kulturchef hervor, der industrielle Anbau habe sich durchaus gelohnt – wenn die Rodungskosten abgezogen oder auf mehrere Jahre verteilt würden. Die Schlussbilanz registriert insgesamt 3419 Einsätze von Mitarbeitern der Industrie während 40 033 Tagen mit einem Stundentotal von 343 688. Die Zahl der Genossenschafter des Pflanzwerkes erhöhte sich schliesslich auf 57, und die Pflichtfläche konnte auf 135 Hektaren erhöht werden. Die Kosten beliefen sich bei Ausgaben von 1,55 Millionen auf 400 000 Franken.

Erhöhte Holznutzung

Das Bild der vielfältigen Bemühungen zur Überwindung eines kritischen Engpasses wäre unvollständig ohne einen summarischen Hinweis auf die Opfer, die auch unsere umfangreichen Waldungen zu erbringen hatten: Als Folge der Kohlenknappheit stieg schlagartig auch der Bedarf an Brennholz. Deshalb wurde der sogenannte Hiebsatz um rund 50 Prozent erhöht, das heisst, es wurde doppelt soviel geschlagen wie normal. So meldete der Verwaltungsbericht 1944 eine Holznutzung von total 85 375 Kubikmetern. In der Tat wurden im öffentlichen Wald anno 1993 «nur» 62 200 Kubikmeter geerntet, bei einem normalen Hiebsatz von 69 300 Kubikmetern.
Nebst Land- und Forstwirtschaft, Industrie und Gewerbe trug schliesslich auch die Kategorie der Kleinpflanzer zum Erfolg der «Anbauschlacht» bei. Anfänglich figurierten sie in der Anbaustatistik mit bereits 120 Hektaren, bis 1945 erhöhten sie ihre Anbaufläche auf 173 Hektaren. Das Schwergewicht lag dabei auf Gemüse und Kartoffeln. Die Kleinpflanzer erreichten damit 2,8 Prozent des gesamten kantonalen Anbaus, was genug über ihre Bedeutung aussagt. Das Pflanzwerk wurde am 12. Dezember 1949 abgeschlossen und im Ratskeller begossen. Im Schlussbericht heisst es, der Anlass habe ausgeklungen «in einem Bekenntnis zur brot- und weinspendenden Schaffhauser Erde». In der Tat war es diese Erde, die – dank opferbereiten Menschen – auch im Zweiten Weltkrieg ihr Bestes gab.

Ein bleibendes Symbol des Getreidebaus und des enormen Einsatzes der Bäuerinnen in der «Anbauschlacht» schuf der Bildhauer Max Uehlinger (1884 bis 1981) für seine Heimatgemeinde Neunkirch: «Die Sichelträgerin» ziert den 1941 eingeweihten «Klettgauerbrunnen».

Als Stadtbub das Landleben im Grenzgebiet erlebt

HANS ISLER

Mein Vater war geschichtsbegeisterter Lehrer, Wanderer und Velofahrer. So lernte ich unsere Heimat im Umkreis von 50 Kilometern wie meinen Hosensack kennen. Wir waren und sind Grenzgänger. Mein frühester Eindruck vom Ausland ist die Widerhold-Allee, der Aufgang zum Hohentwiel. Es war an einem Sommersonntag: Beidseits war sie von bettelnden Kriegsinvaliden und anderen Bettlern gesäumt. Das war vor Hitler, vor 1933. Dann kam Hitler, und es herrschte «Ordnung». Auf einer grossen Velotour sahen wir grosse Barackendörfer für den Autobahnbau Stuttgart–Ulm. Meine ältere Schwester schwärmte von ihrem Lehrer Carl Meyer («Fronten-Meyer»), der ältere Bruder belehrte mich mit seinen Erkenntnissen vom Staatsbürgerkurs an der Kanti. Nagels gegenüber waren liebe Nachbarn, aber Deutsche. Der Sohn fiel schon 1940 in Frankreich. Nagels wurden nach dem Krieg ausgewiesen. Ein anderer Nachbar war bei den «Fröntlern». Wieder ein anderer, ein Büsinger, berichtete von seinen Erlebnissen im Ersten Weltkrieg. Was im Lehrerzimmer politisiert wurde oder wie der Vater stimmte, kam nicht an den Familientisch, aber Bringolf, Henne, Erb, aber auch Nicole, Motta, Blum, Daladier, Chamberlain, Schuschnigg waren geläufige Namen. Frau Weber brachte die NZZ dreimal täglich, und ich las das «Intelligenzblatt» und die «Arbeiter-Zeitung». Manche meiner Schulkameraden durften nicht in der Migros posten. Zwei Onkel kehrten arbeitslos aus dem Ausland zurück, ein dritter war es auch, aber er hatte Zeit für mich. Es war Krise. Vom Sparbatzen zeichnete ich 100 Franken Wehranleihe. In der Schule sammelten wir für den Kauf der Hohlen Gasse. 1939 war ausserdem ein Maikäferjahr. Für drei Reisen an die «Landi» in Zürich reichte das Maikäfergeld.

Kriegsausbruch

Kriege brechen nicht aus. Wie Unfälle werden sie verursacht. So war nicht einmal ich im August 1939 vom Losschlagen Hitlers Heerscharen überrascht. Ich empfand den Kriegsausbruch nicht als tragischen Akt im Welttheater, viel eher als faszinierendes, spannendes Ereignis. Es «lief» etwas. Die Schule fiel aus. Mit dem Velo fuhr ich mit Heiri nach Wasserauen. Wir schliefen auf dem Heu und bestiegen den Säntis. Die Deutschen überrannten derweil Polen. Panzer gegen Kavallerie! Nachher folgte die «drôle de guerre». Der Bruder war meistens im Dienst, und Vater organisierte mit den verbliebenen Kollegen und vielen Stellvertretern den Schulbetrieb. Das Schülerleben nahm seinen Fortgang.

Landdienst auf dem Reiat

Kriegswirtschaft bedingte den Einsatz aller Kräfte. Darum wurden wir Buben in den obligatorischen Landdienst aufgeboten. Der Stadtbub kam also im Frühjahr 1940 zur Familie Albert Winzeler-Winzeler nach Barzheim. Albert Winzeler war im Dienst. Seine Frau Bethli hatte die drei vorschulpflichtigen Kinder zu betreuen. Im Stall waren zehn Stück Vieh und ein Ross, im Saustall Mastschweine und Mohren, im Hühnerhof Hühner. 21 Jucharten Acker- und Wiesland (= 7,6 ha) waren zu bestellen. Da war es gut, dass die alte Grossmutter (damals waren Grossmütter alt) die Küche besorgte und von der Verwandtschaft und Nachbarschaft immer Hilfe da war, wenn Not an der Frau war. Die meisten Barzheimer Bauern hatten nur ein Pferd. Für einen rechten Zug

Hans Isler (zweiter von rechts) während des Anbauwerks im Unterwallis.

musste jedoch ein zweites Pferd eingespannt werden. Es wurde darum mit dem Nachbar zusammengespannt. Auch der Stadtbub war wohl zu gebrauchen, sonst wäre ich wohl nicht wieder und wieder nach Barzheim in den Landdienst gegangen.

Grenzzwischenfälle

Schon während der Nazi-Vorkriegszeit war der Übertritt der Landesgrenze ein formeller Akt und ernst zu nehmen, wollte man nicht mit der gefürchteten deutschen Obrigkeit in Konflikt geraten. Aber immerhin, Hals und Kopf, wie später am Eisernen Vorhang, waren im sogenannten Kleinen Grenzverkehr nicht zu riskieren. Das änderte nach Eröffnung des «Westfeldzuges» im Sommer 1940. Die Barzheimer Bauern bewirtschafteten seit jeher Felder im Badischen, teils als Eigenbesitz, teils als grossherzogliche Pacht von Salem. Winzelers besassen im Gewann Langacker einen Acker, der in der Länge durch die Landesgrenze zwischen den Grenzsteinen Nr. 866 und Nr. 867 halbiert wurde. 1940 war er mit Kartoffeln bepflanzt. Nach dem «Häuffeln» wurde jeder Grenzübertritt strikte verboten (Grenzsperre). Der halbe Acker verunkrautete deshalb. Dies missfiel Meister Winzeler, und als es wieder ans «Schorpen» ging, wies er uns an, auch den badischen Teil zu säubern. So waren die Meisterin und der Landdienstler im nationalsozialistischen Teil am Hacken und der Meister zufällig noch in der Schweiz, als ein deutscher Soldat, beim Grenzstein 867 stehend, «Halt!» gebot und sich den Rechtsbrechern näherte. Das Gewehr hatte er umgehängt. Die Gefahr wahrnehmend, näherten sich die Meisterin und ich der Grenze, wohin auch der Meister strebte, so dass wir uns schliesslich alle vier an der schicksalsträchtigen Trennlinie trafen. Der deutsche Soldat war Winzelers wohlbekannt. Er war wie die meisten Grenzsoldaten ein Rietheimer, aber eben einer der wenigen Nazis, Parteimitglied der NSDAP. Bestgehasst, gefürchtet und wo immer möglich gemieden von seinen Dorfgenossen. «Si müsse mit», gebot er, an seiner Flinte nestelnd. «Die chömed nid mit», sagte darauf Albert Winzeler. «Si müsse mit», insistierte darauf der Soldat, «sonst muss i von der Waffe Gebrauch mache», drohte er und wollte, rot anlaufend, seine Flinte bereitmachen. Da verlor auch Meister Winzeler seine Gelassenheit: «Schuemacher», sagte er scharf, «lo die Flinte hange, suscht schlag i di mit dere Haue tod, bevor chascht schüsse.» Das wirkte, und schliesslich standen wir wieder alle drei, wo wir hingehörten.

Künftig provozierten wir die Deutschen nicht mehr, und der schweizerischen Diplomatie verdankten es die Bauern, dass ihr badisches Feld im Herbst und künftig wieder von ihnen geerntet und bestellt werden konnte. Zur Ehre der benachbarten deutschen Bauern sei vermerkt, dass sich während der Grenzsperre keiner an den Früchten der Schweizer Nachbarn bereicherte. Die Grenzkarte nahmen wir immer brav im Znünikorb mit. Kleinere Zwischenfälle und Diskussionen gab es immer wieder, aber man kannte sich und wusste, was es leiden mochte.

Meister Albert Winzeler

Das Bauern gefiel mir, die Schule nicht. So lief ich aus der Schule in die Landwirtschaft. Zwei meiner Mitschüler liefen aus der Schule in die Wehrmacht oder Waffen-SS, aber das ist ein anderes Kapitel. Nach einem Jahr im Bernbiet und im Thurgau zog ich wieder nach Barzheim. Albert Winzeler wurde mein Lehrmeister. Er war ein tüchtiger Bauer und ein weitsichtiger Berufsmann. Aber was für mich wohl noch wichtiger war: Er war ein guter, kritischer Bürger. Er tat als Soldat seine Pflicht. Schon im Ersten Weltkrieg. Darum hielt er von den hohen Herren nicht viel. «Tue recht und scheue niemand» war sein Motto. Schon 1940 sagte er zum Nazi-Soldaten Schuhmacher, als jener im Siegesrausch vom Grossdeutschen Reich plagierte: «Schuhmacher, in ein paar Jahren hat das ganze Grossdeutsche Reich unter einem Apfelbaum Platz.» Das glaubte ich nicht, denn ehrlich gesagt, die deutschen Siege imponierten, und das «Signal», eine deutsche Propaganda-Illustrierte, war verdammt gut gemacht. Aber mich hatte ja das Schicksal knapp auf der besseren Seite auf die Welt gesetzt, und ich musste die Nagelprobe nicht bestehen. Sonst, wer weiss? Anpassung oder Widerstand? Ich mag nicht richten.

Albert Winzeler wollte informiert werden. Er wollte wissen, was ging. Informationsquelle war das Radio, die Meldungen von BCC. Labsal waren die dort gesendeten Briefe des Gefreiten Hirnschal an sein geliebtes Eheweib Amalia. Oder die Sendungen der Russen, die stets mit der rauhen Drohung endeten: Tod dem deutschen Okkupanten. Nach Stalingrad (1943) wurde der Fall klar. Nach El Alamein glaubten auch die letzten wieder an die Engländer. Aber da war auch die Judenfrage. War das Boot voll? Die Juden waren nicht beliebt bei unseren Reiatbauern. Sie waren arm, die Juden nicht reich, aber reicher. Davon zeugen die unzähligen Viehverschreibungen in der Kanzlei für die Guggenheim, Bloch usw. Borgen macht Sorge. Aber das sagte Meister Albert in heiligem Zorn und ohnmächtiger Wut: «In Polen werden Juden vergast und in Ungarn zu Perücken und Seife gemacht, und unsere Herren helfen mit dem Judenstempel.» Das mit dem Judenstempel wusste ich, das andere vermochte ich nicht zu glauben. Dank der «Anbauschlacht» musste niemand hungern. Auf dem Land schon gar nicht. Gleichwohl, wenn die Meisterin alle acht Tage Brot buk, so war das ein kleines Fest. Altes Brot ist zwar nicht hart, kein Brot ist hart. Aber frisches Brot schmeckte. Doch Brot gehörte nie in den Sautrog. In der Stadt war schon eher Schmalhans Küchenmeister.

Kampf gegen Coloradokäfer

Die Landwirtschaft wurde auf Ertrag und Rationalität getrimmt. Der Coloradokäfer erhielt nationale Bedeutung. Er bedrohte die lebenswichtige Kartoffelernte. Da wurden die Schulklassen in die Äcker geschickt, um Käfer abzulesen. Und wenn sie auch keine fanden, so taten sie doch eine nationale Pflicht. Ich jedenfalls habe manche Hektare Kartoffeln «geschorpt» und während des ganzen Krieges kaum zehn Kartoffelkäfer gesehen. Die Kriegssommer waren trocken. Die Mäuse wurden zur Plage. Auf obrigkeitliches Geheiss wurden die Mäuse flächendeckend vergiftet. Niemand protestierte wegen der Vögel und so. Wie sagte doch Bert Brecht: «Erst kommt das Fressen, dann die Moral.»

Der «Plan Wahlen» war erfolgreich. Unser Bauernstand vermochte von unserem Boden die Bevölkerung während Jahren zu ernähren. Und der Gesundheitszustand war nach den mageren Jahren besser als zuvor.

Kriegserinnerungen eines Klettgauer Bauernbuben

HANS NEUKOMM

Gut zehnjährig, war ich 1939 eben aus der Schule gekommen, als an einem schönen Herbstnachmittag durch unseren Dorfweibel «der Krieg ausgerufen» wurde, mit der Aufforderung an alle Wehrmänner, sich an ihren Sammelplätzen einzufinden. Ich weiss noch, dass praktisch niemand zu Hause, aber «alles» auf den Feldern oder in den Reben war, weil der schöne Tag im aussergewöhnlich nassen Herbst zur Bauernarbeit ausgenützt werden musste. Irgendwie haben die Wehrmänner das Aufgebot dann doch zur Kenntnis erhalten. Jedenfalls rückte mein Vater ein, die Mutter und uns vier Kinder von 10, 8, 5 und ½ Jahr zurücklassend. Der Grossvater besorgte den Stall und hatte als alt Bauer mit bald 70 Jahren des Vaters Stelle zu übernehmen.

Die ersten Kriegsmonate wirkten für die Zurückgelassenen zusätzlich überaus erschwerend, weil 1939 ein sehr nasser Herbst oft tagelang die Feld- und Erntearbeiten verunmöglichte. Die Kartoffeln und die Rüben waren noch im Boden, die Trauben noch unausgereift. Zur «Krönung» der Situation wurde noch unser einziges Pferd ins Militär abkommandiert, kehrte allerdings nach ein paar Wochen, komplett «vergalstert» und kaum noch für die Arbeit brauchbar, zurück. Eines schönen Tages kam eine Kompanie Grenzschutzsoldaten ins Dorf, wurde auf die Bauernfamilien verteilt und hatte bei der Kartoffelernte mitzuhelfen. Des durchnässten Bodens wegen musste ausnahmslos mit dem Karst gegraben werden. Wir hatten einen Wilchinger Mann zugeteilt erhalten, der sich darüber beschwerte, nicht seiner eigenen Familie zur Verfügung stehen zu können... In den zwei Tagen kam immerhin ein Teil unserer Kartoffeln unter Dach und konnte bei den anschliessenden Regentagen erlesen und für den Verkauf gerüstet werden.

Traubenernte im Schnee

Der erst in den letzten Oktobertagen beginnende Traubenherbst ist der heute älteren Generation lebenslanger Erinnerung wert. Fast allnächtlich fiel Schnee, oder die zu verschwellenden Züber waren mit Eis bedeckt, die Trauben zur Hälfte unreif, zur Hälfte faul. Die Lese bei schneebedecktem Boden gestaltete sich überaus mühsam und ergab vor allem – beim damaligen Schuhwerk – eiskalte Füsse.

Disteln auf dem Gerstenacker

Da, wie wir eines Tages am Herbsten (Weinlese) waren, kam eine Frau in den Wingerten und überbrachte die Meldung, dass unser Grossvater verunglückt sei. Als er vom «Zuberwagen-Stellen» das Pferd nach Hause in den warmen Stall geführt hatte, war er unterwegs auf dem Schnee ausgeglittet; das Pferd scheute und versetzte ihm einen Tritt in den Bauch. Nach zwei Tagen starb der Grossvater im Spital, und meine Mutter war erst recht allein... Der Vater bekam zwar sofort für zwei Wochen Urlaub, aber schon zwei Tage nach der Beerdigung erhielt er telegrafisch das sofortige Wiedereinrückungsaufgebot, weil die politisch-militärische Lage sich wieder einmal zugespitzt hatte.

Im Mai 1940, als Hitler Frankreich, Belgien und die Niederlande überfiel, setzten sich viele «bessere» Leute in die Innerschweiz in Sicherheit ab. Ich denke noch daran, wie unsere Grossmutter mütterlicherseits zu uns auf Besuch kam und unsere Mutter ihr verzweifelt klagte, was sie auch – angesichts des Bauernbetriebes und unserer Viehhabe – tun solle.

Während der Anbauschlacht wurde der Friedhof Emmersberg zu einem Acker umfunktioniert.

«Bliib du no doo, du waasch jo, da i der Bible stoht: ‹In meines Vaters Haus sind viele Wohnungen›!» Getröstet fand sich unsere Mutter so wieder zurecht. Schlimm war es für sie, als eines Sommertages der Gemeindeflurhüter ihr anzeigte, dass auf dem Gerstenacker ein grosser «Blätz» Disteln blühe und unbedingt entfernt werden müsse. Im Dorf allenfalls als nachlässig verschrien zu werden, war für sie unzumutbar, und gleichentags mussten wir, zusammen mit ihr und einer Landdiensttochter, hinaus in die Sommerhitze, um, ständig verfolgt von einem Schwarm Bremsen, diesen Disteln mit Ausreissen zu Leibe zu rücken und sie an den Feldrand hinauszutragen.

Stadtburschen im Landdienst

Wir bekamen öfter Burschen für den Landdienst zugeteilt. Sie waren, als ungewohnte Stadtburschen, zwar guten Willens, jedoch nicht immer eine wirkliche Hilfe. Einer brachte gleich die Masern mit und musste nach zwei Tagen wieder nach Hause abziehen, nicht ohne auch meine gut einjährige Schwester angesteckt zu haben.

Mein Vater, der als Trainkorporal einer Spezialeinheit angehörte, war in seinen Militärdiensten meist weit weg, so im Säuliamt, im Raume Interlaken oder auch einmal im Unterwallis. So konnte er Kurzurlaube oft gar nicht ausnützen, weil der Weg zurück ins Heimattal viel zu weit war.

Das Kriegsende erlebte ich, bereits frisch konfirmiert, als Taglöhner im Hallauer Gemeindewald. Da mein Vater in jenen Tagen und Wochen nicht im Militär war, konnte ich mir so etwas Sackgeld verdienen. Ich vergesse nie, wie wir in einer Forstpflanzschule nahe der Landesgrenze arbeiteten, als 1945 «die Franzosen» das Wutachtal heraufkamen. Beim Mittagessen in der Waldhütte schlangen wir unsere Suppe rasch hinunter und zäpften ab an die nur 100 Meter entfernte Grenze, wo man genau auf Eberfingen und auf die Talstrasse hinabsehen kann. Da sahen wir die alliierte Kriegsmacht das Tal heraufkommen, teilweise mit Schüssen aus den umliegenden Wäldern, von den Dorfbewohnern aber mit weissen Tüchern und Fahnen als Zeichen der Kapitulation empfangen. Gerade in unserer Nähe hielt sich ein Zug deutscher Soldaten unter Bewachung einiger Schweizer Militärs zur Zwischenverpflegung und zur Rast auf, auf dem (Grenz-)Weg nach Osten, in der Hoffnung, dann bei Schleitheim sich in die Schweiz in Sicherheit bringen zu können. «Die Hunde!» rief einer aus, als im Tal unten die Franzosen in ein Freudengeschrei ausbrachen. Und: «Hätten wir nur, trotz Gegenbefehl, schon länger den Schweizer Rundfunk abgehört, so wären wir über die tatsächliche Lage aufgeklärt und nicht von unseren eigenen Leuten ständig angelogen und beschissen worden!»

Am Tage des Kriegsendes (8. Mai 1945) gab es für die Schuljugend einen freien Tag und ein Fest. Ich weiss noch, dass ich heulte, weil ich, seit einem Monat «uusgschuelet», dieses Fest nicht mitfeiern konnte, weil ich mit dem Vater «go Räbe haue» ausziehen musste.

Sorgen und Nöte des Bauernalltags

Es galt nicht nur, die Heimat zu verteidigen, sondern auch das Menschenmögliche für die Sicherung der Nahrungsmittelversorgung zu leisten. Die Bauern, die daheim besonders notwendig gewesen wären, wurden in den Militärdienst eingezogen.

ERWIN MÜLLER

Der Beginn des Krieges mit seinen unabschätzbaren Auswirkungen hat uns junge Bauern der dreissiger Jahre völlig überrascht. Die Grenznähe zum damaligen Grossdeutschen Reich mit seinem bedrohlichen Regime stellte eine unerhörte Gefahr dar. Mit Erfolg hatten wir in den Vorkriegsjahren der Frontengefahr widerstehen können. Wer immer es hatte hören und wissen wollen, dem war die Erhaltung unseres demokratischen Landes ein ernster Auftrag geworden. Doch wie war die Schaffhauser Landwirtschaft unter dem Aspekt der Kriegsgefährdung und der langen späteren Einsatzbereitschaft der Armee vorbereitet? Für die meisten Bauernbetriebe war die Fortsetzung der Bewirtschaftung langfristig nicht gesichert. Seit Jahrzehnten hatte uns die Fachschule auf Charlottenfels eine seriöse Berufsausbildung als aussichtsreichen Weg für eine selbständige spätere Betriebsführung vermittelt.

Dieser fachlichen Basis standen in der Vorkriegszeit kaum sichtbare und erfolgversprechende Strukturen gegenüber: Die vorherrschenden Kleinbetriebe verunmöglichten eine ohnehin noch wenig entwickelte technische Rationalisierung. Die tiefen Produzentenpreise und der oft ungesicherte Absatz von Kartoffeln, Milch, Obst und Trauben liessen den Erwerb arbeitssparender Maschinen zum Traum werden. Hinsichtlich des Getreideanbaus bestand immerhin seit 1932 die Übernahmepflicht des Bundes.

Selbstversorgung im Vordergrund

Für die Grosszahl der bäuerlichen Klein- und Mittelbetriebe stand die Selbstversorgung im Vordergrund; das schuf aber wenig Substanz für grössere Zukunftsinvestitionen. Unter diesen Voraussetzungen löste die Generalmobilmachung der Armee Anfang September 1939 schier unüberwindliche Schwierigkeiten aus: Inmitten der dringenden Herbstarbeiten wie Kartoffelernte und Traubenlese und Getreideansaat musste eine Grosszahl der Betriebsleiter auf unbestimmte Zeit einem militärischen Aufgebot folgen. Hinterher ist es bewundernswert, wie die damalige junge und die alte Generation und vor allem auch unsere Frauen die kritische Situation meisterten, ohne wesentlich Hilfskräfte beiziehen zu können. Ohne den restlosen Einsatz von Frauen, Kindern und Älteren wäre das Durchhalten auf Monate, ja Jahre hinaus kaum möglich gewesen.

Wir verrichteten unseren Einsatz als Soldat wie als Bauer in einer grossen Ungewissheit. Neben den Arbeitskräften waren in den Dörfern auch die diensttauglichen Pferde zur Armee eingezogen worden, so dass die Bewirtschaftung der Felder eine schwer lösbare Aufgabe wurde. Zum Glück gab es noch vereinzelt zugfähige Kuhgespanne... Auch Traktoren waren nur vereinzelt vorhanden, ihr überbetrieblicher Einsatz demzufolge begrenzt. Die Beurlaubung der Soldaten war die Ausnahme, selbst im Grenzschutz in der Nähe der Wohnorte galt eine strenge Ausgangssperre. Sorgen und echte Notlagen prägten den Alltag. Auch der obligatorische Arbeitseinsatz (oder Landdienst) schuf schwierige Situationen, wenn etwa willige

Während der «Anbauschlacht» wurden Wälder gerodet und Sportplätze umgepflügt.

Mädchen auswärts vermittelt wurden, obgleich sie daheim den Bruder hätten ersetzen müssen. Es wäre aber verfehlt, Schuldzuweisungen vorzunehmen, etwa auf gelegentlich verständnislose Truppenkommandanten (für Urlaube) oder Lagerleiter (beim Arbeitseinsatz). Dem verlangten Sollbestand der Truppe hatte sich der Kommandant zu unterziehen.

Uns Schaffhauser Bauern hat die Aktivdienstleistung ennet dem Rhein, im Mittelland oder im Jura wohl am stärksten betroffen. Artilleristen und Trainsoldaten mitsamt ihren Pferden wurden in der Innerschweiz und anderswo für die Berufskollegen zum Zivildienst abkommandiert, der daheim ebenso notwendig gewesen wäre …

Die zweite Mobilmachung, im Mai 1940, verschärfte die Urlaubspraxis abermals. Längere kollektive Urlaube wurden rückgängig gemacht. Das verschlimmerte die Lage zu Hause sofort wieder. Ein Bauernbetrieb ohne Männer – was war das?

Sicherung der Landesversorgung

Im Rahmen der Kriegswirtschaft wurde eine Ablieferungspflicht für landwirtschaftliche Produkte eingeführt, laufend erweitert und verschärft, inklusive für Schlachtvieh, und die Höchstpreise wurden behördlich festgesetzt – sie konnten aber nicht immer den Realitäten entsprechen. Die örtlichen Leiter der Ackerbaustellen wurden damit beauftragt, die Urlaubsgesuche der Landwirte zu begutachten. Das liess manches Problem vernunftgemäss lösen.

Erste Priorität hatte in den Kriegsjahren die Sicherung der Landesversorgung, das Nationale Anbauwerk, genannt «Plan Wahlen», der Mehranbau. Dem täglichen Brot und den Kartoffeln wurde grösster Stellenwert eingeräumt. Wälder wurden gerodet und Sportplätze umgepflügt. In unserem stark parzellierten, zerstückelten Landwirtschaftsgebiet wurden die Gesamtmeliorationen zur Voraussetzung für die Erfüllung des Auftrages zur Volksernährung.

Landwirtschaftsdirektor Traugott Wanner (1881–1958) aus Schleitheim wurde zum erfolgreichen Wanderprediger. Nasse Wiesen wurden drainiert, zerstückelter Grundbesitz vereinigt und mit Strassen erschlossen. So konnten frühere Wiesen umgebrochen und mit den begehrten Ackerfrüchten angebaut werden. Einheimische und beigezogene Unternehmer konnten an den Bachverbauungen und am Wegebau mitwirken und Werke vollbringen, die unsere Gemeinden aus eigener Kraft und in der spannungsgeladenen Kriegszeit nicht hätten lösen können.

Die grossen Meliorationen haben jedenfalls im Klettgau mitgeholfen, die letzten Aktivdienstjahre etwas leichter überstehen zu können. Alle, aber vor allem unsere tapferen Frauen, haben für die Jahre des Durchhaltens zur Erhaltung der Heimat grössten Dank verdient.

Zwischen Anpassung und Widerstand

Der Nationalsozialismus liess niemanden unbeeindruckt. Bei uns fand die helvetische Abart, der Frontismus, viele, allzu viele Anhänger, auch waren ängstliche oder anpassungswillige Schweizer zu weitgehenden Konzessionen bereit. Die offizielle Flüchtlingspolitik war kein Ruhmesblatt; zahlreiche Persönlichkeiten, allen voran Els Peyer-von Waldkirch, wussten aber, getragen von einer weltoffenen Menschenliebe, viel Elend zu lindern. Und es gab jene Unerschrockenen, die zum Widerstand bis zum Letzten bereit waren. Wir dürfen stolz darauf sein, dass neben General Guisan mit Oberst Oscar Frey ein Schaffhauser untrennbar mit diesem unerschütterlichen Widerstandswillen verbunden wird.

Frontismus, Anpasserprozess, Defätismus und Wehrwille

In Schaffhausen war, nahe der Grenze, die Gratwanderung zwischen Anpassung und Widerstand besonders schwierig. Hier befand sich ein Zentrum des Frontismus, der allerdings seinen politischen Einfluss 1936 bereits weitgehend verloren hatte. Schaffhausen brachte aber auch bekannte Persönlichkeiten des Widerstandes hervor.

ANDREAS SCHIENDORFER

Der Zweite Weltkrieg hat nicht einfach am 1. September 1939 mit dem deutschen Angriff auf Polen begonnen, sondern war die blutige Eskalation einer langjährigen Entwicklung.

Für den Kanton Schaffhausen können wir einen ersten Fixpunkt mit dem Auftreten der Neuen Front im Oktober 1932 beziehungsweise mit der formellen Gründung der Ortsgruppe Schaffhausen am 12. April 1933 im «Landhaus» setzen. Dem «festgeschlossenen Freundschaftsbund» gehörten vorwiegend junge Juristen und andere Akademiker an, die sich von der Scaphusia her kannten und sich aktiv im Offiziers- und Unteroffiziersverein betätigten. Es waren also keineswegs Randständige, die sich zusammentaten, um «gemeinsam mit den anderen einen Weg aus den Nöten der Gegenwart herauszufinden», sondern jugendliche Intellektuelle, die man bestens kannte und an deren guter Grundhaltung man zunächst nicht zweifelte. Insbesondere die Freisinnigen waren in einer sehr schwierigen Situation, da nicht nur Rolf Henne, Hermann Eisenhut, Max Jenny, Carl Meyer, Arnold Belrichard, Konrad Hausammann und Albert Bosshard im Januar 1933 aus- und zur Neuen Front übertraten, sondern im Verlaufe desselben Jahres rund 50 Personen, ein Achtel der ganzen Stadtpartei.

Die Gesprächsversuche der bürgerlichen Politiker mit den Frontisten scheiterten bereits am 9. Mai 1933 an einer Veranstaltung im katholischen Vereinshaus endgültig, wonach von seiten des Freisinns und der Bauernpartei, zumindest im offiziellen Bereich, eine deutliche Grenzziehung vorgenommen wurde (mehr Mühe bekundeten in dieser Hinsicht die Evangelische Volkspartei und die Katholische Volkspartei).

Dreieinhalb Monate früher, am 21. Januar 1933, hatte sich die Kommunistische Partei-Opposition von Rolf Henne und seinen Anhängern distanziert, nachdem im Herbst 1932 noch Kontakte zwischen der akademisch-politischen Neuerungsbewegung und Walther Bringolf sowie Hermann Erb «zwecks Besprechung einer politischen Plattform» bestanden hatten. Die Sozialistische Arbeiterpartei (1935 durch Fusion der Sozialdemokratischen Partei und der Kommunistischen Partei-Opposition entstanden) hat in der Folge die Frontisten am heftigsten bekämpft, doch hat zweifellos auch sie mehr Mitglieder an diese verloren, als ihr lieb sein konnte.

Front politisch gescheitert

An der Ständeratsersatzwahl im September 1933 kandidierte mit Rolf Henne erstmals ein Frontist für ein öffentliches Amt. Er erhielt im ersten und im zweiten Wahlgang jeweils 2949 Stimmen und blieb damit zwar sehr deutlich hinter dem gewählten freisinnigen Kantonalpräsidenten Hans Käser (5024 Stimmen) und dem kommunistischen Stadtrat Hermann Erb (3297 Stimmen) zurück, er-

Erbitterter «Hahnenkampf» auf dem Platz zwischen dem Sozialisten Walther Bringolf (links) und dem Frontisten Rolf Henne. Karikatur von Jakob Brütsch.

Organ «Der Grenzbote», aus heutiger Sicht zu grossen Einfluss auf die öffentliche Meinung nehmen können. Rolf Henne war im Februar 1934 zum Landesführer aufgestiegen, der sich ganz auf die Politik konzentrierte. Mit der Zeit steigerte er sein nationalsozialistisches Gedankengut zu einer Art Pseudoreligion, was letztlich zu einer Spaltung der Partei und zum Rücktritt Hennes im Jahr 1938 führte. In Schaffhausen selbst war es neben Henne, der im «Grenzboten» zahlreiche Leitartikel verfasste, vor allem der Gauleiter, Reallehrer Carl Meyer, der einen unversöhnlichen Ton anschlug. Nachdem sich die Nationale Front am 3. März 1940 aufgelöst hatte, gründete Meyer die Nachfolgeorganisation Nationale Gemeinschaft Schaffhausen, die dann am 6. Juli 1943 vom Bundesrat verboten wurde. Reallehrer Meyer war am 19. Februar 1943 – etwas gar spät – vom Schuldienst dispensiert worden.

reichte aber doch 27,5 beziehungsweise 26,2 Prozent der abgegebenen Stimmen. Bei den eidgenössischen Erneuerungswahlen von 1935 entfielen, wie der Dissertation von Eduard Joos: «Parteien und Presse im Kanton Schaffhausen», zu entnehmen ist, auf den frontistischen Nationalratskandidaten, Tierarzt Otto Tanner, 12,5 Prozent der Stimmen, auf den Ständeratskandidaten Otto Weber, Siblingen, 8,4 Prozent. An den Kantonsratswahlen vom November 1936 erreichten die Frontisten im Wahlkreis Schaffhausen immer noch 11,8 Prozent der Stimmen, doch verhinderte das damals geltende Majorzwahlverfahren den Einzug ins Parlament; der einzige frontistische Kantonsrat, Gottfried Bächtold aus Schleitheim, der 1934 in einer Nachwahl in den Grossen Rat gekommen war, wurde bei dieser Gelegenheit abgewählt.

Die Frontisten waren 1936 politisch am Ende, hatten aber mit ihrem Wirken, vor allem in ihrem

«Schaffhauser Kristallnacht»

Nach dem Krieg verschaffte die Schaffhauser Bevölkerung ihrem Unmut über die Frontisten am 8. Juni 1945 Luft, indem sie nach einer Rede von Stadtpräsident Walther Bringolf in der sogenannten «Schaffhauser Kristallnacht» die Scheiben von 24 Geschäftslo-

kalen oder Wohnungen von Frontisten einschlug.
Wenig später gab Polizeidirektor Theodor Scherrer folgende Zusammenstellung von Massnahmen des Kantons Schaffhausen in den Kriegsjahren bekannt: 25 Deutsche wurden wegen Spionage ausgewiesen, 7 Deutsche konnten vor der Verhaftung fliehen, 6 Deutsche verliessen die Schweiz wegen dringenden Verdachts, 8 Deutsche wurden in contumaciam wegen Spionage verurteilt, 23 Frontisten wurden wegen Spionage verurteilt, einer davon (Fritz Beeler) hingerichtet. 6 Frontisten waren illegal nach Deutschland gegangen, 2 davon (Benno Schaeppi und Alfred Mensch) nachträglich ausgebürgert worden, 9 Frontisten waren legal nach Deutschland gegangen, darunter Werner Meyer und Arnold Belrichard (auch er wurde 1943 ausgebürgert), 32 Schweizer, Nichtfrontisten, wurden wegen Spionage verurteilt. Schliesslich wurden (nur) 21 Deutsche aus Stadt und Kanton ausgewiesen.
Auch wenn eine eingehende historische Untersuchung über den Frontismus und die 5. Kolonne deutscher Nationalsozialisten in Schaffhausen noch fehlt, bekommt man den Eindruck, dass nicht mit resoluter Härte gegen die Hauptexponenten vorgegangen worden ist. Andererseits erscheint die Erschiessung des eher harmlosen, psychisch instabilen Bäckergesellen Beeler aus heutiger Sicht als eine viel zu weit gehende, damals allerdings von niemandem kritisierte Massnahme.

Schaeppi, Wipf, Obermeyer

Von den Schaffhausern im Ausland spielte vor allem Benno Schaeppi als Leiter der SS-Rekrutierungsstätte «Panoramaheim» in Stuttgart eine unrühmliche Rolle, und auch der berüchtigte Kriegsverbrecher Eugen Wipf, ein äusserst brutaler Capot im Konzentrationslager Hinzert, war ein «halber» Schaffhauser, wohnte er doch vor seinem Gang nach Nazideutschland in Schaffhausen. Über ihn finden wir etliche Informationen im Buch «Kriegsverbrecher Wipf, Eugen» von Linus Reichlin (Zürich 1994).
Die meisten der rund 250 Schweizer, die sich während des Zweiten Weltkrieges aus verschiedenen Gründen in einem deutschen Konzentrationslager befanden, waren aber Opfer, in der Regel Auswanderer, die sich im Widerstand engagiert hatten. Unter ihnen war laut Auskunft von Laurent Favre, einem Hobbyhistoriker aus Dorénaz bei Martigny, mit Leopold Obermeyer auch ein Schaffhauser aus Siblingen, das ein eigentliches Zentrum der Frontisten gewesen war. Obermeyer ist 1943 im Konzentrationslager Mauthausen bei Linz im Alter von 61 Jahren ums Leben gekommen, wie Favre einer Lagerliste entnehmen konnte. Genaueres ist bis heute nicht bekannt.
Wie schwierig es war, die richtigen Worte in der Beurteilung aussenpolitischer Vorgänge und im innenpolitischen Wahlkampf zu finden, zeigte sich 1941 beim sogenannten Anpasserprozess. Im Nachsatz zu einem Artikel über die Widerstände gegen die deutsche Besatzungsmacht in Norwegen schrieb Redaktor Georg Leu am 14. Januar 1941 in der «Arbeiter-Zeitung»: «Wie erbärmlich ist es da mit jenen schweizerischen Patentdemokraten bestellt, die sich bereits heute offen oder versteckt ‹angepasst› haben. Wir denken dabei an unsere Schaffhauser Allerweltskerle Schib, Ebner und Zopfi.»

Geistige Landesverräter?

Mit dieser Formulierung wurden die drei Parteiexponenten der bürgerlichen Koalition als geistige Landesverräter apostrophiert und mit dem Norweger Vidkum Quisling in eine Reihe gestellt, der sich in den Dienst der deutschen Besatzungsmacht hatte nehmen lassen. Hans Zopfi (Bauernpartei), Karl Schib (FDP) und Josef Ebner (Katholische Volkspartei) klagten auf Ehrverletzung, so dass es am 21. April 1941 zu einem Prozess kam, bei dem die Sozialistische Arbeiterpartei vor dem Bezirksgericht mit zahlreichen Beispielen zu beweisen versuchte, dass die Bürgerlichen den Widerstand gegen die braune Gefahr tatsächlich nicht ernst genug nahmen. Schliesslich wurde Leu aber dreimal wegen Verleumdung verurteilt, in den Fällen Schib und Ebner zu je fünf Tagen Gefängnis zweiten Grades, im Fall Zopfi zu einer Geldstrafe von 100 Franken. Zudem hatte Leu, nebst der Übernahme der Verfahrenskosten, den Klägern insgesamt 640 Franken an Prozessentschädigung und Genugtuung zu bezahlen. Am 28. Oktober 1941 legte das Obergericht als Berufungsinstanz sein Urteil vor, das vor allem Georg Leu und Hans Zopfi zufriedengestellt haben dürfte. Das Gericht erkannte lediglich auf Beschimpfung statt auf Verleumdung und reduzierte die Busse auf insgesamt 300 Franken. Zopfi, der in seinen Artikeln im «Schaffhauser Bauern» mit seinen politischen Gegnern alles andere als zimperlich umgegangen war und dem eine gewisse Nähe zu den Frontisten eigen war, wurde nun seinen beiden Mitklägern gleichgestellt. Trotzdem musste der Glarner wegen des wachsenden Druckes innerhalb und ausserhalb der Bauernpartei sein Amt als Bauernsekretär und Redaktor im September 1942 abgeben.

Georg Leu und die Sozialistische Arbeiterpartei hingegen, die eine polemische Broschüre «Der Schaffhauser Anpasserprozess» herausgaben, gingen aus dem Prozess politisch keineswegs geschwächt hervor; sie konnten jedenfalls in den späteren Wahlgängen Stimmengewinne verzeichnen.

Die Flucht in die Innerschweiz

Nicht um «Anpassung oder Widerstand», sondern um «Flucht oder Widerstand» ging es im Mai 1940, als Hunderte von Schaffhausern mit dem nötigsten Hausrat beladen in Richtung Innerschweiz flüchteten, weil man einen deutschen Angriff auf die Schweiz für absolut sicher beziehungsweise am 14. Mai aufgrund von Falschmeldungen den Einmarsch in den Kanton Schaffhausen vorübergehend sogar als bereits erfolgt betrachtete. Stadtpräsident Walther Bringolf war dabei übrigens, entgegen anderslautenden Beschuldigungen, nicht geflüchtet, sondern nach der Teilnahme an einer wichtigen Sitzung sofort wieder in die bedrohte Stadt zurückgekehrt. Zweifellos verstärkte diese panikartige Flucht, die fast nur begüterten Leuten möglich war, bei den Zurückgebliebenen die Gefühle der Desolidarisierung und der Ohnmacht, zumal selbst die «grande nation» den deutschen Truppen keinen nennenswerten Widerstand hatte leisten können. Die Anpasserrede von Bundespräsident Marcel Pilez-Golaz beziehungsweise Bundesrat Philipp Etter am 25. Juni 1940 verstärkte diese Gefühle zusätzlich; sie wird heute aber hinsichtlich ihrer damaligen Wirkung überschätzt.

Bei der Beurteilung jener Fluchtbewegungen (über das quantitative Ausmass gehen die Meinungen auseinander) gilt es immerhin zu bedenken, dass im Kanton Schaffhausen jedem Haushalt die Weisungen des Bundesrates vom 30. Oktober 1939 zugestellt worden waren, in denen es unter anderem hiess: «Eine Evakuation der Gesamtbevölkerung findet nicht statt, es sei denn, dass durch besondere militärische Befehle etwas anderes angeordnet wird. Die freiwillige Abwanderung in einen anderen Landesteil ist jedoch zugelassen; vorbehalten bleibt die Benutzung der Strassen und der Transportmittel für militärische Zwecke.» Am 6. März 1940 erliess der Schaffhauser Regierungsrat die Bestimmung, dass Personen, die das Grenzgebiet verlassen wollten, ihre Absicht der Gemeindekanzlei bekanntzugeben hätten. Zur Vorbereitung wurden dann den über

14jährigen eine Identitätskarte und den Kindern Erkennungsmarken mit den Namen der Eltern abgegeben. Es schien also, als ob die Behörden und die Armee, die das entstehende Verkehrschaos und vor allem die sozialen Spannungen unterschätzt hatten, eine rechtzeitige Abwanderung zumindest nicht verhindern wollten – dies um so mehr, als ja der Kanton Schaffhausen seit dem Rückzug hinter den Rhein in die sogenannte Limmatstellung im Oktober 1939 militärisch nicht verteidigt worden wäre.

Erst im Juni 1940 untersagte General Guisan aufgrund der in der Schweiz und vor allem im Westen Europas gemachten Erfahrungen die Evakuation der Zivilbevölkerung ausdrücklich.

Konkrete Angriffspläne

Obwohl damals der Aufmarsch deutscher Truppen einem sehr erfolgreichen Ablenkungsmanöver von den Intentionen im Westen entsprach, bestanden Ende Juni 1940 konkrete Pläne, die Schweiz anzugreifen (Operation Tannenbaum). Damit hat sich, neben dem bekannten Militärhistoriker Hans-Rudolf Kurz, in neuerer Zeit auch der Schaffhauser Klaus Urner, Leiter des Archivs für Zeitgeschichte, im Buch «Die Schweiz muss noch geschluckt werden» (Zürich 1990) befasst. Urner beweist, dass es sich keineswegs nur, wie meistens angenommen, um fiktive Präventivplanungen gehandelt hat, sondern wirklich um vorbereitende Massnahmen für den Angriff.

Mangelhafte Bewaffnung

Was aber wäre passiert, wenn Nazi-Deutschland die Schweiz wirklich angegriffen hätte? Kaum ein Aktivdienstteilnehmer gibt sich heute der Illusion hin, man hätte in den ersten Kriegsmonaten einem Angriff lange standhalten können. Die Bewaffnung und die Munitionierung der Schweizer Armee waren zu Kriegsbeginn absolut ungenügend; allzu spät hatte man mit der Aufrüstung begonnen, einerseits aus finanziellen Gründen, vor allem aber auch, weil mit den Sozialdemokraten eine starke Partei von 1917 bis 1935 sämtliche Militärkredite abgelehnt und sich damit gegen die Landesverteidigung gewandt hatte.

Nicht zu zweifeln ist aber am Verteidigungswillen des grössten Teils der Armeeangehörigen, der bei den einfachen Soldaten mitunter ausgeprägter war als bei den Offizieren. Die Deutschen hätten, das wussten sie, mit andauerndem partisanenartigem Widerstand rechnen müssen. Zu den nationalen Exponenten unbrechbaren Wehrwillens gehörte auch der Schaffhauser Oberst Oscar Frey. Auch Walther Bringolf, wie Frey Mitglied der «Aktion nationaler Widerstand», ist in diesem Zusammenhang zu erwähnen.

Zu den Symbolträgern schweizerischen Wehrwillens gehörten auch noch andere Schaffhauser, beispielsweise Rudolf Homberger, der spätere Direktor von Georg Fischer, der am 8. Juni 1940 im Luftkampf mit deutschen Flugzeugen seine von 34 Schüssen durchlöcherte Maschine trotz schwerer Verletzung in Biel notlanden konnte. Viel Zivilcourage zeigte Ende Oktober 1940 auch Malermeister Edwin Spleiss, der im Haus zur Platte, wo in einem Schaufenster eine Hakenkreuzfahne, der Reichsadler im Hakenkreuz sowie Foto und Buch «Mein Kampf» von Adolf Hitler ausgestellt waren, die Fenster einschlug. Wie viele Aspekte des Zweiten Weltkrieges ist auch der organisierte Widerstandswille aus Schaffhauser Sicht noch nicht aufgearbeitet worden. Kontrovers bleiben die Ansichten über die Zuverlässigkeit jener 173 Offiziere und Persönlichkeiten, darunter auch acht Personen aus der Region Schaffhausen, die in der sogenannten «Eingabe der 200» vom 15. November 1940 den Bundesrat mahnten, der Presse einen Maulkorb anzulegen, und dabei unter anderem den Rücktritt der Chefredaktoren

Willy Bretscher («Neue Zürcher Zeitung»), Albert Oeri («Basler Nachrichten») und Ernst Schürch («Bund») forderten, um den übermächtigen Nachbarn nicht zu reizen. Die Eingabe ist zweifellos zu verurteilen, und es hatte unter den Exponenten «der 200» etliche Anpasser und Frontisten sogar glühende Verehrer des nationalsozialistischen Deutschland; aber es hatte auch, gerade in Schaffhausen, aufrechte Schweizer unter ihnen, die im Ernstfall gewusst hätten, auf welcher Seite sie zu stehen hätten, und die daher unter der allzu pauschalen moralischen Verurteilung durch die Öffentlichkeit zeitlebens sehr gelitten haben.

Die Kritiker, die heute versuchen, eine klare Trennung zwischen «bösen» Anpassern und tugendhaften «Widerstandskämpfern» vorzunehmen, machen es sich jedenfalls zu einfach. So hatte beispielsweise General Guisan ähnliche pressepolitische Auffassungen wie die «Zweihundert», und selbst die sozialdemokratische Partei erklärte in einem Aufruf vom 18. Juli 1940, dass sich nun «eine Neuorientierung der Innen- und Aussenpolitik» aufdränge.

Die Namen der 200 und weitere Einzelheiten können in «Die Sündenböcke der Nation» von Gerhart Waeger, der sich um eine differenzierte Beurteilung bemühte, nachgelesen werden.

Oberst Oscar Frey – Symbol des Widerstands

Oberst Oscar Frey wurde am 3. April 1893 in Schaffhausen geboren und verstarb am 27. April 1945 in Schaffhausen mit nur 52 Jahren, nachdem er im März 1942 eine schwere Herzattacke erlitten hatte.

Oscar Frey, von Beruf Versicherungsbeamter, stellte seine ganze Kraft in den Dienst der Armee und des Landes. Bereits im Ersten Weltkrieg leistete er 1307 Aktivdiensttage. 1923 wurde Hauptmann Frey die Füsilierkompanie II/61 zugeteilt, 1930 befehligte er als Major das Bataillon 61, danach von 1936 bis 1942 das Basler Infanterieregiment 22. Als Mitglied des Offiziersbundes, der Aktion Nationaler Widerstand und des Gotthardbundes war er ein Verfechter unbedingten Widerstandes. Von 1941 bis 1945 leitete er die Sektion «Heer und Haus», die Wesentliches zur Stärkung des geistigen Widerstandes bei der Zivilbevölkerung beitrug.

«Nid aapasse – ufpasse»

Mitte der dreissiger Jahre wollte die Front in Schaffhausen mit Gewalt ihre Position stärken: Saalschutztruppen versuchten die Versammlungen der anderen Parteien zu verhindern und so die politischen Gegner einzuschüchtern. Rechtzeitig aber gelang die Einigung der Arbeiterschaft.

PAUL HARNISCH

In unserem Lande hatte der Nationalsozialismus schon bald Anhänger und Verteidiger gefunden. Die frontistischen Nachbeter und ihre meist aus intellektuellen Kreisen stammenden Führer, die sich gerne als «Zukunft der Eidgenossenschaft» darzustellen versuchten, überboten sich in der Nachäfferei nationalsozialistischer Taten und Markenzeichen. Schaffhausen entwickelte sich dabei, zunächst unter wohlwollender Duldung, ja Unterstützung des frontistischen Gedankengutes durch einen Teil der bürgerlichen Parteimitglieder, zu einer eigentlichen Hochburg der Frontisten. Die «Front» fiel dabei zunächst vor allem durch ihre selbst für die damalige, keineswegs zimperlich eingestellte «politische Umgangssprache» in Schaffhausen durch ihre rüde, masslose und hasserfüllte Art der Auseinandersetzung mit politischen Gegnern auf, sowohl in ihrem Organ «Der Grenzbote» wie auch an ihren Kundgebungen. Bald sorgte sie aber für «handfestere Argumente» in der Kampfführung, nachdem sich rasch zeigte, dass ihre Worte nicht mehr verfingen. Es wurden eigentliche, nach aussen hin durch einheitliche graue Hemden, schwarze Krawatten und Sporthosen oder Stiefel gekennzeichnete «Saalschutztruppen» gebildet, die mit Armbinden, Schlagringen und Stahlruten ausgerüstet waren. Sie hatten die Aufgabe, Veranstaltungen anderer Parteien zu stören und bei eigenen Veranstaltungen dafür zu sorgen, dass keine unerwünschten Fragesteller in Erscheinung traten. Denn Diskussion war in der «Front» nicht gefragt, nur Gehorsam.

Wiedervereinigung geplant

Die «Saalschutztruppen» wurden mit dem Lastwagen überallhin gebracht, wo die «Führer» Aktionen befahlen. Das traf am 25. Juni 1935 auch für Schaffhausen zu, wo die frontistische und nazistische Gefahr mehr und mehr zu einer Einigung der damals politisch zerstrittenen Arbeiterbewegung führte. Die leitenden Genossen der Kommunistischen Partei-Opposition (KPO) und der Sozialdemokratischen Partei (SP) luden daher Mitglieder und Sympathisanten in den damals öfters benützten «Adlersaal» in Feuerthalen ein. Ziel der Versammlung war eine Orientierung für den vorgesehenen Zusammenschluss zur «Sozialistischen Arbeiterpartei» (SAP). Als Referenten waren Stadtpräsident Walther Bringolf und SPS-Präsident Ernst Reinhard vorgesehen.

Versammlung verhindert

Obwohl selbst noch nicht Parteimitglied, machte ich mich frühzeitig auf den Weg nach Feuerthalen. Anders machten es viele Parteimitglieder, die genau zur «richtigen» Zeit erscheinen wollten oder gar noch etwas später, im Vertrauen darauf, dass es ja sicher nicht so pünktlich losgehen würde. Sie kamen aber prompt zu spät...
In Lastwagen aus dem Kanton Zürich und aus Schaffhausen herangeführte «Saalschützer» hatten nämlich den «Adlersaal» vollständig besetzt. Die herankommenden Arbeiter wurden mit Gelächter und brüllenden «Haarus»-Rufen verhöhnt. Auch wurde mit unmissverständlicher Gebärdensprache deutlich gemacht, was geschehen würde, sollten sie in den Saal einzudringen versuchen. Nach kurzer Beratung unter den inzwischen an-

Hier versammelten sich die Schaffhauser Frontisten.

wesenden Parteivorstandsmitgliedern wurde beschlossen, statt in Feuerthalen auf dem Platz in Schaffhausen eine Kundgebung durchzuführen. In einigermassen geordneten, aber angesichts der frontistischen Übermacht viel zu lichten Reihen zogen wir Richtung Schaffhausen. Hinter uns, die «Reihen dicht geschlossen», Vaterlands- und SA-verdächtige Lieder singend und Fahnen schwingend, die stolz ihre Morgenstern-Abzeichen im Knopfloch präsentierenden Frontisten. Ein Zusammenstoss war jetzt unweigerlich vorprogrammiert. Und die Frontisten waren dazu nicht nur gewillt, sondern im Gegensatz zu den Arbeitern auch gerüstet. Auf dem Platz versuchten wir zunächst, Bringolf und Reinhard abzuschirmen und ihnen das Sprechen zu ermöglichen, was nicht gelang. Wohl konnte Bringolf noch den Brunnenrand erklimmen. Sein Versuch, sich verständlich zu machen, ging aber im Höllenlärm unter, den die Frontisten anstimmten und mit allerhand Instrumenten unterstützten. Es blieb nicht beim blossen Lärm. Es hagelte Stahlruten- und Schlagringschläge auf die rund um den Brunnen versammelten Arbeiter.

Georg Leu verlor seine Zähne

Bringolf wurde vom Brunnenrand gerissen, sein Hut wurde als «Siegestrophäe» johlend ins Wasser getaucht. Seine doch alles andere als in solchen Momenten leise Stimme, war nicht mehr zu vernehmen. Georg Leu, dem von den Frontisten besonders gehassten «AZ»-Redaktor, wurden die Zähne eingeschlagen und andern «eins zur Belehrung» über den Kopf gezogen. Schliesslich forderte Bringolf jene Parteifreunde, die ihn überhaupt noch hören konnten, zu einer Besprechung in den «Adler» beim Schwabentor auf. Der Schock war unverkennbar. Bald aber brach neben der Wut über das Erlebte und die offensichtliche Niederlage der Wille, dass es jetzt erst recht zum Zusammenschluss der Arbeiterbewegung kommen müsse, durch.

Zuerst aber wollte man die Herausforderung der Frontisten beantworten. Es wurde beschlossen, bereits am folgenden Abend, also am 26. Juni, auf dem Platz eine Grosskundgebung gegen die Frontisten und Nazis und für den Zusammenschluss der Arbeiterschaft zur Verteidigung der demokratischen Errungenschaften durchzuführen.

Würden nun aber, nach dem, was geschehen war, die Arbeiter und ihre Organisationen begreifen, was die Stunde geschlagen hatte? Würden sie verstehen, was für sie und die freiheitlich-demokratische Schweiz, was für die organisierte Arbeiterschaft auf dem Spiele stand, wenn den Frontisten das Feld überlassen, wenn diese mit ihrem Gebrüll künftige politische und gewerkschaftliche Aktionen mundtot und wirkungslos machen konnten?

Sie hatten es begriffen. Dieses Mal, am Abend des 26. Juni 1935, gab es in Schaffhausen für Arbeiter kein Beiseitestehen, kein Zuspätkommen mehr. In fast endlos scheinenden Gruppen, ja in Kolonnen kamen sie von allen Seiten und keineswegs nur aus der Stadt Schaffhausen zum Platz.

Der «Freudenfels» blieb ruhig

Und viele von ihnen waren nicht unvorbereitet. Manch eine Hose bauschte sich verdächtig auf, und selbst Frauen machten keinen Hehl daraus, dass die Frontisten nichts zu lachen hätten, wenn sie noch einmal eine Störung versuchen sollten. Neben mir stand eine alte Webergässlerin auf einen knorrigen Stock gestützt. Immer wieder erhob sie ihn drohend Richtung «Freudenfels», wo der «Grenzbote» gedruckt wurde und die Frontisten zusammenkamen. Aber dort war und blieb alles ruhig. Die Tore waren verschlossen und verriegelt, und hinter den geschlossenen Fensterläden war nichts zu hören.

Eine fast unheimliche, geschlossene Stimmung war auf dem Platz zu spüren. Ein unbändiger Kampfeswille erfüllte an diesem Abend die auf über 3000 geschätzte Zahl der Anwesenden, die nicht nur den Platz selbst, sondern auch alle Zufahrtsstrassen in Anspruch nahmen. Bringolfs Ansprache war eine grandiose Abrechnung mit den Frontisten und ihren Verbindungen zu Hitler-Deutschland und zu nationalsozialistischen Organisationen. Nicht gut weg kamen auch gewisse Unternehmer, die Sozialdemokraten und Gewerkschafter auf die Strasse stellten und dafür Frontisten einstellten. Sein «Nun erst recht» zum bevorstehenden Zusammenschluss und zur entschlossenen Verteidigung der Arbeiterorganisationen einerseits, der trotz aller Fehler und Mängel der kompromisslosen Verteidigung würdigen demokratischen Einrichtungen der Schweiz anderseits, fand brausenden Beifall. Selbst hartgesottene und in harten politischen Kämpfen erprobte Männer vermochten an diesem Abend ihre Bewegung, ihre Begeisterung, ja manchmal ihre Tränen der Erleichterung über den Gewaltsaufmarsch kaum zu verbergen. Es blieb aber nicht bei den Worten. Was am 25. Juni noch schlecht ausgesehen hatte in bezug auf die Disziplin der Arbeiter, wandelte sich im Laufe der nun folgenden Jahre zur bewusst eingesetzten Stärke. Zunächst hatte die neue Sozialistische Arbeiterpartei innert weniger Monate Hunderte von Eintritten zu verzeichnen. Der neu gestärkte gewerkschaftliche Schulterschluss trug ebenfalls gute Früchte. Eine erste, noch im Herbst 1935, war der Einzug des ersten Sozialdemokraten in den Schaffhauser Regierungsrat, Ernst Bührer.

Macht der Fronten gebrochen

Für Schaffhausens Arbeiterbewegung bedeutete der Entscheid zur Wiederherstellung der Einheit eine klare und, wie die Zukunft lehrte, entscheidende Weichenstellung. Diese kam der gesamten Bevölkerung zugute.

Wohl folgten noch harte Auseinandersetzungen, Querelen, Ehrverletzungprozesse, «Anpasserprozesse» und Anrempelungen; aber die politische Macht der Fronten und der Einfluss ihrer Führer in Schaffhausen war gebrochen. Die Anfang 1940 von der SAP ausgegebene Parole «Nid aapasse – ufpasse» war vom Grossteil der Bevölkerung verstanden worden.

Das Hakenkreuz im Haus «zur Platte»

In einem Schaffhauser Schaufenster tauchten eines Tages Nazischriften, das Hitlerfoto und der Reichsadler auf. Das liessen sich einige junge Schaffhauser nicht gefallen und bezeugten ihren Widerstandswillen. Sie erhielten Anerkennungsbriefe aus der ganzen Schweiz.

EDWIN SPLEISS

Am 31. Oktober 1940, nachdem Polen, Frankreich, Belgien und Holland von der deutschen Wehrmacht besetzt waren, wurde im Haus «zur Platte» an der Bachstrasse in Schaffhausen durch die Reichsbahnzentrale eine Ausstellung eröffnet. Im mittleren der drei Schaufenster wurde zu meinem grössten Erstaunen eine Hakenkreuzfahne, der Reichsadler im Hakenkreuz, ein Foto von Hitler und sein Buch «Mein Kampf» nebst andern Schriften der Nazipropaganda ausgestellt.

Ich war derart empört, dass ich dafür sorgen wollte, dass noch am gleichen Abend ausgeräumt werden müsste. Diese Gedanken bewegten auch viele der auftauchenden Leute, die mit Drohrufen gegen die angerückte Polizei ihrer Meinung Ausdruck verliehen. Endlich wurde die Beleuchtung der Schaufenster ausgeschaltet. Dies genügte allerdings nicht: Nach der Abendvorstellung im gegenüberliegenden Kino Scala verstärkte sich der Druck, so dass die Polizei Verstärkung herbeirief. Ich forderte einen Polizisten auf, die unerwünschte und unsere Mitbürger aufrührende Nazipropaganda wegzuschaffen.

Schaufenster eingeschlagen

Unsere Geschäftsleute waren daran, in ihren Schaufenstern eine Schweizerwoche zu organisieren, und am 1. November 1940 würde die Kleiderration in der Schweiz eingeführt werden. Ich wiederholte daher der Polizei gegenüber meinen Willen, das Schaufenster auszuräumen, wenn nicht sie selbst es täte. Polizist Siegrist ermahnte mich mit den Worten: «Spleiss, Sie ruinieren Ihr Geschäft!» Das sei mein Problem, und die Scheibe könne ich schon noch bezahlen, erwiderte ich ihm.

Nun beobachtete ich einen Mann, der eine Bierflasche in der Hand hatte. Ich bat ihn, mir diese zu geben, damit ich das Schaufenster einschlagen könne. Er antwortete: «Zuerst nehme ich aber noch einen Schluck!» Danach nahm ich die Flasche und schmetterte sie ins Schaufenster. Meine Gesinnungsfreunde, Dachdecker Samuel Bächtold und der Tessiner Pietro Crivelli, ein Monteur, stiegen durch das demolierte Fenster, taten den Rest und entwendeten das Hakenkreuz. Leider mussten sie es der Polizei aushändigen. Schade, denn sonst hätten wir bei den alljährlich durchgeführten Erinnerungsfeiern ein Symbol gehabt...

Beim ersten Verhör auf der Stadtpolizei liess ich keinen Zweifel darüber offen, dass ich aus Überzeugung handeln musste, zumal ich während zweier Wintersemester, 1933 und 1934, auf der Meisterschule für Maler in München auch die Hitler-Methoden hatte studieren können. «Wir sind nicht so schwach ausgerüstet, dass wir uns nicht mit Erfolg verteidigen könnten», erklärte ich. «Ich gehöre keiner Partei an, und die Mittäter kenne ich nicht.»

Am 1. November 1940 wurden wir drei sowie Coiffeurmeister Jakob Kappeler in Untersuchungshaft genommen. Die umfangreichen Protokolle haben auch bei der Bundespolizei nichts zutage gefördert, was laut Gesetz die Behörden ermächtigt hätte, uns länger als 47 Stunden in Untersuchungshaft zu belassen.

Anerkennungsbriefe aus der ganzen Schweiz

Was mich bedrückte, war die Tatsache, dass sich am Tag nach der Tat unser Regierungsrat und unser Stadtrat beim deutschen Generalkonsulat entschuldigen mussten. Deshalb sprach ich beim damaligen Gewerbedirektor Dr. Gustav Schoch vor, der leider bei der Bombardierung der Stadt Schaffhausen sterben musste. Ich entschuldigte mich bei ihm, aber nicht für die Tat selbst, sondern nur dafür, dass sie deswegen den Deutschen gegenüber Bücklinge hatten machen müssen.
Er sagte lächelnd: «Spleiss, es ist schön, dass Sie kommen. Das war nicht so schlimm. Wir sind doch dafür da.» Stadtpräsident Bringolf erklärte mir, er sei froh, dass der Täter kein Sozialdemokrat sei, sondern aus einer gutbürgerlichen Familie stamme, und er wünschte mir bei der bevorstehenden Gerichtsverhandlung viel Glück.

Das Haus «zur Platte» an der Bachstrasse, Ecke Vordergasse. Aufnahme von 1938.

Dass ich die Schaufensterscheibe bezahlen musste, war selbstverständlich, nicht aber, dass ich von Staatsanwalt Dr. Rippmann wegen der Beleidigung eines fremden Staates eingeklagt wurde. Mit Hilfe meines Schwimmclub-Freundes, Dr. H. Räber, wurde ich vom Kantonsgericht mit Präsident Dr. Sulger Büel freigesprochen. Nach diesem Urteil schrieb der Journalist Karl Däschle in seinem Wochenblatt, dass die Winkelriedaktion den jungen Handwerksmeister gute 1000 Franken kosten werde. Danach erhielt ich Geldspenden und Anerkennungsbriefe aus Bern, Solothurn, Aarau und Zürich. Die kleinen Geschenke mit den rot-weissen Schleifen freuen mich heute noch. Nun wird sich vielleicht der geneigte Leser fragen, wie damals die Stimmung in Schaffhausen war. Die einen sprachen von einer äusserst mutigen Tat, von Vaterlandsliebe und bezeichneten uns als Freiheitshelden, andere nannten uns Hitzköpfe und Glasvergeuder und kritisierten unser Tun als unüberlegte Aktion. Die Wankelmütigen erklärten, es sei richtig, dass man solche Nazipropaganda bekämpfe, aber man hätte es doch nicht tun sollen. Es war eben noch gar nicht lange her, seit der Fröntler Reallehrer Carl Meyer ausgerufen hatte, dass es im Kanton Schaffhausen zu wenige Bäume gäbe, um alle Nazigegner aufzuhängen. Die Grenze sei am Rhein und wir würden daher zum Dritten Reich gehören.
Ich bekam meine Einstellung deutlich zu spüren, indem ich we-

niger Aufträge erhielt. Namhafte Persönlichkeiten scheuten sich davor, sich zu exponieren.

Nach der Kesselschlacht im Winter 1942/43 bei Stalingrad, in der der Niedergang der deutschen Wehrmacht besiegelt wurde, änderte sich das Bild. Mein unerschütterlicher Glaube daran, dass Deutschland den Zweiten Weltkrieg verlieren würde, hatte sich als richtig erwiesen. Er wurde untermauert von den Thesen des mir nahestehenden Gotthard-Bundes, der als Signet eine Hellebarde benützte und auf seine Fahne geschrieben hatte: «Ein Schweizer, der am Erfolg des Widerstandes zweifelt, ist ein Verräter.» Im Kantonsrat kam Walther Bringolf kurz nach Kriegsende auf die Tat zurück. Ich zitiere das Amtsblatt vom 29. Juni 1945: «Und nachher habe sich dann herausgestellt, dass dieser Lemberger, welcher mit dem Besitzer des Hauses «zur Platte», Arnold Meyer, Architekt von Hallau, den Mietvertrag abschloss, der verantwortliche Chef einer Sabotageorganisation in unserem Land gewesen sei, der neben Moritz mit Oberzollinspektor Fütterlieb die Stellungen vorbereiten musste, um unsere Mineure mit Gewalt an der Ausübung ihrer Pflicht zu verhindern. Lemberg sei zu sechs Jahren, Fütterlieb und Moritz zu zwölf Jahren Zuchthaus verurteilt worden.»

Der Gotthard-Bund: Ziviler Widerstand

Der Gotthard-Bund, formell am 30. Juni 1940 gegründet, setzte sich die beiden folgenden Ziele:
1. Bewahren der Unabhängigkeit unseres Landes, der unbedingte Wille zur inneren und äusseren Landesverteidigung.
2. Überwindung der in den Kriegsjahren als unzeitgemäss empfundenen Gegensätze der politischen Parteien und Wirtschaftsgruppen.

Erstmals trat man am 20./21. Juli 1940, also noch vor dem Rütli-Rapport von General Guisan, mit einem die Bevölkerung zum allfälligen Widerstand auffordernden Inserat an die Öffentlichkeit. Aufgelöst wurde der Gotthard-Bund erst im Jahre 1969.

Den Kanton Schaffhausen vertraten als Delegierte der Versicherungsbeamte Ernst Gasser und der Ingenieur Paul Zürcher. Auch Oscar Frey und Walther Bringolf standen dem Gotthard-Bund nahe. Christian Gasser, von 1953 bis 1960 Mitglied der Konzernleitung von Georg Fischer, war Gründungsmitglied und bis zuletzt Mitglied der Bundesleitung. *Schi.*

Walther Bringolf als Stadtpräsident im Zweiten Weltkrieg

Die ersten sechs Amtsjahre von Stadtpräsident Walther Bringolf waren von der Krise überschattet. Ihnen folgten von 1939 bis 1945 sechs Kriegsjahre, während deren sich der junge Stadtpräsident zu bewähren hatte.

WALTER WOLF

Beim Ausbruch des Zweiten Weltkriegs am 1. September 1939 mussten 166 städtische Funktionäre in den Aktiv- und 15 in den Hilfsdienst einrücken. Das Aufgebot traf die Stadt nicht unvorbereitet. Bereits während der ersten Tschechenkrise im Herbst 1938 liess Stadtpräsident Bringolf abklären, welche Mitarbeiter durch Mobilmachung dem städtischen Dienst entzogen würden. Im Frühling 1939, als erneut Kriegsgefahr heraufzog, wurde referatsweise festgelegt, wie der Personalmangel überbrückt werden könne. Die Zivilpersonen mussten sich verpflichten, notfalls entschädigungslos Überstunden zu leisten. Der Stadtpräsident persönlich wurde von der Hilfsdienstpflicht entbunden, während die Stadträte Fritz Moser und Emil Schalch in den Aktivdienst einrücken mussten.

Eine Lohnersatzordnung für Wehrmänner trat erst auf den 1. Februar 1940 in Kraft. Bis zu diesem Datum zahlte der Bund an schlecht situierte Soldatenfamilien eine Unterstützung aus. Bringolf setzte sich dafür ein, dass Stadt und Kanton einen Zuschlag an diesen Bundesbeitrag ausrichteten.

Anbauschlacht in Schaffhausen

Als der Bundesrat kurz vor Kriegsausbruch einzelne Nahrungsmittel sperrte, kam in Schaffhausen wie in anderen Städten Torschlusspanik auf. Zahlreiche Lebensmittelgeschäfte, berichtete Polizeireferent Bringolf dem Stadtrat, seien noch schnell gestürmt worden. Künftig würden Kontrollen unerlässlich sein, «die aber nicht bürokratisch gehandhabt» werden sollten.

Zur Lebensmittelversorgung trug die «Anbauschlacht» das Ihre bei. Während des Krieges wurde auf Stadtgebiet die landwirtschaftlich genutzte Fläche von 150 auf 2000 Hektaren vermehrt. Dazu kamen viele zusätzliche Pflanzgärten, zum Beispiel auf dem ehemaligen Emmersbergfriedhof oder auf dem Sportplatz Breite.

Im ersten Kriegswinter wurde der Stadtpräsident als Ortschef vereidigt. Er hatte für das Zusammenspiel der militärischen und der zivilen Instanzen zu sorgen. Mehr Bedeutung kam jedoch seinem Stellvertreter, dem militärisch ausgemusterten Stadtrat Martin Stamm, zu, wie aus einer «persönlichen Erklärung» Bringolfs hervorging. Im Falle eines Angriffs werde der Stadtpräsident «bis zum letzten Augenblick» ausharren. Da es aber die Nazis auf seinen Kopf abgesehen hatten – Bringolfs Name figurierte auf einer Fahndungsliste der Gestapo – musste damit gerechnet werden, dass er bei einem Überfall bald eliminiert würde. Dann kam es auf den Vize an.

Evakuation der Bevölkerung

Besonders für den Fall, dass die Stadt total evakuiert würde! Im Frühling 1940 gab man sich noch der Illusion hin, man werde unter Umständen die Zivilbevölkerung nach der Innerschweiz verfrachten. Der Stadtpräsident persönlich orientierte an sechs Quartierversammlungen über «Evakuationsfragen». Er gab sich alle Mühe, die Leute zu beruhigen, ihnen Mut einzuflössen. Aber das Chaos, das bald einmal an der Westfront hereinbrach, als fliehende Zivilisten die Strassen verstopften und die eigenen Truppen bei der Abwehr des

Walther Bringolf und General H. Guisan nach der Bombardierung von Schaffhausen.

griff und bezahlte 500 Franken an einen wohltätigen Zweck. Demonstrativ spazierte Bringolf am folgenden Sonntag mit seiner Frau am Rheinufer auf und ab.

Eine einzige Panzerabwehrkanone war vorhanden

Grund zur Beunruhigung gaben allerdings nicht nur die Deutschen, sondern auch der mangelhafte Grenzschutz rund um Schaffhausen. Laut Bringolf besass das Infanterie-Bataillon 61 eine einzige Panzerabwehrkanone. Noch bevor die deutsche Wehrmacht im Westen losschlug, verlangte der Stadtpräsident von Bundespräsident Pilet-Golaz vergeblich einen «besseren militärischen Schutz gegen eine allfällige Überrumpelung durch einen Feind». Im Kriegsfall wäre Schaffhausen, wie der Stadtpräsident später feststellte, kampflos preisgegeben worden.

Die Bedeutung des Luftschutzes spät erkannt

Nicht mit gleicher Entschiedenheit war Bringolf anfänglich für den Luftschutz eingestanden. Er sträubte sich lange, das Luftschutzreferat zu übernehmen. Aber noch vor Kriegsausbruch änderte er seine Haltung. 1938 stand er für den Bau des Luftschutzbunkers beim Gelbhausgartenschul-

Feindes behinderten, liess in Bringolf die Erkenntnis heranreifen, «dass Schaffhausen nicht evakuiert wird», trotz seiner exponierten Lage. Später hob dann General Guisan sämtliche Evakuationsmassnahmen auf.

Bringolf flüchtete nicht

Dennoch waren es einige hundert, die sich in den kritischen Maitagen 1940 freiwillig mit Sack und Pack über den Rhein davonmachten. Der Stadtrat rief zur Besonnenheit auf. Aber zur gleichen Zeit setzte ein Ständerat das Gerücht in die Welt, auch der Stadtpräsident sei «Hals über Kopf» aus Schaffhausen geflohen. In Tat und Wahrheit hatte Bringolf an einer Kommissionssitzung des Nationalrates in Vitznau teilgenommen, war aber rasch wieder in die Stadt zurückgekehrt. Der Standesherr entschuldigte sich für seinen voreiligen Anhaus ein. Bis 1942 waren rund 150 geschützte Keller in der Altstadt und in den Aussenquartieren eingerichtet. Unter dem Kommando des Feuerwehrvizekommandanten Arnold Pletscher wurde die halbmilitärische Luftschutzorganisation mit sechs Dienstchefs und rund 300 Frauen und Männern aufgebaut.

Bewährungsprobe am 1. April 1944

Eine Luftschutzorganisation ohne Obdachlosenfürsorge war aber nur eine halbe Sache. Deshalb bestellte Bringolf mitten im Krieg die gelernte Krankenschwester Els Peyer-von Waldkirch zu sich und erteilte ihr den Auftrag, die neue Institution zu gründen: «Es ist mir egal, wie Sie es tun, nur gut müssen Sie es machen.»
Die Bewährungsprobe kam am 1. April 1944, als Schaffhausen bombardiert wurde. Für 465 Privatbewohner stürzte das Dach über dem Kopf zusammen. Bereits zwei Stunden nach dem Bombenabwurf schenkten die Mitarbeiterinnen von Frau Peyer aus einer Feldküche Tee und Suppe aus. Wer nicht bei Verwandten oder Bekannten unterkam, fand im Steig- oder im Rheinschulhaus Notquartier. Jetzt bewährte sich auch Bringolfs Organisations- und Improvisationstalent. Zur Zeit des Fliegerangriffs hielt der Stadtrat eine Sitzung ab. Augenblicklich begab sich der Vorsitzende mit Baureferent Schalch auf die Stadtpolizei. Von dort aus koordinierte er die Einsätze. Kurz nach elf Uhr setzte die Bekämpfung der Grossbrände ein; es waren ihrer mehr als 50. Drei Stunden später waren sie unter Kontrolle gebracht. Um halb zwölf kreuzte Oberst Oskar Frey, wie Bringolf ein entschiedener Antifaschist, auf dem Kommandoposten auf. Er war, von Zürich kommend, an der Stadtgrenze dem Zug entstiegen und brachte die erste, für Bringolf äusserst wertvolle Lageschilderung über das schwer heimgesuchte «Mühlenen»-Quartier. Bringolf hielt streng darauf, dass die Fäden bei ihm zusammenliefen, damit er die Aktionen überblicken konnte, was aber spontanes Handeln nicht ausschloss.

Vorbildliche Reaktion

Abends um fünf Uhr verliess Bringolf erstmals mit Bundesrat Kobelt und Stadtpräsident Lüchinger aus Zürich den Kommandoposten zu einem Rundgang durch die bombardierten Quartiere. Um neun Uhr gab er eine Presseorientierung. Er teilte mit, der Stadtrat stelle einen Kredit von 100 000 Franken für erste Hilfe zur Verfügung. Am Sonntag konferierte er mit den bombengeschädigten Industriellen und Gewerbetreibenden. Man kam überein, dass keine Arbeiter entlassen würden. Der Lohn werde zu Lasten der Schadenrechnung der Amerikaner weiterhin ausbezahlt. Die Stadt erklärte sich zu Vorschussleistungen bereit.

Fürsprecher der Flüchtlinge

Dienstag, 4. April: Bringolf ist der Erschöpfung nahe. «Seit Samstagmorgen ohne Schlaf, höchstens einmal eine halbe Stunde sitzend die Augen geschlossen, immer wieder mit Kaffee aufgepulvert.» Stadtrat Schalch bezeugte es im nachhinein: Mit Bringolf an der Spitze – aber auch dank dem Einsatz zahlloser Frauen, Männer und Jugendlicher – konnte nach dem Bombenangriff rasch und wirkungsvoll gehandelt werden.
Grosse Verdienste erwarb sich Bringolf in den Kriegsjahren auch als Fürsprecher der Flüchtlinge. Ihm und anderen einflussreichen Politikern ist es zu verdanken, dass bei manchen Asylanten der Ausschaffungsbefehl aus Bern wieder rückgängig gemacht wurde. Das bedeutete in den meisten Fällen Rettung vor dem sicheren Tod. Auch unterstützte Bringolf – oft mit Erfolg – Einwanderungsgesuche von Juden und Nichtjuden, von Sozialisten und Liberalen.

Gang zur Trauerfeier im St. Johann. Die Bundesräte Kobelt und Nobs und Stadtpräsident Bringolf mit Gattin.

Als im Chaos des deutschen Zusammenbruchs über 5000 entwichene Fremdarbeiter und Gefangene innert fünf Tagen die Schaffhauser Grenze überschritten, war das Territorialkommando dem Ansturm nicht gewachsen. An einem Rapport anerboten sich Stadtpräsident Bringolf und Stadtrat Schalch, das Militär bei der Verpflegung und der Unterbringung der Geflohenen zu unterstützen. Auch die freiwilligen Helfer von der Obdachlosenfürsorge stellten sich zur Verfügung.

70 Norweger in Schaffhausen

Kurz nach Kriegsende tauchten in den Strassen der Stadt ausgemergelte Gestalten in dunkelblauen, silberbesetzten Hosen auf. Es handelte sich um 70 Widerstandskämpfer aus dem norwegischen Bergen, die von den Deutschen ins Konzentrationslager Dachau verschleppt und dort von den Amerikanern befreit worden waren. Drei Monate lang wurden die Gäste in Schaffhausen gepflegt. Später hat der norwegische Gesandte der Stadt eine in Silber gearbeitete Kopie eines Wikingerschiffes überreicht. Für Bringolf war dies ein «Zeichen der Verbundenheit zwischen zwei demokratischen Völkern, die beide in Frieden und Freiheit arbeiten».

Bei der Abwehr des Faschismus hat Bringolf am klarsten ideologisch Position bezogen. 1945 triumphierte er, und mit ihm alle überzeugten Demokraten. Die Frontenbewegung lag am Boden, ihre Hochburg an der Safrangasse war liquidiert. Aber noch immer trieben sich deutsche Nazis in der Stadt herum. Ihre Ausweisung ging Bringolf zuwenig rasch vonstatten. An einem lauen Juniabend rief er auf dem «Platz» zum Protest auf. Aus der Mitte der Versammlung erschollen Zurufe, die Bringolf in die Parole ummünzte: «Use mit ene!»

Der Volkszorn explodierte

Nach Schluss der Kundgebung kam es zu Ausschreitungen. Bei vielen Frontisten gingen die Fensterscheiben in Brüche – nicht gerade die passende Form der Abrechnung mit dem Gegner! Stadtrat Stamm befürchtete, der Krawall könnte dem Ansehen der Stadt schaden. Auch Bringolf distanzierte sich von den Ausschreitungen, hielt sie aber für psychologisch verständlich. Jetzt sei halt, meinte er, der angestaute Volkszorn mit Urgewalt explodiert.

«Ich glaubte, ich hätte nichts mehr zu verlieren»

Im Innern ihrer Seelen sind sie Emigranten geblieben, Menschen, die das Gefühl des plötzlichen, hastigen Aufbruchs kurz vor dem Zweiten Weltkrieg noch so stark fühlen, dass ihnen die Erinnerungen oft die Augen nässen. Die Flucht aus der Heimat nach Schaffhausen werden sie nie vergessen, und sie suchen im Gespräch nach den Worten, die das Erlebte richtig erzählen und zum Ausdruck bringen. Ihre Schilderungen sind ein historisches Dokument von einmaliger Bedeutung.

ANGELIKA RAMER

Am 7. August 1938, es war ein Sonntag und 40 Minuten nach Mitternacht, machte ein Grenzwächter vom Zollamt Neu-Dörflingen die telefonische Meldung an die Kantonspolizei Schaffhausen, dass soeben Flüchtlinge aus Österreich aufgegriffen wurden. Sie waren völlig durchnässt, erschöpft und ohne Geld. Zu den Flüchtlingen gehörten auch Reisel Klumak aus Wien und ihre 26jährige Tochter Selma. Der Schwiegersohn Camillo Nussbaum und seine Frau Anna wurden bereits um 22 Uhr von der Schweizer Grenzwache festgenommen. Die Klumaks waren illegal gekommen, ohne Visum für die Schweiz also und nur mit kleinem Handgepäck. Am 1. August haben sie Wien verlassen müssen, denn die Nationalsozialisten boten den Juden zwei Möglichkeiten: die Ausreise binnen weniger Tage oder die Deportation in Arbeits- oder Konzentrationslager. Der Landjäger in Neu-Dörflingen hatte Befehl, die beiden Frauen ins Kantonsgefängnis nach Schaffhausen zu überführen, nachdem er ihre Papiere kontrolliert hatte, welche die Flüchtenden ihm wie eine Kostbarkeit entgegenstreckten. Reisel Klumak war zu erschöpft, um zu begreifen, dass sie ihre erste Nacht in der Schweiz in einer Zelle verbringen musste. Sie wusste noch nicht, dass es anderen Flüchtlingen genauso erging. Sie schlief mit ihrer Tochter auf der schmalen Pritsche ein und sorgte sich weder um ihren Hunger noch um die triefenden Kleider, die so aussahen, als hätten die Fasern jeden Tropfen des Gewitterregens der vergangenen Stunden aufgesogen. Tochter und Schwiegersohn waren ebenfalls in einer Zelle untergebracht, was Frau Klumak beruhigte.

Die Flucht von Reisel und Selma Klumak war von seltsamen Umständen und grossem Glück begleitet. Aus Sicherheitsgründen trennten sich die beiden Frauen in Singen von Camillo und Anna Nussbaum, um möglichst unerkannt die Schweizer Grenze passieren zu können. Aber es kam anders. Ein Gestapomann wurde in Singen auf die Flüchtlinge aufmerksam und verhaftete die Wienerinnen. Ihre Hoffnung, das rettende Ziel zu erreichen, zerschlug sich mit einemmal, die Schweiz war so fern wie noch nie auf dieser beschwerlichen Reise. Reisel Klumak und ihre Tochter mussten im deutschen Polizeiquartier auf einer Holzbank bis um 22 Uhr warten. Dann wurde Selma in ein Büro gebracht, wo ein uniformierter Mann auf sie wartete. Er drehte sich zu ihr um und sagte: «Ziehen Sie sich aus.» Die junge Frau verstand nicht. Erst als sie angebrüllt wurde, begann sie verwirrt ihre Bluse aufzuknöpfen; im selben Moment aber stand ihre Mutter, aufgeschreckt durch die Schreie, bereits in der Tür. Sie schaute erst entsetzt ihre Tochter an, trat dann mit den Worten «Das tun Sie meiner Tochter nicht an!» vor den Deutschen und schmetterte ihm mit ihrer ganzen Kraft und voller Wut zwei Ohrfeigen ins Gesicht. Dann geschah das, was Selma Sessler-Klumak

Landjäger Erwin Kessler (rechts mit Hut) begleitet einen Flüchtling von der Grenze nach Schleitheim.

noch heute nicht fassen kann. Der Gestapomann sagte kein einziges Wort, nahm nur die Hand der Mutter und küsste sie. Und ohne weiter auf den merkwürdigen Zwischenfall einzugehen, anerbot er sich, die Flüchtlinge für vier Reichsmark bis zur Ramser Grenze zu geleiten.

«Irgendwie haben wir ihm vertraut», erinnert sich die 83jährige Selma Sessler-Klumak. Der Wagen hielt mit abgeblendeten Scheinwerfern in einem Waldstück. Als Reisel Klumak aussteigen wollte, hielt sie der Gestapomann am Ärmel fest und bat die Jüdin um ihren Segen. Selma hörte, wie ihre 57 Jahre alte Mutter, ohne nur eine Frage zu stellen, leise ein hebräisches Gebet sprach für den Mann, dessen Namen sie nicht einmal kannte. Minuten später standen sie im Dunkeln und hofften, dass ihnen die Grenzsteine den richtigen Weg weisen würden. In der Zelle des Kantonsgefängnisses, immer noch eingehüllt in feuchte Kleider, wurde Reisel Klumak allmählich bewusst, dass sie eine Vertriebene war, mittellos, gestrandet in einem Land, von dem sie kaum etwas wusste oder nur so viel, dass es in Europa ihre wohl einzige Rettung war. Ihr Mann, ein gut situierter Kaufmann, war vor dem Anschluss Österreichs an Hitlerdeutschland in Italien geschäftlich unterwegs und konnte nicht nach Wien zurück.

Gerannt für das eigene Leben

Auch Alexander Glaser hat aus Wien in grösste Eile flüchten müssen. Der 26jährige aus dem Burgenland nahm am 10. August 1938 den Zug in Richtung Schweiz. In der Tasche trug er den Verlobungsring von Onkel Heinrich, den er als Notpfennig aufbewahren sollte. Seine Eltern blieben zurück, Onkel Heinrich und Tante Irma kamen später im Konzentrationslager Dachau um.

Er verliess Wien mit dem Gefühl, sein junges Leben sei bereits zu Ende. Aber der frischausgebildete Kürschner hatte Glück und erreichte die Schweizer Grenze am 16. August um 18.15 Uhr. «Dann rannte ich», erinnert sich Alexander Glaser heute, «über die Schweizer Grenze wie jemand, der nichts mehr zu verlieren hat.» Eine Schweizer Patrouille griff ihn bei Dörflingen auf und brachte ihn nach einem langen Verhör nach Schaffhausen ins Kantonsgefängnis. Dort schrieb er, erschöpft von seiner Flucht, folgende Notiz in sein Tagebuch: «Im Gefängnis wurden uns alle Sachen abgenommen. Ich habe wunderbar geschlafen. Um sechs Uhr in der Früh war Tagwache. Ich konnte mich waschen, und dann gab's Frühstück – Kaffee ohne Zucker. Es schmeckte wunderbar. Ich bin voller Zuversicht, hier bleiben zu dürfen.»

Alle Flüchtlinge, die 1938 und später über die Schweizer Grenzen flohen, gingen das Risiko ein, wieder ausgeschafft zu werden. Besonders nach der totalen Grenzsperre vom 18. August 1938 war ein Durchkommen selbst bei sorgfältiger Fluchtvorbereitung praktisch unmöglich geworden. Die vierköpfige Familie Horowitz aus Wien war da bestimmt eine Ausnahme, und ihre Erlebnisse zeigen wiederum, dass Juden vor allem Glück brauchten, um den Nationalsozialisten entkommen zu können. Der Buchhändler Friedrich Maximilian Horowitz hatte zuerst von Wien, später von München und Konstanz aus Kontakt zu seinem ehemaligen Angestellten Ludwig Lederer, dem die Flucht nach Schaffhausen schon vor der Grenzschliessung gelang. Lederer hatte in der Stadt bereits jüdische Bürger kennengelernt, darunter die Familie Bloch, die sich bereit erklärte, die Wiener Familie mit dem Auto in der Nähe der Ramser Grenze abzuholen. Das Ehepaar Horowitz mit seinen beiden 13- und 18jährigen Söhnen schaffte den Grenzübertritt dank der Hilfe eines deutschen Zollbeamten, der sie nicht festnahm und dafür sorgte, dass die Schweizer Grenzpatrouille nicht auf die illegalen Flüchtlinge aufmerksam wurde. Bevor der Krieg ausbrach, schleusten viele deutsche Grenzwächter Flüchtlinge in die Schweiz, wohl weniger aus Sympathie, eher weil sie die entwurzelten Menschen auf diese Weise schnell loswerden konnten.

Jüdische Hilfe in Schaffhausen

In Schaffhausen wurde die Familie von ihren Fluchthelfern im Gasthof Kreuz und nicht im Kantonsgefängnis untergebracht, um eine polizeiliche Befragung während der ersten Tage zu verhindern.

Während der 13jährige Herbert Horowitz die Flucht als pfadfinderähnliches Abenteuer erlebt hatte, bangten vor allem die erwachsenen Flüchtlinge um ihre Zukunft, um so mehr, als sie in ihren ersten Stunden im Exil nicht wissen konnten, dass es in Schaffhausen eine jüdische Kontaktstelle gab, die sich unermüdlich für die jüdischen Emigranten einsetzte. Albert Gidion war jener Helfer, der während der Kriegsjahre für die Flüchtlinge Anlaufstelle, erste und letzte Hilfe, Bezugsperson und Vertrauter mit grosser Opferbereitschaft war. Dank seiner guten Beziehungen zu Stadtpräsident Walther Bringolf konnte er oft auch erreichen, dass die Fremdenpolizei von einer Ausweisung absah. In vielen Flüchtlingsakten finden sich von Gidion unterzeichnete Bittschreiben an die Fremdenpolizei oder ans kantonale Arbeitsamt. Der ältere Herr führte an der Vordergasse ein Bettwaren- und Konfektionsgeschäft, war nebenbei Leiter der Sektion des Verbandes Schweizerischer Israelischer Armenpflegen (V.S.I.A) und damit offizieller Delegierter des Schweizerischen Israelitischen Gemeindebundes. Seine Hauptaufgabe bestand darin, die Flüchtlinge im Kantonsgefängnis auszulösen und sie entweder in einem Lager, in einem geeigneten Gasthof oder aber in privaten Wohnungen unterzubringen. Für die Kosten kam ausschliesslich der Israelitische Gemeindebund auf, welcher an einer Delegiertenversammlung im März 1938 beschloss, für die gesamtschweizerische Flüchtlingshilfe einen Betrag von rund 80 000 Franken bereitzustellen.

Dass diese Summe 25mal zu klein bemessen war, konnte zu diesem Zeitpunkt noch niemand ahnen. Allein im August 1938 kamen rund hundert Jüdinnen und Juden über unsere Grenzen und suchten in Schaffhausen Zuflucht. Die Situation war für die Bevölkerung neu und führte im Regierungsrat zu ernsten Debatten. Dabei standen Versorgungsprobleme im Zentrum. Auch in politischer Hinsicht blieben die Emigranten ein Dauerthema. Die Fremdenpolizei und das kantonale Arbeitsamt steuerten in jenen Jahren einen Kurs, der je nach Kriegsverlauf korrigiert, verschärft oder gelockert wurde. Die Flüchtlinge hatten immer die Pflicht, ein anderes Aufnahmeland zu suchen. Die Erwerbsarbeit allerdings, selbst unentlöhnte, blieb ihnen lange versagt.

«Es wäre ein sorgloses Leben gewesen, hätten wir nicht um unsere Angehörigen in der Heimat bangen müssen», erzählt Alexander Glaser, der mit seinem schmalen Bündel am 17. August 1938, begleitet von Albert Gidion, in die Naturfreun-

Landjäger Erwin Kessler in seiner Schreibstube in Schleitheim. Von jedem Flüchtling musste er einen vierfachen Rapport erstellen. Mitte: Flüchtling, rechts: Übersetzer.

dehütte auf dem Buchberg umsiedelte. Bis zum Jahre 1940 lebten dort rund achtzig jüdische Flüchtlinge. Auch im Ferienheim Büttenhardt kamen zu diesem Zeitpunkt Menschen – zumeist aus Österreich und Deutschland – unter. Reisel und Selma Klumak mussten am 11. August 1938 im Gasthof Schwert ebenfalls ihre Sachen packen und Richtung Buchberg aufbrechen. Lange Aufenthalte in Gasthäusern waren in den meisten Fällen nur vorübergehend möglich, weil sie die jüdische Hilfsorganisation nicht bezahlen konnte. Das Ehepaar Horowitz hingegen konnte mit seinem jüngsten Sohn im Gasthof Kreuz bleiben, derweil der 18jährige Erich Horowitz ebenfalls auf dem Buchberg ein neues Zuhause fand. Alle diese Flüchtlinge hatten das Glück, in Schaffhausen die sogenannte Toleranzbewilligung zu erhalten. Sie schützte die Menschen vor einer sofortigen Abschiebung, musste aber alle paar Monate neu beantragt werden.

Herbert Horowitz erinnert sich, wie sein Vater ausgerechnet am Erew Rosch Haschana (Vorabend des jüdischen Neujahrs), damals dem 25. September, bei der Fremdenpolizei erscheinen musste. Er kam erleichtert zurück und sagte zu seiner Familie: «Es ist ein Wunder, wir können bleiben.»

Isoliert und ohne Arbeit

Der Alltag der Flüchtlinge verlief ruhig, zu ereignislos für die meisten. Besonders die Älteren litten unter der Situation oder Vorstellung, den Rest des Lebens ohne materielles Vermögen und ohne Aktivität verbringen zu müssen. Reisel Klumak verliess in Wien eine stattliche Wohnung an der Kluckygasse, Friedrich Maximilian Horowitz verlor im 2. Bezirk am Donaukanal eine gutgehende Buchhandlung. In Schaffhausen wurde er immer ruhiger, zog sich zurück, studierte auf der Landkarte den Verlauf des Krieges,

schrieb Briefe an die alten Eltern in Wien, die in ihrer Wohung bis zu ihrem Tod ausharrten, damit nur knapp einer Deportation entgingen. Heute ist Herbert Horowitz tief betroffen, liest er die Briefe von damals, worin die Grosseltern immer wieder fragen: «Wann sehen wir uns wieder?» Und Alexander Glaser hatte sich eigentlich vorgestellt, in Oberwart arbeiten und eine Familie gründen zu können. Es dauerte lange, bis die Vertriebenen neu Fuss fassten, mit den Schaffhausern in Kontakt kamen, andere Emigranten kennenlernten, sich allmählich organisierten und gegenseitig unterstützten. Sie bildeten eine Art Schicksalsgemeinschaft, wobei die jüdischen Bürger in Schaffhausen erstaunlicherweise kaum dazugehörten, wie der 81jährige Schaffhauser Simon Bloch heute berichtet. Ausser Albert Gidion, der ein offizielles Mandat hatte, sich der jüdischen Flüchtlinge anzunehmen, seien sie eher auf Distanz geblieben und hätten in Einzelfällen aufgrund persönlicher Freundschaften geholfen. Es ist schwierig, heute konkrete und ausschlaggebende Gründe für diese Zurückhaltung zu nennen. Eine Erklärung könnte sein, dass die jüdischen Schaffhauser, es lebten etwa zwölf Familien in der Stadt, ein ungestörtes Leben führen und unbescholten ihren Berufen nachgehen wollten. Allzu grosse Aufmerksamkeit den Flüchtlingen gegenüber hätte unter Umständen zu unangenehmen Konfrontationen vorab mit den Frontisten führen können, denen die Juden aus dem Weg gingen.

Leben in der Abgeschiedenheit

Auch für die allgemeine Bevölkerung waren die ersten Erfahrungen mit den fremden Menschen nicht einfach, wie ein lustiger Wortwechsel zwischen der «Kreuz»-Wirtin und Vater Horowitz aufzeigt. Sein Sohn Herbert erinnert sich – es ist die einzige Situation in unserem Gespräch, die ihn heiter stimmt –, wie der Vater der Hausherrin im Gasthof Kreuz eine Frage stellte und diese in Dialekt antwortete. Als der Wiener erklärte, er könne leider kein Schweizerdeutsch verstehen, sah ihn Frau Wanner fast entsetzt an und fragte erstaunt: «Ja, sprechen Sie denn kein Deutsch?» Auf dem Buchberg lebten die Emigranten zwar in einer herrlichen Umgebung, aber die Abgeschiedenheit empfanden die grossstadtgewohnten jungen Menschen als Isolation, zumal die bescheidenen Beschäftigungsmöglichkeiten die langen Tage nicht ausfüllten. Hinzu kam die strenge Hausordnung, die bestimmt nicht einfach einzuhalten war. Besuche waren nur mit Einwilligung des Hüttenwartes erlaubt, politische Diskussionen oder Kundgebungen gar waren streng untersagt, der Kontakt zu den Einheimischen musste auf ein Minimum beschränkt werden. Das Minimum bedeutete, dass viele Schaffhauser Bürger an den Wochenenden zur Buchberghütte pilgerten, den Flüchtlingen einige Lebensmittel, Süssigkeiten, Tabak oder Kleidungsstücke brachten, sich mit ihnen unterhielten und mit der Zeit auch nach ihren Schicksalen zu fragen wagten. «Die Menschen solidarisierten sich still mit uns. Ihnen gegenüber fühlten wir uns wohl», erzählt Selma Sessler-Klumak, die in ihrer grosszügigen Zürcher Wohnung echte Wienerwaffeln mit süsser Sahne auftischt. Aber die Angst vor der Fremdenpolizei war auch für sie und ihre Mutter zeitweise fast unerträglich und beherrschte ihren Alltag. Die Flüchtlinge mussten der Fremdenpolizei in regelmässigen Abständen beweisen, dass sie andere Länder um Aufnahme baten. In oft langen, handschriftlich abgefassten und sorgfältig formulierten Briefen erklärten die Emigranten immer wieder, warum eine Ausreise im kriegsgeschüttelten Europa oder nach Übersee unmöglich war. Viele glaubten, dass die Schweizer zuwenig über das Unrecht wussten, das ihnen in der Heimat widerfahren ist. Und über ihr Glück, in Schaffhausen leben zu können, konnten sie sich kaum richtig freuen, denn sie ahnten oder wussten, dass andere Flüchtlinge an den Grenzen, es sind während der Kriegsjahre offiziell mehrere hundert gewesen, zurück und damit oft in den Tod mussten. Jene Emigranten, die in ihrer Heimat mitten im Berufsleben standen, fanden in Schaffhausen keine Möglichkeit, ihr Leben neu einzurichten.

Die Männer befanden sich in einer Art Daueraufbruchstimmung und sehnten sich nach ihrer Arbeit zurück. Diese Unrast zeigte sich zum Beispiel darin, dass sich einige Eltern nicht um die Schulbildung ihrer Kinder kümmern wollten, weil sie nicht an eine, zumindest vorläufige, Niederlassung glauben mochten. Die Frauen jedoch fanden mehr Chancen zur Integration. Frau Horowitz zum Beispiel baute eine Gemeinschaftsküche für Emigranten auf, wo auch der junge Glaser verkehrte. Und hier haben die Schaffhauser Frauen ihre Hilfe angeboten. Viel bedeutete es, wenn jemand zusätzliche Lebensmittel beschaffen konnte. Es schien allmählich, als hätte sich die Mehrheit der Bevölkerung weder um die Fremdenpolizei noch um die Fröntler und deren Propaganda geschert. Auch den Jugendlichen und jungen Erwachsenen ist es leichter gefallen, Anschluss zu finden. Herbert Horowitz konnte sich den Pfadfindern in Schaffhausen anschliessen und fand so den Zugang zu Schweizer Familien, bei denen er verkehrte und die ihn trösteten.

Selma Klumak ihrerseits war eine hartnäckige und unerschrockene junge Frau, die bei Albert Gidion immer wieder ihren Wunsch nach einer Arbeit deponierte und erklärte, sie nehme kein Flüchtlingsgeld mehr an, könne ihr keine Beschäftigung zugewiesen werden. Und Alexander Glaser vertrieb sich im Lager die Zeit mit dem Nähen von Mützen. Auf die Kappen für die Kameraden stickte er jeweils den Buchstaben B für Buchberg. «Damit durften wir aber nicht in die Stadt», erzählt Glaser. «Unser Hüttenwart wollte nicht, dass die Schaffhauser uns als die Buchbergler erkennen.»

Wenn die Deutschen kommen…

Im Laufe der Zeit und weil sich Albert Gidion immer wieder für Arbeitsbewilligungen einsetzte, konnten einige Emigranten vom Buchberg oder vom Ferienheim Büttenhardt in der Stadt wohnen und einer befristeten Arbeit nachgehen. Nach einem Herzanfall durfte Reisel Klumak mit ihrer Tochter in die Stadt umziehen, wo sie an der Vordergasse 39 ein festes Domizil fanden. Selma Klumak fand im März 1939 in Schleitheim eine Stelle bei einem Bauern, der ihr nach einigen Tagen offen gestand, nicht gewusst zu haben, dass Juden arbeiten können. Er bezahlte seiner Hilfskraft daraufhin nicht einen, sondern zwei Franken täglich. Mit der Zeit hatte sie ein kontinuierliches Erwerbsleben. Sie fand eine Stelle als Dienstmädchen in Stein-Säckingen, eine Arbeit als Beerenleserin in Hallau, und sie stopfte Strümpfe für fremde Leute. Mit dem verdienten Geld unterstützte Selma ihre Mutter und lieferte zudem einen beträchtlichen Betrag der Flüchtlingshilfe in Schaffhausen ab. Herbert Horowitz konnte, als seine Eltern an der Ampelngasse eine Wohnung vermittelt bekamen, eine Lehrstelle in der Lederwarenfabrik Kessler beginnen, sein Bruder bildete sich in Stein am Rhein zum Optiker aus.

Auch Alexander Glaser fand, wiederum mit Hilfe von Gidion, eine ständige Arbeit im Kürschneratelier Carl Stemmler, welcher den Juden freundlich gesinnt war und offene Auseinandersetzungen mit antisemitisch eingestellten Schaffhausern nicht scheute. Der junge Burgenländer musste im Durchschnitt 13 Stunden am Tag arbeiten, aber das störte ihn gar nicht. Er spürte, dass er irgendwie Stemmlers Schützling war und ihm deshalb nichts geschehen konnte. Die Tage vergingen fast so normal wie zu Hause in Oberwart. Den Tag der ersten allgemeinen Kriegsmobilmachung im September 1939 wird Alexander Glaser jedoch nie vergessen. Ebensowenig die Nervosität seines Arbeitgebers. Das Atelier von Carl Stemmler befand sich an der Vordergasse in einem Dachstock. Es bedurfte einiger Ausdauer, die Stufen mehrmals täglich ohne Atemnot zu schaffen, aber Stemmler war an diesem Nachmittag schnell oben. Er nahm Glaser am Arm und sagte hastig: «Komm, komm schnell nach unten.» Im ersten Stock ging er schnurstracks zum Fenster und zeigte auf die Strasse, erwähnte seinen Karabiner im Schrank und blickte Glaser, der irritiert daneben stand, ernst an: «Wenn die Deutschen kommen, dann schiess aus diesem Fenster!» Glaser hatte keine Angst, aber er spürte ganz stark, was draussen in Deutschland los sein musste. Seit er in Schaffhausen war, versuchte er zu vergessen, schob die Stunden seiner Flucht beiseite, dachte nicht mehr an sein Glück, wollte irgendwie kein Emigrant mehr sein. Aber in diesem Moment sah er seine Heimat vor Augen, seine Eltern, von denen er nichts hörte. Ihm drang der junge tote Kamerad ins Bewusstsein, der sich auf dem Buchberg erhängt und den er selber aus der Schlinge genommen hatte.

Eine schlimme Arbeit

«Eigentlich», sagt Erwin Kessler, der während des Zweiten Weltkrieges in Merishausen und Schleitheim als Landjäger im Dienst stand, «hatten die Behörden keine Ahnung, welche Auswirkungen ihre Gesetze an unseren Grenzen hatten.» Von 1935 bis 1940 kontrollierte Kessler den Grenzverlauf von Bargen, Oberbargen, Opfertshofen und Altdorf. An dieser Grenze kamen vor allem Juden in die Schweiz. Bis 1947 war der heute 87jährige Polizist in Schleitheim und griff dort vor allem geflohene Zwangsarbeiter und andere Häftlinge aus allen Teilen Europas auf.

Er sagt, man könne kaum beschreiben, welches Leid die Gesichter der Menschen überzog, wenn sie wieder dahin zurück mussten, wo sie hergekommen waren. Und ebensowenig das Glück, das in ihren oft müden Augen strahlte, wenn sie im Dorf Unterschlupf und Ruhe fanden. Die Flüchtlinge in Schleitheim kamen meistens völlig durchnässt an die Grenze, weil sie auf ihrer letzten Etappe die Wutach durchschwimmen mussten. «In ihren nassen Kleidern sahen die Menschen noch elender aus», erzählt Elsa Kessler. Zusammen mit anderen Frauen in Schleitheim hat sie die verlausten und zerschlissenen Kleider der Angekommenen zu einem Haufen aufgeschichtet und verbrannt. Man habe Kleider zusammengetragen, Matratzen herbeigeholt und die Flüchtlinge versorgt, so gut es eben ging.

Aus dem Schlaf gerissen

Oft war Erwin Kessler mehrere Tage hintereinander ohne Schlaf und Ruhe. Da er in Merishausen und Schleitheim alleine stationiert war, musste er die vielen Flüchtlingsrapporte selber schreiben, und zwar jeden einzelnen viermal. Nach den Befragungen brachte Kessler viele Flüchtlinge nach Schaffhausen ins Polizeikommando. Meistens begleitete er sie mit seinem Fahrrad und seinem Schäferhund Asco, der als besonders guter Spürhund diente, den Schweif als Zeichen der Warnung jeweils waagerecht stellte, wenn sich im Gelände etwas rührte. Unzählige Male wurde Landjäger Kessler in jenen Jahren aus dem Schlaf gerissen. Immer, wenn Schweizer Zöllner Flüchtlinge aufgriffen, musste er die Leute abholen und zu seiner Station bringen. Dabei hatte er oft lange Wegstrecken zurückzulegen, besonders das Gebiet Schleitheim, Oberwiesen, Siblingen und Beggingen war weitläufig. Nur in der Nacht trug er aus Sicherheitsgründen die Uniform, die sein Erkennungszeichen und seine Lebensversicherung war. Obschon die Flüchtlinge verängstigt waren, konnte er das Risiko eines Überfalls oder einer Verwechslung mit einem deutschen Grenzer nicht eingehen.

Insgesamt, sagt Kessler heute, habe er seine Aufgabe gerne wahrgenommen. Aber der körperlich und seelisch schlechte Zustand der Menschen, die nur im Besitz ihres Lebens vor ihm standen, habe ihn belastet. Oft wollte er helfen, Befehle missachten, Menschen aufnehmen, auch wenn die Weisung vom Polizeikommando in Schaffhausen anders lautete. Aber er sah keine Möglichkeiten, die Gesetze zu umschiffen. «Wo nur», fragt er, «hätten wir die Flüchtlinge verstecken sollen?»

Hilfe war oft nicht möglich

Besonders tragisch empfindet er die Erinnerungen an die Juden, die in Merishausen in seiner Schreibstube sassen und geduldig warteten, bis er ihre Herkunft, den Fluchtgrund und die familiären

Die Menschen waren nach ihrer Flucht meist völlig erschöpft.

Verhältnisse mit der Schreibmaschine getippt hatte. Oft boten sie ihm Devisen an, Geld oder den einzig verbliebenen Schmuck, um in der Schweiz bleiben zu dürfen. Besonders die Juden hatten es schwer, Asyl zu bekommen, da sie keine politischen Gründe für ihre Verfolgung geltend machen konnten. Wenn Erwin Kessler jüdische Familien, die meistens mit Kindern und ältern Menschen kamen, wieder zurückschicken musste, fühlte er sich manchmal auseinandergerissen und fast immer hilflos. Hätte er ihnen sagen sollen, dass nicht er die Gesetze zu verantworten hatte?

Eine Ausnahme wenigstens...

Einmal erlebte Erwin Kessler, wie das Zusammenspiel von Zufall, Glück und anderen Umständen das Leben von sieben Menschen bewahrte und der am Zollamt Neuhaus erfahrenen Willkür trotzte.

Das Polizeikommando in Schaffhausen gab an jenem denkwürdigen Tag die Weisung, die siebenköpfige jüdische Familie aus Deutschland, die sich beim Posten Merishausen aufhielt, wieder auszuschaffen. Kessler ahnte, was kommen würde, denn nicht selten begleitete er Menschen an die Grenze und stiess sie wenig später an einer anderen Stelle auf Schweizer Gebiet wieder aus.

Es war keine leichte Aufgabe, Flüchtlinge wegzuweisen. Er nahm sein Fahrrad und hiess die Familie, ihm zu folgen. Kurz vor der Grenze beim Bargemer Stich fragte eine Frau, wohin es gehe. Kessler reagierte nicht auf die Frage und schob stumm sein Fahrrad neben sich her. Wenig später noch einmal die gleiche drängende Frage: «Sagen Sie, wohin geht es?» Diesmal blieb der Landjäger stehen und erklärte den Juden die Situation. «Dann wurde es ganz still», erinnert er sich. Plötzlich fielen ihm die Frauen um den Hals und hielten ihn fest, die Männer warfen sich auf den Boden, ebenso die Kinder. Kessler brauchte Unterstützung und telefonierte, nachdem er sich aus der Umarmung befreien konnte, vom nahen Zollamt aus nach Schaffhausen. Das Kommando schickte umgehend einen Dienstwagen, in dem zuerst die Frauen und Kinder, dann die Männer über die Grenze gebracht werden sollten. Wie die verzweifelten Menschen in das Auto kamen, mag Erwin Kessler nicht mehr erzählen. Als er glaubte, die Sache sei überstanden, fuhr er auf seinem Fahrrad zurück nach Merishausen. Auf halber Strecke bremste Kessler und sah vor sich wieder die gleiche Menschen, die diesmal an einer anderen Stelle die Grenze passierten. Der Dienstwagen der Polizei war weg, und er brachte es nicht fertig, die Juden ein zweitesmal auszuweisen. Also fuhr er zum Zollamt zurück und telefonierte abermals. Da vernahm der Landjäger die Antwort vom Kommando, die, hätte sie nicht über Menschenleben entschieden, fast lächerlich, absurd sogar, klingen musste: «Gut, die Leute können bleiben.»

Auf den Gassen getanzt

Fragt man die jüdischen Emigranten nach dem schönsten Erlebnis aus jener Zeit, so nennen sie alle den Friedensschluss vom 8. Mai 1945. Herbert Horowitz tanzte gemeinsam mit Schaffhausern in den Gassen. Aber dieses Datum macht ihn auch nachdenklich, weil der Vater diesen Tag nicht mehr erlebte. Er starb innerlich verzweifelt 1941 an einem Hirnschlag. Im Jahre 1919 noch hatte er seiner Frau zur Hochzeit geschrieben: «Es gibt nie wieder Krieg, wir gehen schönen Zeiten entgegen.»

Els Peyer-von Waldkirch, die Mutter der Bedrängten

Die Leistung der Frauen im Weltkrieg kann nicht hoch genug eingeschätzt werden. Die meisten arbeiteten im stillen.

CHRISTIAN AMSLER

Die feinen Hände, die sich ein Leben lang nie zu schade waren, um kräftig anzupacken, in den Schoss gefaltet. Wache, äusserst lebendige Augen und eine würdevolle Haltung. Eine Persönlichkeit, die voller Geschichten und Erlebnisse steckt. So habe ich Els Peyer-von Waldkirch als junger Kantischüler erlebt, wenn sie manchmal bei meiner Grossmutter zu Besuch war. Sie hat eine starke Faszination auf mich ausgeübt. Mit ihrem grossartigen, selbstlosen Wirken während des Zweiten Weltkriegs steht sie auch heute stellvertretend für die oft vergessenen, grossen Leistungen der Frauen in dieser Zeit da. Els Peyer-von Waldkirch wurde am 14. August 1899 geboren. Das neue Jahrhundert brach an, und die Schweiz war ein noch junger Staat, geprägt von Freiheitsgefühl, Unabhängigkeit und einem starken Zusammengehörigkeitsgefühl. Els Peyer-von Waldkirch stammte aus adligem, vermögendem Haus. Ihr Vater, Hermann von Waldkirch, war Direktor bei der SIG. Schon als 18jährige kam sie erstmals in Berührung mit Menschen, die nicht auf der Sonnenseite des Lebens standen. Während des Ersten Weltkrieges arbeitete sie, zusammen mit ihrer Mutter, Frieda von Waldkirch-Schalch, im Betreuungsdienst für Evakuierte mit. Es waren vor allem französische Frauen und Kinder, die auf ihrer langen Reise nach Frankreich bei uns verpflegt und neu eingekleidet wurden. So ist es eigentlich kein Wunder, dass Els Peyer-von Waldkirch, geprägt durch dieses tiefe Erlebnis, eben 20 Jahre alt geworden, eine Krankenschwesterlehre begann. Die Ausbildung absolvierte sie im Schwesternhaus des Roten Kreuzes in Zürich und auch im Kantonsspital Glarus. Dort war sie in ihren geliebten Bergen, und auch der überschaubare, fast familiäre Spitalbetrieb entsprach ganz ihrem bescheidenen Wesen.

Die Berufung

Im Jahre 1921 heiratete sie den Chemiker Dr. Heinrich Peyer, dem die Hustensirup-Fabrik Hystosan gehörte. Die Eheleute Peyer hatten zusammen drei Kinder: Elsbeth, Alex und Susanne. Wie es damals für gutgestellte Familien in Schaffhausen durchaus üblich war, beschäftigten die Peyers ein Zimmermädchen, eine Köchin und eine Kinderpflegerin. 1929, nach der Geburt des dritten Kindes, konnte die junge Familie ins Haus zum Fäsenstaub an der Parkstrasse ziehen. Das Haus hatte den Grosseltern der Els Peyer-von Waldkirch gehört. Unterhalb des Hauses waren Reben, aber Els Peyer-von Waldkirch wollte dort unbedingt einen Obstbaumgarten anlegen. Sie war überhaupt eine begnadete und leidenschaftliche Gärtnerin. Ihr kurzes Praktikum in der Gartenbaufachschule in Brienz kam ihr dabei zugute. Sie trat nun als sehr engagierte, sozial denkende Frau in Erscheinung. Bei ihrer bürgerlichen Herkunft ist das erstaunlich und doch eher aussergewöhnlich. So engagierte sie sich in Kindergärten, im Erziehungsheim Friedeck in Buch, im Verwaltungsrat der Alkoholfreien Gaststätten Schaffhausen und später in der Frauenzentrale. Während der berühmten Anbauschlacht im Zweiten Weltkrieg war sie Mitglied der Gemüsebaukommission.

Doch dann kam das entscheidende Jahr 1943. Der Schaffhauser Stadtrat übertrug ihr die Organisation und die Leitung der Obdachlosen-

Els Peyer-von Waldkirch zusammen mit ihrem Mann Heinrich (links) und Sohn Alexander (rechts), im April 1944.

hilfe. Diese Kriegsschadenfürsorge wurde damals in vielen Städten der Schweiz aufgebaut. Auch in der Munotstadt wollte man im Falle einer Kriegskatastrophe gewappnet sein. Walther Bringolf persönlich bat sie um die Übernahme dieses verantwortungsvollen Amtes und gab auch gleich in seiner charakteristischen Art seinen Kommentar dazu: «Es ist mir völlig egal, wie sie es tun, nur gut müssen sie es machen …» So wurde Els Peyer-von Waldkirch Direktunterstellte des Stadtpräsidenten. Natürlich hatte ihr Ehemann Heinrich Peyer zunächst auf der Hand liegende Bedenken gegen diese enge Zusammenarbeit geäussert. Wie soll denn das gehen? Eine Vertreterin eines alten Schaffhauser Geschlechtes mit einem hundertprozentigen Sozialisten zusammen! Doch davon wollte seine Frau nichts wissen, denn schliesslich schweissen Notlagen zusammen. Und tatsächlich wurden die Peyers gute Freunde von Walther Bringolf. In verschiedenen Kursen in Bern wurde die neue Leiterin der Schaffhauser Obdachlosenhilfe auf ihre zukünftige, schwierige Aufgabe vorbereitet. Sie stampfte aus dem Nichts in einem halben Jahr eine perfekt funktionierende Hilfsorganisation aus dem Boden. 400 Mitarbeiterinnen und Mitarbeiter wurden rekrutiert und ausgebildet. Mit Übungen wurde die Bevölkerung auf einen möglichen Ernstfall vorbereitet. Alle möglichen Schutzräume und Unterkunftsmöglichkeiten wurden erfasst. Die Leiterin in ihrer präzisen und konzentrierten Art wusste haargenau auswendig, wo sich wie viele Matratzen, Strohsäcke, Wolldecken und lebensrettende Sanitätskisten befanden. Diese Detailtreue sollte sich ebenso bezahlt machen wie auch das ungeheure Tempo, das sie beim Aufbau der ganzen Infrastruktur vorgelegt hatte.

Die erste Bewährung

Denn am 1. April 1944 warf eine amerikanische Fliegerstaffel ihre todbringende Bombenfracht auf die Munotstadt ab. Und damit trat für Els Peyers Hilfsorganisation der Ernstfall ein. Die Notmassnahmen und die Folgemassnahmen klappten tadellos.
Unzählige Flüchtlinge wurden von den Schaffhauser Helferinnen und Helfern aufgenommen und betreut. Viele waren in Nacht-und-Nebel-Aktionen illegal über die Grenze gekommen. Es wurde in einer selbstverständlichen Solidarität gehandelt, was im krassen Gegensatz zur «offiziellen» Flüchtlingspolitik der damaligen Schweiz stand. Damals galt die Losung vom «vollen Boot», die Bundesrat Eduard von Steiger 1942 erlassen hatte. Bis zum Juli 1944, als sich der Niedergang des Dritten Reiches bereits abzuzeichnen begann, galt der Grundsatz: «Flüchtlinge aus Rassegründen sind keine politischen Flüchtlinge.»
Es spielte sich viel menschlich tragisches Leid an der Grenze ab. Zu diesem Zeitpunkt lebten nicht mehr als 12 000 Flüchtlinge in unserem Land, und es sollte vielen illegal eingereisten Verfolgten das Leben kosten, wenn die schweizerischen Zollbehörden und die Grenztruppen gemäss ihrem Auftrag sie wieder an Nazideutschland auslieferten. Dies, obwohl die fremdenpolizeilichen Organe via diplomatische und militärische Kanäle bereits seit 1941 über die Massenmorde an der jüdischen Bevölkerung Osteuropas sehr wohl im Bilde waren. So stand also der selbstlose Einsatz vieler Freiwilliger in der Schweiz, die ganz im traditionellen, humanitären Sinne gehandelt haben, gegen die restriktive Flüchtlingspolitik der offiziellen

Schweiz. Und selbst jene Asylsuchende, denen es gelungen war, die rettende Schweizer Grenze zu überschreiten, wurden bis fast zum Kriegsende sehr kurz gehalten. Ihre persönlichen Freiheiten waren stark eingeschränkt. Erst im März 1945 befassten sich die Bundesorgane an der Konferenz von Montreux mit der rechtlichen Besserstellung der Flüchtlinge.

So wurde ein Mitspracherecht für Direktbetroffene vor allem bei der Rück- und Weiterwanderung in Drittländer beschlossen. Zum ersten Mal wurden überhaupt individuelle Bedürfnisse der seelisch schwer angeschlagenen und materiell bedürftigen Menschen, ihr emotioneller Zustand, ihre Aus- und Weiterbildungswünsche zur Kenntnis genommen. Diskriminierung wie Reise- und Ausgangsverweigerung, strenge Heiratsverweigerung, Einfrieren von Einkommen oder Publikationsverbote sollten endlich aufgehoben werden. Doch leider hatte die Einberufung der Konferenz von Montreux nicht nur uneigennützige Gründe. Die Schweiz war damals nämlich sehr darauf bedacht, sich der Hilfesuchenden so elegant als möglich wieder zu entledigen.

Im Jahre 1945 drängte ein riesiger Strom von Flüchtlingen über die Grenze in die Schweiz. Es waren Menschen verschiedenster Herkunft, die vor der deutschen Kriegsgefangenschaft geflohen waren. Später kamen sogar deutsche Soldaten dazu. Auf der Breite wurden ein grosses Barackenlager und ein Zeltdorf auf dem Sportplatz Bühl eingerichtet. Els Peyer-von Waldkirch arbeitete nun als Leiterin der Obdachlosenhilfe mit dem Militär und dem Frauenhilfsdienst (FHD) zusammen. Sie war für die Verpflegung der Flüchtlinge zuständig. Die Emmersbergturnhalle, der Saal des Schützenhauses, das Waisenhaus und das Rhenania in Neuhausen am Rheinfall wurden den Obdachlosen sofort zur Verfügung gestellt und zum Teil vom Militär geräumt. Um die Kleider zu desinfizieren, boten die Georg-Fischer-Werke ihre Glühöfen im Mühlental an.

Der Einsatz geht weiter

Die Solidarität und das Mitleid der Schaffhauser Bevölkerung waren beispiellos. Lebensmittel, Raucherwaren, Kleider und andere nützliche Spenden wurden den Notleidenden überreicht.

Am 23. April 1945 tauchten die ersten französischen Panzer an der Grenze auf, und nach der Besetzung der Grenzgebiete versiegten auch die Flüchtlingsströme.

Auch nach dem Krieg leitete die Chefin der Schaffhauser Obdachlosenhilfe nochmals einen Grosseinsatz. Rund 80 Norweger aus dem Konzentrationslager Dachau, die noch nicht in ihre Heimat zurückkehren konnten, wurden nach Schaffhausen gebracht. Auf Einladung von Stadtpräsident Walther Bringolf und Dr. Walter Ulrich Guyan, dem Präsidenten der «Schweizerisch-norwegischen Gesellschaft», verbrachten sie einen dreimonatigen Erholungsurlaub in der Schweiz. Die Norweger waren in einer miserablen seelischen und körperlichen Verfassung und mussten in einem Quarantänelager förmlich aufgepäppelt werden.

Nach dem Krieg hielt die Tatkraft von Els Peyer an. Sie engagierte sich national in führender Stellung im Zivilschutz, in der Kriegsschadenfürsorge und wurde 1958 sogar in den Landesverteidigungsrat gewählt. Ihren selbstlosen Einsatz für die Schwachen und Bedrängten begründet sie ganz einfach und schlicht: «Ich wollte helfen. Und ich fand Freude und Befriedigung in einer Aufgabe, die der Erhaltung der Heimat dient.»

Am 26. Februar 1985 starb Els Peyer-von Waldkirch, eine grossartige Frau, der die Region Schaffhausen sehr viel zu verdanken hat. «Bitte macht doch nicht soviel Aufhebens um meine Person!» hätte sie in ihrer einfachen, bescheidenen Art gesagt. Doch Els, wenn es jemand wirklich verdient hat, dann Du...

Frieden auch an der Heimatfront

Niemals Routine war das Leben während des Krieges. Ruth Müri erinnert sich noch sehr gut an die Kriegsjahre, die ihr neben vielen Entbehrungen auch verschiedene Kontakte und Freundschaften brachten, die später noch Jahre bestehen blieben.

PATRICK STEINEMANN

Der 8. Mai 1945 brachte auch für die unzähligen Frauen und Mädchen, welche im Krieg als Flüchtlingshelferinnen und Soldatenmütter im Einsatz standen, den lange ersehnten Frieden, aber noch nicht das Ende ihres Dienstes an den Leidenden des Krieges.
Auch im Frühjahr 1945 verbrachte die damals 32jährige Ruth Müri noch fast jede Nacht im Keller. Ständig heulten die Sirenen, oft gab es mehrere Fliegeralarme in einer Nacht. Der Krieg war – trotz des nahen Endes – immer noch sehr präsent, etwa wenn süddeutsche Städte wie Friedrichshafen bombardiert wurden und der Feuerschein bis nach Schaffhausen sichtbar war.

Ausgebildete Krankenschwester

Ruth Müri erlebte die letzte Zeit des Krieges als junge Frau aber oft unmittelbar. Wo immer Not am Mann respektive an der Frau war, half sie mit. Die ausgebildete Krankenschwester unterstützte oft ihre Mutter, Hedwig Albrecht-Schachenmann, bei der Betreuung der in Schaffhausen einströmenden Flüchtlinge.

Flüchtlinge aus Russland

Im April 1945 kamen viele russische Flüchtlinge, oft in einem elenden Zustand. «Ich begegnete beim Casino Schaffhausen einer Gruppe von Russenflüchtlingen in blauen Gewändern mit weissen Nummern auf dem Rücken. Sie machten einen furchtbar armseligen Eindruck auf mich, wie sie so traurig daherkamen», erinnert sich Ruth Müri. Für die Flüchtlinge kochte sie mit vielen anderen Frauen unzählige Töpfe Suppe. Die Verständigung mit den Russen erfolgte durch Dolmetscher oder oft auch nur mit den Händen. «Man glaubt gar nicht, wieviel man durch Gesten und Handzeichen sagen kann, wenn in diesen speziellen Zeiten der gute Wille auf beiden Seiten vorhanden ist.» Nebst dem Casino waren die Flüchtlinge – «an einem Tag kamen 1700», weiss Ruth Müri – im Barackenlager beim Schützenhaus auf der Breite einquartiert. Viele kamen auch in Quarantäne. Niemals Routine und manchmal auch etwas abenteuerlich war das Leben von Ruth Müri während des Krieges. Sei es beim Suppenkochen für einige Dutzend französische Kinder im Durchgang des Haberhauses in der Neustadt, beim Aushelfen bei den Bauern in Schleitheim und in Hallau oder beim Anbau von Kartoffeln, Zwiebeln und Karotten auf dem ehemaligen Friedhof Emmersberg. Anekdoten und Geschichten gibt es zuhauf.

Lauter Blumenkohl

So muss Ruth Müri auch heute noch schmunzeln, wenn sie dem Passanten begegnet, der damals den Anbau auf dem Emmersbergfriedhof monierte. «Auf einem Friedhof im Boden wachsende Früchte anbauen...», hätte er sich vernehmen lassen.
In einem Kurs erklärte Dietrich Woessner den Gemüse anbauenden Frauen, beim Blumenkohl könne man nur etwa einen Fünftel der gesetzten Menge auch wirklich ernten. Gesagt, getan. «Doch es war offenbar ein aussergewöhnliches Jahr. Alles kam, und die

Ruth Müri mit ihren Kindern Walter und Gabrielle am 2. April 1944.

ganze Säntisstrasse ernährte sich von Blumenkohl», erzählt Ruth Müri lachend. «Wir waren alle sehr erfinderisch im Kreiieren von neuen Rezepten. Ich profitiere heute noch davon.»

Soldatenmutter in Chur

Bei ihrer Mithilfe auf dem Land musste manchmal im Akkord gestrickt oder den Bäuerinnen auf dem städtischen Markt auf dem Herrenacker geholfen werden. Diese Hilfe zahlte sich aber oft auch aus. So bekam man Mehl und Butter vom Bauernhof, wenn es darum ging, in der durch die Rationierung geplagten Zeit Weihnachtsgebäck für die Soldaten herzustellen. Das Backen grosser Mengen hatte Ruth Müri auch als «Soldatenmutter» bei einer Gebirgsdivision in Chur gelernt. Sie half dort, fern von ihrer Heimatstadt Schaffhausen, jeweils im Sommer als Stellvertreterin einer Freundin in der Soldatenstube aus. Bis zum Ende des Krieges hatten die Müris in ihrem Haus an der Glärnischstrasse in Schaffhausen auch Offiziere und Ärzte einquartiert, welche in der Region Schaffhausen Dienst leisteten. Zu diesen «Hausgästen» hatte Ruth Müri in der Regel ein gutes Verhältnis, doch war das Zusammenleben nicht immer einfach. «Ein Arzt, der bei uns wohnte und im unterirdischen Spital in Buchthalen arbeitete, spielte in seiner Freizeit pausenlos auf seinem Cello, und das konnte auch mir zuviel werden, obwohl ich Cello eigentlich mag», erzählt Ruth Müri. Dass mit dem Waffenstillstandsvertrag vom 8. Mai 1945 diese Kriegserlebnisse aber noch nicht vorbei waren, beweisen die Besuche und Kontakte zu den damaligen Gästen, die Ruth Müri auch Jahre nach dem Krieg gepflegt hat. «Ein internierter französischer Arzt, der bei uns einquartiert war, hat uns später zu seiner Hochzeit nach Frankreich eingeladen.»

Während der Kriegsjahre war Ruth Müri zudem oft allein mit ihrem kleinen Sohn Walter und ihrer Tochter Gabrielle zu Hause. Ihr Mann Siegfried unternahm für seinen damaligen Arbeitgeber, die Firma Amsler, häufig Reisen im kriegsumkämpften Europa, wenn er nicht im Aktivdienst war. Oft standen nach seinen Ankünften auf dem Flugplatz Dübendorf Polizisten in Zivil bei den Müris vor der Tür, um ihn über seine Auslandstätigkeiten zu befragen. «Die Polizei wusste es jeweils vor mir, wenn mein Mann gelandet war», erinnert sich Ruth Müri heute.

Kriegsende in Etappen

Von der Kapitulation Deutschlands vernahm Ruth Müri wie viele andere aus dem Radio. Die eigentlichen Feiern zum Kriegsende am 8. Mai 1945 beging Ruth Müri in Stein am Rhein, wo sie an einem Gottesdienst teilnahm. Doch wie für viele andere Zeitgenossen, die dieses denkwürdige Ereignis erlebten, endete auch für Ruth Müri der Krieg nach und nach, in Etappen, denn auch nach dem friedensverkündenden Glockengeläute blieb das Leben für lange Zeit noch hart und entbehrungsreich, bis die letzten Spuren des Krieges überwunden wurden.

Nachbarn

Die Beziehungen der Schaffhauser zu den Nachbarn in Deutschland waren seit jeher mannigfaltig und intensiv. Zur Zeit des Nationalsozialismus fand indes eine zuvor nicht gekannte Polarisierung statt: Blickten die einen bewundernd und mit dem Wunsch nach Anpassung über die Grenze, so kühlte sich bei den anderen das Verhältnis merklich ab. Ob der politischen Verhältnisse vergisst man oft, dass auch in Jestetten und in Büsingen Menschen lebten, die unter dem Kriegsgeschehen litten und nachher, im Falle Jestettens, mit einer seltsamen Evakuierungsaktion bestraft wurden.

Die reichsdeutsche Insel in der Schweiz

Büsingen, die reichsdeutsche Insel in der Schweiz, wie es im 1938 erschienenen Heimatbuch von Otto Weiner genannt wurde, hatte auch während der Jahre des Zweiten Weltkrieges mit verschiedenen aussergewöhnlichen Problemen zu kämpfen. So wäre hier beinahe ein Zentrum der Schweizer Nationalsozialisten gebaut worden. Zwar blieb der Ort vor den eigentlichen Kriegswirren verschont, doch war das Opfer, welches die Gemeinde mit 66 Gefallenen bringen musste, trotzdem sehr hoch.

CARINA SCHWEIZER

Bis zur Aufhebung des Zollkordons um Büsingen am 1. Januar 1947 gab es Zollschranken in allen Richtungen, das heisst sowohl ins deutsche Inland als auch zur Schweiz hin. Die «grüne Grenze» wurde während des Krieges von schweizerischen Zollbeamten besonders intensiv kontrolliert. Bereits die ersten kriegswirtschaftlichen Massnahmen der Schweiz, der bundesrätliche Beschluss vom 2. September 1939, über ein generelles Ausfuhrverbot von Waren, hatten für Büsingen spürbare Auswirkungen. Schon wenige Tage später suchte das Bürgermeisteramt um eine Ausfuhrbewilligung für Lebensmittel nach, mit der Begründung, dass die Büsinger Landwirte ihre Erzeugnisse nach Schaffhausen brächten. Die Ausfuhr nicht rationierter Waren nach Büsingen wurde in Anpassung an die früheren Bezüge ab 1. November 1939 wieder freigegeben. Am 1. Dezember wurde Büsingen ans schweizerische Rationierungssystem angeschlossen. Die Schweizer Rationierungskarten wurden allerdings nur an Schweizer, die in Büsingen wohnten, sowie an Büsinger, welche ihre Landwirtschaftsprodukte in die Schweiz brachten oder in der Schweiz arbeiteten, verteilt. Sie alle hatten also, neben den deutschen Bezugskarten, auch Schweizer Lebensmittelkarten. Das Bürgermeisteramt hatte – sozusagen als Gegenleistung – dafür besorgt zu sein, dass keine aus der Schweiz bezogenen Waren nach Deutschland gebracht beziehungsweise versandt wurden.

1930 letzte Bürgermeisterwahl

Die letzte Bürgermeisterwahl vor dem Zweiten Weltkrieg hatte im Jahre 1930 stattgefunden, wobei der seit 1912 amtierende Konrad Heller bestätigt wurde. Von 1933 an wurden die Bürgermeister jedoch von den Behörden im Einverständnis mit der NSDAP eingesetzt. Es waren dies: Theo Staude 1933 bis 1934, Ernst Eigenmann 1934 bis 1936, Hermann Walter 1936 bis 1941, Emil von Ow 1942 bis 1945. Auch Gemeinderatswahlen haben in diesen Jahren keine stattgefunden. Das «Niederschriftsbuch über Beratungen und Entscheidungen» wurde von Bürgermeister Eigenmann wie folgt eröffnet:

Erhebliche Devisenprobleme

«In sinngemässer Anwendung der neuen Gemeindeordnung wurden am 6. 11. 1935 die Beigeordneten und Gemeinderäte der Gemeinde Büsingen eingesetzt und durch den Unterzeichneten verpflichtet. Mögen die Vorbezeichneten sich stets bewusst sein, dass sie nun mit mir über das Wohl und Wehe der Gemeinde zu wachen haben und eingedenk dessen allzeit den Wahlspruch der NSDAP befolgen: «Gemeinnutz vor Eigennutz».»

Neben den üblichen Gemeinderatsgeschäften wie Strassenreparaturen, Festsetzung von Fürsorgerichtsätzen, Schätzungen von Grundstücken oder der Wasserlieferungsvertrag mit der Stadt Schaffhausen stand auch immer

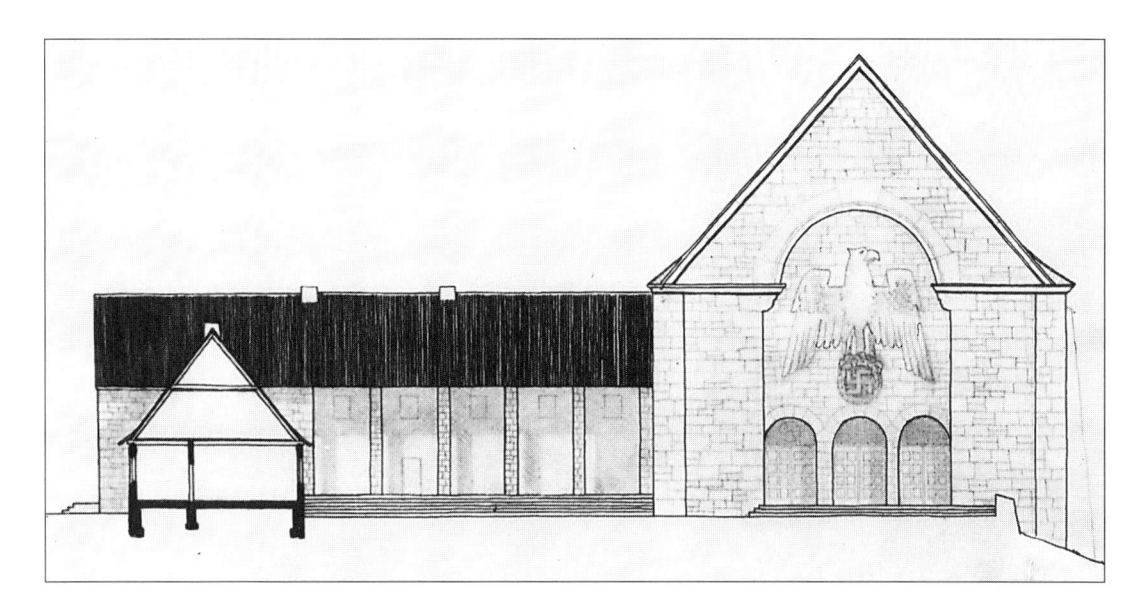

Geplantes Versammlungshaus der Schaffhauser Nazis in Büsingen. Plan aus dem Gemeindearchiv Büsingen

wieder das Thema «Devisen» zur Diskussion. Das ungünstige Devisengesetz machte sich in Büsingen durch einen gehemmten Barzahlungsverkehr bemerkbar. Der Gemeinderat beauftragte den Bürgermeister, die Wiedereinführung der Vormerkscheine für das in das Zollinland mitgenommene Bargeld zu erreichen. In der Sitzung vom 28. Dezember 1936 unterrichtete Bürgermeister Walter den Gemeinderat von der Mitteilung der Devisenstelle Karlsruhe, dass das Zollausschlussgebiet Büsingen – 1867 war die Enklave zum Zollausland erklärt worden – aufgehoben und in das Zollinland einbezogen werden soll! Der Gemeinderat war jedoch der Ansicht, dass dies eine grosse wirtschaftliche Schädigung für Büsingen bedeuten würde, gegen dieses Vorhaben müsse man sofort geeignete Massnahmen treffen.

An der gleichen Sitzung wurde über die Erstellung eines Schulungs- und Versammlungshauses durch die NSDAP in der Schweiz auf Gemarkung Büsingen diskutiert. Der Gemeinderat empfahl, den erforderlichen Bauplatz kostenlos zur Verfügung zu stellen, und zwar beim sogenannten «Fuchswäldli». Als Entschliessung wurde festgehalten: «Es ergeht die Mitteilung an die Ortsgruppe Schaffhausen der NSDAP, dass die Gemeinde den Bauplatz kostenlos zur Verfügung stellt.»

Pläne für ein Nazi-Zentrum

Tatsächlich wurden im März 1939 der Gemeinde die «Pläne für Bauten der NSDAP in der Exklave Büsingen a. Rh.» vorgelegt. Zur Ausführung ist es aber, wohl wegen des Ausbruchs des Krieges, nicht gekommen.

Eingehend diskutiert wurde Ende 1938 das Gemeindewappen, aber auch die nähere Ortsbezeichnung selbst. Hierfür wurde vorgeschlagen, die Bezeichnung «Exklave» zu verwenden, um im Schriftverkehr mit den Behörden, der Partei und Privaten die eigenartige Lage und die damit verbundenen besonderen Verhältnisse Büsingens wirkungsvoll zum Ausdruck zu bringen. Der Zusatz «am Rhein» sollte die geographische Lage näher kennzeichnen.

Immer weniger Gemeinderatssitzungen wurden abgehalten, die Besprechungen bekamen je länger, je mehr einen orientierenden Charakter. In den äusserst knapp gehaltenen Niederschriften hiess es zumeist: «Der Bürgermeister gibt dem Gemeinderat bekannt». Dabei handelte es sich um Vorschriften, die von «höheren Instanzen» erfolgt waren. Dazu ein Beispiel: Für die Sicherung der Landwirtschaft ist eine Traktorengemeinschaft mit planmässigen Einsätzen zu bilden. Als Arbeitskräfte sollen alle verfügbaren Männer und Frauen zum Einsatz kommen. Die Frauen erhalten eine Vergütung von 40 Rappen pro Stunde.

Fehlbeträge im Haushaltsplan

Die Eierbewirtschaftung, der Flachsanbau, das Kartoffelkäfersuchen durch die Schuljugend, die Vergabe der Ziegenbockhaltung, aber auch die Kartoffelzuteilung an die Bevölkerung mit Einkommen in deutscher Währung waren ebenso gemeinderätliche Besprechungsthemen wie die Bemühungen, die Fehlbeträge im Haushaltsplan via Beihilfe aus dem Ausgleichsstock und dem Nachlass der Kriegsbeiträge auszugleichen.

Neubeginn nach dem Krieg

Ende und Neubeginn – so könnte man das Niederschriftsbuch, beginnend am 15. Oktober 1944, über Beratungen und Entschliessungen nennen. Auch die ersten beiden Eintragungen – es waren die letzten vor Kriegsende – hatten mit Neubeginn zu tun, denn es wurde festgehalten, dass Bürgermeister von Ow, der nach eineinhalbjähriger Gefangenschaft aus der Schweiz zurückgekehrt war, den Bürgermeisterdienst wieder aufnehme, wegen besonderer Umstände allerdings zunächst von Gailingen aus. Neueingeführt wurden nochmals ein Beigeordneter und zwei Gemeinderats-Ersatzmänner.

Im Buche eingeklebt wurde danach eine von Huldreich Walter, Ratsschreiber, verfasste mehrseitige «Einlage als Überleitung aus der Kriegszeit (1939 bis 1945) in die Nachkriegszeit», datiert vom 1. Juli 1945. Natürlich war in der Zwischenzeit die Lage für die Büsinger Bevölkerung immer schwieriger, die Versorgung immer knapper geworden. Bereits während des Frankreichfeldzugs (Mai bis August 1940) war die deutsche Reichsgrenze zwischen Konstanz und Basel geschlossen gewesen, was für die im deutschen Inland beschäftigten Büsinger sowie die Schüler, welche die deutsche Schule besuchten, bedeutete, dass sie für die Dauer der Grenzsperre in den umliegenden deutschen Grenzorten untergebracht werden mussten. Eine «totale» Schliessung der Nordgrenze wurde später auch vom Bundesrat verfügt, und zwar auf den 21. April 1945, 12 Uhr.

Trikolore vor dem Rathaus

In der Nacht auf den 23. April wurden die Telefonleitungen zwischen Büsingen und Gailingen durchschnitten. Auch die Verbindung zu Partei und Behörde war damit unterbrochen. Die schwierige Lebensmittelversorgungslage veranlasste die Büsinger Gemeindevertreter, beim Regierungsrat des Kantons Schaffhausen um Einbezug der gesamten Büsinger Bevölkerung in das schweizerische Rationierungssystem nachzusuchen. Am 28. April wurde Gailingen von französischen Truppen besetzt; ihre Weiterfahrt nach Büsingen wurde jedoch vorerst vom schweizerischen Militärposten an der «Laag» aufgehalten. Aufgrund von Verhandlungen zwischen schweizerischen Amtsstellen und dem Kommando der französischen Besatzungstruppen wurde letzteren das Recht zugestanden, in kleinen Abteilungen über die Grenze nach Büsingen zu «trasistieren», um dort Polizeifunktion auszuüben. Ein französischer Offizier mit zehn Soldaten begab sich daraufhin nach Büsingen. Sie hielten sich jedoch anfänglich nur tagsüber in Büsingen auf. Es kam zu Verhaftungen und Requisitionen, etwa Mitte Mai hatte Offizier Lt. Brouand vom Service de Récupération de la Ière Armée française Quartier in Büsingen genommen. Bis im August – so lange dauerte die Besetzung – wurde allmorgendlich vor dem Rathaus die «Tricolore» gehisst, es herrschte nächtliches Ausgehverbot zwischen 20 Uhr bis 7 Uhr morgens, die Gemeinde hatte für die Verpflegung der französischen Truppen zu sorgen und ähnliches mehr. Es war ohne Zweifel für die Bevölkerung eine neue, doch ebenso spannungsreiche Zeit, mit anderen Ängsten und Befürchtungen, gewesen.

Gedenkkreuz für die gefallenen Büsinger bei der Bergkirche.

Ein Schweizer in Büsingen

Heinrich Schweizer, heute 70 Jahre alt, ist Büsinger mit einem Schweizer Pass und hat auch die Kriegsjahre in der Enklave Büsingen, der reichsdeutschen Insel, erlebt.

CARINA SCHWEIZER

Bei Kriegsausbruch besuchte der knapp 15jährige Heinrich Schweizer die Knabenrealschule in Schaffhausen. An Arbeit fehlte es – auch nach der Schulzeit – daheim nicht, denn neben der Landwirtschaft betrieb sein Vater, Ernst Schweizer, eine Brennholzsägerei und eine Drescherei – zu deren Einzugsgebiet Schaffhausen, Buchthalen, Feuerthalen und Langwiesen gehörten. Aber auch das «Langholzführen», das heisst das Ausführen der Baumstämme aus dem Gemeindewald in die Sägerei, gehörte zum Broterwerb des «Schweizers».

National-Politischer Unterricht

Büsingen sei anfangs doch noch etwas weiter weg vom grossen Geschehen gewesen, und man habe eigentlich alles, was sich «draussen» tue, erst so richtig mitbekommen als die ersten Urlauber in ihren schmucken Uniformen hier aufgetaucht waren und von ihren grossen, tollen Erlebnissen berichteten! «Da hat man sich schon als kleiner Schweizer gefühlt», erinnert sich Heini Schweizer lachend an das Zusammensein mit vorgenannten Urlaubern. «Doch die wiederholte Aufforderung einer Auslandschweizerorganisation, sich freiwillig zur Waffen-SS zu melden, war für mich kein Thema, obwohl ich drei Jahre im nationalpolitischen Unterricht war!»

Grenzschutz in Rheinau

Mit dem Einrücken in die Rekrutenschule im Sommer 1944 – alle Bürger seien automatisch der Infanterie zugeteilt worden – begann auch für Heini Schweizer der Dienst am Vaterland, wenn auch auf der anderen Seite. Nach Abschluss der Rekrutenschule im Oktober, war er bis zum 6. November 1944 dem Grenzschutz in Rheinau zugeteilt gewesen; just zu jener Zeit als die Bomben auf Eglisau fielen. Kurz vor Kriegsende, das heisst im Frühjahr 1945, kam noch ein Aufgebot, nach Diessenhofen einzurücken. Natürlich war es den Schweizer Soldaten untersagt, in Uniform nach Büsingen zu kommen. «Bei Familie Waldvogel am Zoll an der Rheinhalde hatte ich meine Zivilkleider deponiert.»

Als äusserst unangenehm, ja unbehaglich hat Heini Schweizer die «totale» Überwachung empfunden. Auf Schritt und Tritt sei man beobachtet, ausgehorcht und kontrolliert worden. Ein äusserst kritischer Moment für die Familie Schweizer war die Vorladung des Vaters durch die Gestapo aufs Rathaus gewesen, wo er des Kurierdienstes bezichtigt wurde. Als Beweis für seine verbotene Tat wurde ihm ein an ihn adressiertes Päckchen vorgelegt, dessen Inhalt ein christlicher Kalender und die schriftliche Bitte war, diesen an eine Familie in Schaffhausen weiterzuleiten. Die Familie war Vater Schweizer bekannt, denn Tochter Margrit besuchte dort den Harmoniumunterricht. Die Absender aus dem Schwarzwald hatten vergeblich versucht, den Kalender per Post nach Schaffhausen zu schicken. Weil er stets wieder zurückkam, versuchten sie die sichere Zustellung via Schweizers. Pech war bloss, dass Heinis Vater nichts davon wusste. Mit Mühe und Not und dank der wohlwollenden Unterstützung des damaligen Bürgermeisters konnte die Angelegenheit mit einer Verwarnung geregelt werden, allerdings besiegelt mit der Drohung, dass ein weiteres Vergehen dieser Art Folgen haben würde, nämlich die Auswei-

Ernst Schweizer, Heini Schweizer und Wilhelm von Ow, Förster.

sung und Beschlagnahmung des Besitzes!

«So gegen Kriegsende, etwa in der Zeit als die Alliierten über den Rhein kamen», erinnert sich Heini Schweizer, «hat das Schweizer Konsulat den Schweizer Bürgern einen ‹Schutzbrief› ausgestellt, welcher an der Haustüre anzubringen war.» Dieser Schutzbrief diente der Kennzeichnung der neutralen Schweiz. Ein gut sichtbar angebrachtes weisses Kreuz auf rotem Feld sollte den Schutz bekräftigen!

Waffen gegen Urlaubsmantel

Etwa 230 Mann aus Büsingen waren während des Zweiten Weltkrieges zum Militärdienst einberufen. Als deutsche Militärpersonen durften sie jedoch nicht ohne weiteres Schweizer Territorium überschreiten. Für die Fronturlauber wurde dieses Problem dank der grosszügigen Haltung der schweizerischen Zollbehörde auf eine recht einfache Art und Weise gelöst: Mit einem Mantel über die Uniform gezogen, die Militärmütze in die Tasche gesteckt, durften die Büsinger Fronturlauber den schmalen schweizerischen Gebietsstreifen zwischen Gailingen und Büsingen, die Laag also, passieren.

Selbstverständlich mussten die Waffen beim deutschen Zollamt Gailingen deponiert werden, doch der Tausch mit dem «Urlaubsmantel» – davon soll es dort immer welche auf Vorrat gehabt haben – bedurfte wohl keiner grossen Überwindung!

Jestetten im Krieg: Das dicke Ende folgte zuletzt

Der Jestetter Zipfel überdauerte den Krieg relativ unversehrt. Nur gerade einmal wurde ein Güterzug, der das Gebiet durchquerte, von alliierten Kampfflugzeugen aufs Korn genommen, ansonsten war Jestetten vom eigentlichen Kriegsgeschehen ausgenommen.

THOMAS MEIER

Natürlich fanden die Menschen ennet der Grenze während der Kriegszeit keine Ruhe. Manch einer, der in die Armee einrücken musste, kehrte nicht mehr zurück. Der Alltag gestaltete sich schwieriger, da die Grenze für deutsche Staatsangehörige geschlossen war und so einige ihren Arbeitsplatz im nahen Ausland verloren. Die im Jestetter Zipfel wohnhaften Schweizer konnten die Grenze weiterhin passieren, obschon dies mit Auflagen verbunden war. Einer dieser Grenzgänger war der heute 75jährige Eugen Blattmann aus Altenburg. Er arbeitete bei der Neuhauser SIG und pendelte täglich zwischen seinem Wohnort und dem Arbeitsplatz. Beim Passieren der Grenze wurde er jeweils minuziös kontrolliert. Als er einmal für einen Arbeitskollegen einen Brief nach Jestetten mitnahm, wurde ihm dies beinahe zum Verhängnis, weil deutsche Bestimmungen den privaten Schriftenverkehr aus Sicherheitsgründen untersagten. Ebenso war es nicht erlaubt, Presseerzeugnisse aus- oder einzuführen. Blattmann kam mit einer Verwarnung davon, weil er den Brief beim Grenzwächter offen deklariert hatte. Andernfalls hätte ihm ein Landesverweis gedroht.
Im Mai 1940, als die deutsche Armee in Frankreich einmarschierte, wurde die Grenze für ein paar Wochen vollständig geschlossen. Die Schweizer Grenzgänger mussten sich zwischen Wohn- und Arbeitsort entscheiden. Blattmanns Vater zog es vor, während dieser Zeit in der Schweiz zu bleiben, um seinen Arbeitsplatz nicht zu verlieren.

Grenze durch den Hof

Schlechte Erfahrungen mit dieser totalen Grenzschliessung machten auch andere, etwa der Nohlemer Landwirt Emil Nohl, der bei Kriegsbeginn 17jährig war. Die Sperrung der Grenze war für ihn und seine Familie deshalb von Bedeutung, weil ein Teil ihres Gutes auf der «anderen» Seite lag und folglich während Wochen nicht mehr bewirtschaftet werden konnte. Die Grenze führte (und führt heute noch) keine zwei Meter vor der Haustüre der Familie Nohl durch. In einem Schopf, nur wenige Meter vom Wohnhaus entfernt, aber auf deutscher Seite gelegen, waren Holzbündel gelagert, die für Heizzwecke bestimmt waren. Offiziell war es verboten, die «Wellen» zu holen, da dies eine Grenzverletzung dargestellt hätte!

Der einzige deutsche Grenzgänger

Auch Erich Danner, Geburtsjahr 1935, machte in jenen Jahren mit der Grenze Bekanntschaft. Sein Vater, ein Deutscher in Jestetten, hatte eine Sondergenehmigung zum Passieren der Grenze, weil er bei der Reichsbahn angestellt war und seinen Arbeitsort in Neuhausen hatte. So war er bis 1942 der einzige deutsche Grenzgänger. Ab und zu durfte auch Erich, auf dem Gepäckträger seines Vaters, zum Arbeitsplatz mitfahren. In Neuhausen wurde er dann jeweils von seiner Grossmutter – Danners Mutter war gebürtige Neuhauserin – abgeholt, die ihn tagsüber zu sich nach Hause nahm und ihn abends, wenn der Vater wieder heimradelte, bei der Bahnstation «ablieferte». 1942 hatte es mit der Son-

Vater von Maria Rapold-Dorer. Sie machte in Jestetten die Lehre.

derregelung ein Ende, weil es der Vater leid war, sich jeden Tag zweimal den pedantischen Kontrollen der Grenzbeamten zu unterziehen. Über ein Grenzerlebnis humoristischer Art berichtet der Guntmadinger alt Gemeindeschreiber Kurt Schwaninger. Die Waldarbeiter auf Guntmadinger Seite hätten trotz Grenzschliessung den Kontakt zu den deutschen Zollbeamten stets aufrechterhalten. Insbesondere hätten sie die Beamten über die aktuelle Kriegslage orientiert, da es diesen ja verboten war, sich über unabhängige Medien wie beispielsweise Radio Beromünster über das Weltgeschehen zu informieren. Dieser Kontakt habe den Schweizer Zöllnern nicht in den Kram gepasst, und als einer der Guntmadinger Waldarbeiter einem deutschen Zöllner zwei Tafeln Schokolade für dessen Kinder geschenkt habe, sei zwei Tage später prompt der Schaffhauser Oberzolldirektor bei jenem Waldarbeiter vorstellig geworden und habe ihn verwarnt.

Von da an seien die Waldarbeiter von den Schweizer Zöllnern immer kontrolliert worden. Ein in Guntmadingen wohnhafter Zöllner habe sie des öftern in der Waldhütte aufgesucht, und sie hätten den Inhalt ihrer Rucksäcke zeigen müssen. Schwaninger: «Das machte unsere Waldarbeiter sauer. Als dann dem ‹Hansjakob› seine alte Katze starb, hat er sie in eine alte Schuhschachtel gelegt und mit einer Schnur zünftig zugebunden. Dieses Paket legte er an der Grenze hinter einen Baum, und im neuen Schnee verrieten ihn seine Fussspuren. Unsere Männer mussten nicht lange warten, bis der Schweizer Zöllner das Paket fand. Nun konnten sie ihn beobachten; zuerst machte er eine Notiz in sein Taschenbuch, dann wurde die Zeit notiert und zuletzt das Paket mit dem Sackmesser geöffnet und mit hochrotem Kopf das Geschenk ins Gebüsch geworfen. Von diesem Moment an hatten die Holzhauer Ruhe vor ihm.»

Geschlossene Bahnwagen

Die Grenzschliessung hatte unter anderem auch zur Folge, dass im Frühling 1940 der Zugverkehr zwischen Schaffhausen und Zürich für kurze Zeit zum Erliegen kam. Im allgemeinen wurde der Bahnverkehr aber während der ganzen Kriegszeit aufrechterhalten. Um zu verhindern, dass beim Durchqueren des deutschen Gebiets Personen auf- oder absprangen, wur-

den die Wagen geschlossen, und die Züge hielten auch nicht bei den deutschen Bahnstationen. Einige Schweizer hätten es jedoch, wie Eugen Blattmann anmerkt, trotzdem fertiggebracht, auf der Höhe von Jestetten irgendwie aus dem Zug zu springen, um sich bei der deutschen SS melden zu können.
Ein anderes Beispiel dafür, wie das Verbot ausser Kraft gesetzt wurde, waren die Arztbesuche, die eine ältere Jestetterin von Zeit zu Zeit in Schaffhausen machte. Es handelte sich um die Mutter einer Fotografin namens Grünert, die in Jestetten ein Geschäft führte und bei der Maria Rapold-Dorer, Jahrgang 1927, in den frühen Kriegsjahren eine Lehre absolvierte. Die Mutter ihrer Lehrmeisterin, so die Erzählung von Maria Rapold, sei mehrere Male nach Schaffhausen zum Augenarzt gefahren, und jedesmal habe der Zug wegen dieser Frau in Jestetten gehalten und sie mitgenommen. Maria Rapold vermutet, dass dies möglich gewesen sei, weil ihre Lehrmeisterin in Berlin einige einflussreiche Freunde, darunter den bekannten Flieger Udet, gehabt habe.

Aktivdienst verunmöglicht

Ein Problem besonderer Art für Schweizer Bürger, die im Jestetter Zipfel wohnten, war eine Einberufung in den Aktivdienst. Blattmann war vor 1943 schon zweimal für kürzere Zeit eingerückt, was für ihn damals mit keinen nennenswerten Schwierigkeiten verbunden war. 1943 wurde er erneut aufgeboten. Mittlerweile war ihm zu Ohren gekommen, dass Schweizer, die Aktivdienst geleistet hatten, nicht mehr damit rechnen konnten, an ihren deutschen Wohnort zurückkehren zu dürfen. Einem Freund Blattmanns, der in Jestetten wohnte, war ebendies widerfahren, nachdem er in der Schweiz zu einer Impfung aufgeboten worden war, was damals offiziell als Aktivdienst verbucht wurde. Blattmann wollte einen Landesverweis natürlich mit allen Mitteln verhindern und wandte sich an die zuständige Aufgebotsstelle, die jedoch keine Nachsicht zeigte. Erst als sich Blattmann mit einem Gesuch um Auslandurlaub ans Schweizer Konsulat in Mannheim wandte, konnte er das Unheil abwenden, weil das Konsulat solche Fälle jeweils unbürokratisch zu handhaben pflegte.
Alle diese Einzelfälle könnten darauf schliessen lassen, dass letztlich immer Gnade vor Recht erging. Das war, wie leicht zu erraten ist, nicht immer so. Aufsehen erregte beispielsweise die Hinrichtung eines polnischen Kriegsgefangenen. Im Jestetter Zipfel gab es zu jener Zeit etliche Polen, die zum Hilfsdienst auf Bauernhöfen abkommandiert waren, weil die deutschen Männer im Krieg waren. Selbstredend wurde den deutschen Frauen verboten, mit diesen Polen Kontakte zu pflegen, die über das absolut Nötige hinausgingen. Einer dieser Gefangenen, so erinnert sich Maria Rapold, habe auf dem Sonnenhof in Jestetten gearbeitet und habe zuweilen die Tiere gequält. Emil Nohl erzählt, der Pole habe halt seinem Meister «zleidwärchen» wollen und ein Eisenstück in die Dreschmaschine geworfen. Ob es diese Tat war, welche das Todesurteil für den Polen bewirkte, ist nicht bekannt. Jedenfalls wurde er zum Tod durch den Strang verurteilt, und alle Polen, die in der Gegend ihren Gefangenendienst leisteten, mussten zuschauen.

Schwimmend in die Schweiz

Man habe sich im Krieg mit der Ausnahmesituation arrangiert, so der allgemeine Tenor. Für Deutsche sei die Schweizer Grenze zwischen September 1939 und Herbst 1945 geschlossen gewesen, berichten Therese und Max Blödt. Da seien keine Kontakte über die Grenze mehr möglich gewesen. Ihre Tante in der Schweiz hätten sie während dieser Zeit nicht mehr gesehen und auch nichts mehr von ihr gehört. Schwierig seien die Grenzkontrollen auf dem Rhein durchzuführen gewesen, da bei den Badenden ja nicht so ohne weiteres die Nationalität festzustellen gewesen sei. Da hätten es einige, so Therese Blödt, schon geschafft, auch mal ans Schweizer Ufer zu schwimmen.

Französische Soldaten im Nohl

Wenn eingangs erwähnt wurde, der Jestetter Zipfel sei vom Krieg mehrheitlich verschont worden, so gilt das für die Zeit unmittelbar nach dem Kriegsende in Europa nicht. Schon Ende April waren französische Truppen rheinaufwärts bis Waldshut und von dort weiter nach Stühlingen vorgedrungen. Via Griessen stiessen die Franzosen sodann Richtung Jestetten vor und übernahmen hier am 28. April 1945 das Kommando. Die Bevölkerung Jestettens, Lottstettens und Altenburgs erwartete die neuen Herren mit weissen Fahnen und ergab sich damit in ihr Schicksal. Emil Nohl sass an einem jener Abende Ende April zusammen mit der ganzen Familie in der heimischen Stube, als plötzlich von Altenburg zwei Lichter näherkamen. Bald klopfte es an die Tür, und draussen standen zwei französische Soldaten, die nicht gewahr geworden waren, dass sie soeben die Schweizer Grenze, wenn auch nur um zwei Meter, überschritten hatten. Emil, der ein wenig Französisch konnte, unterhielt sich mit den beiden Fremden, man liess sie herein und bewirtete sie. Nachdem sie gegangen waren, tauchten alsbald zwei Schweizer Grenzwächter auf und fragten, warum die Nohls den ausländischen Armeeangehörigen nicht die Tür gewiesen hätten, worauf ihnen die Bauersleute erwiderten, dass dies wohl die Aufgabe der Grenzwächter, nicht die der Zivilbevölkerung sei.

Evakuierung am 15. Mai 1945

Nachdem sich die Franzosen für kurze Zeit aus dem grenznahen Gebiet zurückgezogen hatten, installierte sich die französische Besatzungsmacht in Jestetten Mitte Mai und übernahm die Verwaltung des Gebietes. Mit dem, was dann folgte, hatte aber niemand gerechnet. Urplötzlich erging am 14. Mai an die deutsche Bevölkerung von Altenburg, Jestetten, Lottstetten mit Nack und Balm die Weisung, sich auf den Morgen des folgenden Tages bereitzuhalten. Die deutschen Staatsbürger der betreffenden Ortschaften würden, so die Ankündigung, evakuiert! Als offizieller Grund für die Massnahme wurde laut den «Schaffhauser Nachrichten» vom 16. Mai angegeben, dass «die deutsche Bevölkerung die tolerante Haltung der Franzosen missbraucht» habe. Trotz mehrfachen Aufforderungen und Hausdurchsuchungen habe die Bevölkerung «unerwünschte Elemente versteckt und beschützt». Mit den «unerwünschten Elementen» waren offensichtlich Angehörige der deutschen Wehrmacht gemeint.

«Eisvogel am Fluss»

Die Schaffhauser Schriftstellerin Brigitte Schoch, deren Vater, Regierungsrat Gustav Schoch, beim Bombenangriff auf Schaffhausen am 1. April 1944 umkam, erzählt in ihrem 1994 erschienenen autobiographischen Roman «Eisvogel am Fluss – Soldaten im Land» von ihrer Begegnung mit einer Familie in Jestetten am Abend jenes 14. Mai: «Wie ich wieder in die Küche trete, sitzt Frau Brunner allein am Küchentisch, die Hände übers Gesicht geschlagen. ‹Vor einer Woche›, schluchzt sie, ‹haben wir Kartoffeln gesetzt, einen ganzen Acker voll. Wer wird sie anhäufeln, wer wird sie ernten? Die Beeren an den Sträuchern im Garten werden verfaulen, die Setzlinge verwelken, Wiesen und Felder werden verwildern!› Warum nur diese brutale Massnahme? Ein Racheakt des Feindes oder ein Komplott der Franzosen mit den Schweizern, die unser Land für sich haben wollen?» Die Frage war berechtigt. Die offizielle Begründung, wonach die einheimische

Der Jestetter Zipfel überdauerte den Krieg relativ unversehrt. Glückliche Gesichter anlässlich eines Turnfestes.

Bevölkerung dafür bestraft werden sollte, dass sie deutsche Soldaten versteckt hatte, ist wenig einleuchtend. Das war auch an anderen Orten geschehen, ohne dass ganze Dörfer evakuiert wurden. Eine strategische Massnahme, um den Grenzabschnitt, der kontrolliert werden musste, zu «begradigen»? Möglich, aber drängte sich da auf, 2500 Menschen monatelang von zu Hause zu verbannen? Was für diese These spricht, ist die Tatsache, dass der Evakuierungsbezirk abgegrenzt wurde, indem an der schmalsten Stelle zwischen den beiden Schweizer Gebietszipfeln ein Grenzzaun errichtet wurde. Das würde aber auch eine andere Hypothese stützen, die nun schon seit fünfzig Jahren im Raum steht und die in der Frage der genannten Frau Brunner mitschwingt, nämlich dass von den Franzosen ein Landabtausch mit der Schweiz ins Auge gefasst wurde. Konkret: Der Jestetter Zipfel sollte an die Schweiz fallen, und dafür sollte Frankreich durch die Schweiz irgendwo im Jura mit einem anderen Gebiet entschädigt werden. Beweisen lässt sich auch diese Annahme nicht, da die einschlägigen Dokumente von den Archiven, in denen sie lagern, noch nicht freigegeben wurden.

Rettung dank Heirat

Schweizer Staatsbürger waren von der Evakuierung nicht betroffen. Die Schweizer sollten, wie Eugen Blattmann berichtet, einen vom Konsulat in Mannheim ausgestellten Schutzbrief an die Türe hängen, welcher den Franzosen signalisierte, dass sie am Morgen des 15. Mai hier nicht anklopfen mussten. Blattmann kam dennoch in eine unangenehme Lage, war doch seine Braut eine Deutsche, die er keinesfalls in ein ungewisses Schicksal ziehen lassen wollte. Trotz der Ausgangssperre, die am Abend des 14. Mai von den Franzosen verhängt worden war, schwang er sich deshalb aufs Rad, befestigte vorne bei der Lampe ein Schweizer Fähnli und schaffte es so, die Kontrollstellen zu passieren und seine Braut nach Altenburg zu holen. Dort harrten die beiden der Dinge, die kommen sollten. Ausgerechnet im Elternhaus Blattmanns zog dann aber der Kommandant der Besatzungstruppen für jenes Gebiet, ein Pole namens Zylinski, ein, und Blattmanns Braut sah sich wohl oder übel gezwungen, für die Gäste zu kochen. Dabei stellte sich natürlich – wen wundert's? – heraus, dass die junge Frau eine Deutsche war und sich demzufolge dem Befehl der Franzosen widersetzt hatte. Blattmann schaltete schnell und erklärte, er wolle seine Braut auf der Stelle heiraten. Gesagt, getan. Die Ziviltrauung wurde eilends durch den früheren Bürgermeister von Lottstetten vollzogen, der das Amt vor der Hitlerzeit innehatte und von den Franzosen wieder eingesetzt worden war. Zylinski machte gute Miene zu diesem Spiel und lud sich dafür zum Hochzeitsessen ein. Ausser den Blattmanns umgingen auf diese Weise noch drei andere Paare den Evakuierungsbefehl.

Nicht alle konnten sich so elegant den französischen Anweisungen entziehen. Für rund 2500 Menschen bedeutete die Evakuierung eine Reise ins Ungewisse, von der niemand wusste, wann sie zu Ende sein würde. Insbesondere war nicht klar, ob die Evakuierten je wieder nach Hause zurückkehren würden. Mit dieser Bürde gingen die Betroffenen verschieden um. Die Mutter Erich Danners, die ja eine gebürtige Schweizerin war, versuchte am frühen Morgen des 15. Mai, ihre Familie über die Grenze in die Schweiz zu retten, was aber im allerletzten Moment von den Franzosen vereitelt wurde. Maria Rapold erinnert sich an einen damaligen Nachbarn ihrer Familie, der eben erst aus russischer Kriegsgefangenschaft heimgekommen war und der sich am Abend des 14. Mai betrunken habe. Dessen Frau habe die Familie Dorer um Hilfe ersucht, weil sie Schlimmes ahnte für den Fall, dass sich ihr Mann weigern würde, dem Evakuierungsbefehl Folge zu leisten. Das Flehen der Frau war nicht umsonst: Die Schwester Marias brachte alles ins Lot, und der Mann fügte sich.

Schlitzohr Ernst Schlitz

Die ganze Evakuierungsaktion rief einen dubiosen Zeitgenossen auf den Plan, der sich während der hektischen Tage im Mai 1945 den Franzosen als Dolmetscher verdingt hatte und quasi als «Lohn» für seine Dienste zum kommissarischen Bürgermeister Jestettens ernannt wurde: Ernst Schlitz. Therese Blödt ist noch lebhaft in Erinnerung, wie ihr der grosse Mann, ein pensionierter Kriminalbeamter, auf der Strasse drohte, sie würden nie wieder nach Jestetten zurückkehren. Schlitz wurde indes selber vom Schicksal eingeholt. Aus undurchsichtigen Gründen wurde er kurze Zeit später von den Franzosen verhaftet und nach Waldshut ins Gefängnis gebracht, wo er, wie Therese Blödt erzählt, «erschlagen» wurde.

Nach mehreren Tagesmärschen – ihr Hab und Gut nahmen sie auf allerlei fahrbaren Untersätzen mit – wurden die Evakuierten auf die Dörfer des Hochschwarzwalds verteilt, wo sie einige Zeit blieben. Ein kleiner Teil der Ausgesiedelten durfte zur Erntezeit für ein paar Wochen nach Jestetten zurückkehren. In der Zwischenzeit hatten Schweizer die Aufgabe übernommen, die Landwirtschaft weiterzuführen, die Tiere zu füttern, die verwaisten Gebäude in Ordnung zu halten usw. Koordiniert wurde diese Hilfsaktion durch Verwalter Näf von der Anstalt in Rheinau. Erich Danner, der die Evakuierung mitgemacht hat, ist von dieser Hilfsaktion nicht nur Gutes in Erinnerung geblieben. «Die einen waren sehr hilfreich und haben wirklich nach dem Rechten geschaut. Es gab aber auch andere, die haben beispielsweise das Vieh gestohlen und dann verschachert. Weil die Grenze für Schweizer wieder passierbar war und die Häuser in Jestetten offenstanden, kam es teilweise zu Plünderungen. In manch einem Haus herrschte eine ziemliche Unordnung, als ihre Bewohner zurückkamen.»

Im Herbst durften die Evakuierten nach Hause zurückkehren, diesmal per Lastwagen. Die Schweizer Hilfsaktion hatte indes einen Haken: Die Kosten von 150 000 Franken mussten von den Jestettern, Altenburgern und Lottstettern bezahlt werden.

Der Bezirk Diessenhofen im Zweiten Weltkrieg

In den Jahren nach Hitlers Machtergreifung mehrten sich die Anzeichen für einen bevorstehenden Krieg. In vielen Dörfern bereitete man die Verteidigung vor. Bunker entstanden an wichtigen Stellen. So auch in Diessenhofen.

URS CONRAD

Nach der Generalmobilmachung am 2. September 1939 rückten 200 Diessenhofener in den Aktivdienst ein. Die Rheinbrücke wurde besonders bewacht. Sie war schon drei Jahre vorher zur Sprengung vorbereitet worden. Die Anzahl der hier stationierten Truppen änderte sich je nach politischer und militärischer Lage. Nach dem deutschen Einmarsch in Frankreich wurden überall in der Schweiz die Ortswehren gebildet. Diessenhofen stellte 80 bis 100 Mann. Schon in den ersten Kriegstagen überflogen deutsche Kampfflugzeuge Diessenhofen. Die Fliegertätigkeit über neutralem Gebiet steigerte sich in der folgenden Zeit. Oftmals mussten alliierte Flugzeuge in der näheren Umgebung notlanden. Teilweise wurden sie auch von schweizerischen Jagdfliegern zur Landung gezwungen. Die Lage verschärfte sich weiter. An einem einzigen Tag überflogen 750 Bomber die Gegend. Ihr Ziel war Friedrichshafen. Die Diessenhofener konnten die Luftkämpfe über der deutschen Stadt aus ihren Dachfenstern mitverfolgen. Wegen der starken ausländischen Fliegertätigkeit über neutralem Boden sprach der Stadtschreiber H. Waldvogel im Frühjahr 1944 von einer «wilden Piraterie in der Luft». Am 16. März dieses Jahres stürzte ein viermotoriger Bomber in der Nähe des Kundelfinger Hofes ab. Die Trümmerteile bedeckten die Fläche von einem Quadratkilometer. Bis im August landeten 50 ausländische Bomber in der Schweiz. Einige Besatzungen zerstörten ihre Maschine bevor sie interniert wurden.

Bomben am 20. August 1940

Am 20. August 1940 fielen erstmals Bomben in der Region. Die Bahnlinie Diessenhofen–Schlattingen wurde zum Ziel verirrter englischer Flugzeuge. Glücklicherweise entstanden keine Schäden durch diesen Angriff. Bei der schweren Bombardierung von Schaffhausen am 1. April 1944 wurde auch Schlatt getroffen. Ein Lagerschuppen der Eisenbahn brannte nieder. Den grössten Schrecken des Krieges erlebte die Diessenhofener Bevölkerung ein halbes Jahr später. Gegen 11 Uhr vormittags, am 9. November 1944, flogen etwa 30 US-Kampfflugzeuge über das Städtchen. Nach einem zweiten Anflug fielen mehrere Bomben auf die Rheinbrücke. Diese wurde auf der deutschen Seite schwer beschädigt und aus dem Widerlager gerissen. Das nahegelegene Gasthaus «Zum Schiff» war fast völlig verschwunden. Der Druck explodierender Bomben schleuderte Splitter und bis zu 30 Kilogramm schwere Steine nach Diessenhofen. Dort beschädigten diese viele Hausfronten. Zahlreiche Fensterscheiben gingen zu Bruch. Trümmer bedeckten die Strassen. Das Militär und die Feuerwehr eilten sofort zu Hilfe. Glücklicherweise entstand kein Personenschaden. Alle Bomben fielen auf deutsches Gebiet. Trotzdem richteten sie in Diessenhofen einen Schaden von 200 000 Franken an.

Weniger Glück hatten die Offiziere und Soldaten, die durch Unfälle ums Leben kamen. Ein Wachtposten erschoss im Mai 1943 versehentlich Oberst Egg, den Kommandanten des Grenzschutz-

Am 9. November 1944 griffen amerikanische Kampfflugzeuge versehentlich die Diessenhofer Rheinbrücke an.

regiments 51. Der Offizier befand sich auf einem Kontrollgang im Schaarenwald und reagierte nicht auf den Haltruf des Soldaten. Ein Jahr später ereignete sich beim «Tschingel» ein schweres Unglück. Zehn Mann aus dem Brückenbewachungsdetachement Hemishofen transportierten Tellerminen. Diese explodierten. Der genaue Unfallhergang konnte nie geklärt werden, da alle Beteiligten ums Leben kamen.

Neben allem Kriegsgeschehen gab es manchmal auch etwas Positives zu berichten. So wurde in der schweren Zeit von 1943 bis 1944 der Siegelturm restauriert. Im Rahmen einer Feier konnte er im August 1944 wieder eingeweiht werden. Architekt Wolfgang Müller hatte diese Restaurationsarbeiten geleitet.

Gegen Ende des Krieges spürte man noch einmal eine deutliche Steigerung der Kämpfe in der Luft. Im Frühjahr 1945 wurden Stein am Rhein, Altdorf, Rafz und Neuhausen bombardiert. Die Anzahl der Grenzverletzungen nahm deutlich zu. Der amerikanische General Spaatz reiste nach Bern. Er verhandelte mit der Schweizer Regierung wegen der Bombenschäden. Sofort nahm die Anzahl fremder Flieger in unserem Luftraum ab.

Der Zusammenbruch des Deutschen Reiches, ab April 1945, hatte grosse Flüchtlingsströme in die Schweiz zur Folge. Der Bundesrat verfügte die vollständige Schliessung der Grenze. In Ramsen war die Lage sehr gespannt, wegen zahlreicher Grenzübertritte. Französische Truppen erreichten das Randengebiet und bewegten sich ostwärts. In Gailingen hängten die Bewohner am 24. April weisse Tücher aus ihren Fenstern. Vier Tage später hielt eine Kolonne französischer Panzerwagen an der Rheinbrücke. Nach einer kurzen Begrüssung durch Schweizer Truppen fuhren die Franzosen weiter. Die deutschen Orte an Untersee und Rhein wurden noch am gleichen Tag besetzt. Am 8. Mai 1945 endete der Krieg. Die Schuljugend beging den ersten Friedenstag mit einer schlichten Feier. In Gassen und auf Plätzen wurde gesungen. Um 20 Uhr läuteten im Städtchen, wie in der ganzen Schweiz, alle Glocken.

Die Bomben richteten bei der historischen Holzbrücke erheblichen Schaden an.

Schreckenstage

Die Schweiz ist vor den Schrecken des Zweiten Weltkrieges weitgehend verschont geblieben und hat deshalb allen Grund zur Dankbarkeit. Und doch starben zahlreiche Männer im Aktivdienst, fielen todbringende Bomben auf Schaffhausen, Stein am Rhein und andere Gemeinden der Region. Das dadurch ausgelöste Leid war gross – und wird nicht etwa kleiner angesichts der über 50 Millionen Opfer in der ganzen Welt. Bewundernswert ist, wie tatkräftig und mutig die Bevölkerung auf die verschiedenen Schreckensereignisse reagierte. Neben der lähmenden Trauer war sofort auch tatkräftige Hoffnung festzustellen.

Ein fataler Irrtum am Ostersamstag 1944

40 Sekunden nur dauerte die Bombardierung von Schaffhausen, 40 Sekunden, die die ganze zerstörerische Kraft des Krieges tragisch aufzeigten. 40 Sekunden: 40 Tote, 270 Verletzte, 500 Obdachlose, Schäden von über 40 Millionen Franken.

ANDREAS SCHIENDORFER

«Strahlender Apriltag voller Wunder und Blüten. Mit klarblauem Himmel erwachte der 1. April 1944», schrieb der Eisenbahner Paul Arbenz in seinen Erinnerungen an den Tag des Schreckens. «Wie könnte es anders sein, wir waren es ja gewohnt in unserer Grenzstadt und auf unserem Bahnhof hüben dem Rhein, dass täglich einige Fliegeralarme ertönten, dass täglich Staffeln von Hunderten silberglänzender Flugzeuge über uns hinwegdonnerten und dass man bald näher, bald ferner das Grollen der furchtbaren Explosionen hörte oder das Hacken der Bordwaffen. Oft erzitterten Böden und Wände. Wir kümmerten uns wenig darum.»

375 Bomben fielen auf Schaffhausen

Am Ostersamstag 1944 war es nicht anders. Viele Schaffhauserinnen und Schaffhauser schauten kurz vor elf Uhr zum Fenster hinaus, um die amerikanischen Bomber zu beobachten. Wer draussen war, auf dem Markt beispielsweise oder beim Bahnhof, erachtete es nicht als nötig, in einen Luftschutzkeller zu eilen. Hätte man auf jeden Fliegeralarm vorschriftsgemäss reagiert man wäre kaum mehr an die frische Luft gekommen, und noch war ja nie etwas passiert. Selbst der Stadtrat unter Leitung von Stadtpräsident Walther Bringolf hielt es nicht für nötig, seine (samstägliche) Sitzung länger zu unterbrechen. Innert weniger Sekunden krachten aber laut späterer Schaffhauser Zählung 236 Brandbomben, 130 Sprengbomben sowie 9 Blindgänger auf die Munotstadt nieder, töteten 40 Menschen (einige von ihnen erlagen erst später ihren schweren Verletzungen), darunter Regierungsrat Gustav Schoch und Kantonsrichter Heinrich Emil Seiler, verletzten 270 Personen, zerstörten 66 Gebäude und beschädigten 506 weitere, so dass 500 Schaffhauser obdachlos wurden. Besonders arg in Mitleidenschaft gezogen wurden das Mühlenenquartier und die Bahnhofsgegend, aber auch das Naturmuseum auf dem Herrenacker, der Thiergarten sowie die Kunstabteilung des Museums zu Allerheiligen, wo unersetzliche Bilder von Tobias Stimmer zerstört wurden.

Was war eigentlich geschehen? Drei amerikanische Bomberstaffeln überflogen gegen 11 Uhr morgens Schaffhausen. Die erste

Insgesamt wurden neun Blindgänger gefunden, einer zum Beispiel noch am 18. April auf dem Trassee der Deutschen Reichsbahn.

Bei der Bombardierung wurde die reformierte Steigkirche vollständig zerstört, ebenso das hier abgebildete katholische Vereinshaus auf dem Fäsenstaub.

Staffel hatte den Kohlfirstwald bombardiert. Die zweite scheint ihre Bomben vor allem in Grafenhausen abgeworfen zu haben. Die dritte (nach amerikanischen Berichten die zweite) warf völlig überraschend über Schaffhausen die tödliche Fracht ab. Bomben fielen aber auch auf Feuerthalen, Neuhausen und Hallau.

Irrtum oder Absicht?

Die Amerikaner entschuldigten sich umgehend für den tragischen Irrtum, doch irritierte ihre Erklärung, der Fehler sei wegen schlechter Witterung erfolgt. Dabei hatte doch gerade über Schaffhausen recht gute Sicht geherrscht! Eine gewisse Unsicherheit jedenfalls blieb: Vielleicht wollte man eben doch den Schaffhauser Industrieunternehmen einen Denkzettel verpassen, da diese ihre Arbeiten für Deutschland nicht gänzlich eingestellt hatten? Mehrheitlich – und zu Recht – ging man aber doch von einem Irrtum aus. Die Bomben hatten Singen (das ab dem 17. Oktober 1944 sechsmal bombardiert wurde) oder Friedrichshafen (elfmal schwer angegriffen) gegolten, vermutete man. Andere sprachen von den Fahr-Werken in Gottmadingen, von Tuttlingen oder gar von Pforzheim, das rund 130 Kilometer nördlich von Schaffhausen liegt. Neuere Untersuchungen, beispielsweise durch den langjährigen Schweizer Armeeinstruktor Hans von Rotz, ergaben nun, dass Ludwigshafen das eigentliche Ziel der in England gestarteten Bomberflotte gewesen war. Die schlechte Sicht über Frankreich und Deutschland, schwierige Windverhältnisse, der weitgehende Ausfall der neuen Radartechnik und die Hilflosigkeit der zuständigen Navigatoren führten schliesslich dazu, dass Strassburg, Pforzheim und Schaffhausen, das 200 Kilometer südlich von Ludwigshafen liegt, bombardiert wurden. Dr. James H. Hutson, Direktor der Handschriftenabteilung der berühmten Library of Congress, hat während vier Jahren sämtliche greifbaren amerikanischen Quellen studiert und seine wesentliche neue Erkenntnisse enthaltenen Forschungsergebnisse in einem eigenständigen Anhang zu diesem Buch niedergeschrieben.

Die Schaffhauser reagierten auf die Bombardierung hervorragend: Sie verfielen nicht in Panik, sondern taten alles Menschenmögliche, um das grosse Leid zu lindern und weiteren Schaden zu verhindern. Stadtpräsident Walther Bringolf bewährte sich in dieser schwierigen Situation, unterstützt von vielen Helfern wie Oberst Oscar Frey und Krankenschwester Els Peyer-von Waldkirch, der Leiterin der Obdachlosenfürsorge. Stadtrat Emil Schalch sorgte später für einen genau konzipierten Wiederaufbau, der städteplanerische Verbesserungen enthielt. Zu erwähnen sind schliesslich auch die vielen Solidaritätskundgebungen und Spenden aus der ganzen Schweiz.

Man spürte eine Welle des Sich-Näherrückens

Auf dem Flachdach der Kantine der Schweizerischen Bindfadenfabrik in Flurlingen explodierte eine Brandbombe, drei Bomben schlugen in die Sisalspinnerei ein und forderten fünfzehn Verletzte.
Die Katastrophen im Monatsrapport, der an den Schweizerischen Volksdienst geschildert wurde.

RUTH SCHWANK-SUTER

Nun sind die ersehnten Ostertage hier, wo wir uns vom Schrecken der letzten Woche erholen können. Man ist noch ganz bedrückt vom Erlebten, und manchmal kommt es einem vor wie ein böser Traum. Allerdings, wenn man in die Stadt Schaffhausen hinuntersteigt, begegnet einem auf Schritt und Tritt die harte Wirklichkeit. Als ich am Dienstag zum ersten Mal den Weg durch die beschädigten Quartiere ging, wurde es mir ganz bange zumute, und doch kam es mir wie ein Wunder vor, dass die Katastrophe nicht mehr Opfer gefordert hat. Überall hört man von wunderbaren Rettungen und glücklichen Zufällen, die viele Leute einem noch härteren Schicksal entgehen liessen.

Wir in der Bindfadenfabrik kamen ja auch glimpflich davon, und doch sind es Stunden, die ich meiner Lebtag nie vergessen werde. Als der Alarm ertönte, sagten wir noch, ob wohl wieder ein Amerikaner bei uns landen wolle. Beim Motorengeräusch sprangen wir hinaus und blickten in den klarblauen Frühlingshimmel hinauf. Stolz flogen die Staffeln daher, und wir freuten uns, wie die Flugzeuge schön glitzerten in der Sonne, fast, wie es Pearl Buck in ihrem Buch «Drachensaat» beschreibt. Dort staunten die einfachen Chinesen auch zum Himmel hinauf, wenn die seltsamen Vögel vorbeiflitzten. Aber wir hätten doch ein Stück gescheiter sein müssen. Plötzlich hörten wir eine Detonation, und schnell sprangen wir ins Haus, weil wir dachten, die Flab habe geschossen. Erst nachher erfuhren wir, dass das schon die ersten Bomben waren, die von der zweiten Staffel im Kohlfirst abgeworfen worden waren. Nochmals wagten wir uns hinaus und betrachteten ahnungslos die weissen Räuchlein, die Zeichen der Bombardierung. Ein Soldat, der gerade die sauber gewaschene Küchenwäsche der Bew. Kp. 30 abholen wollte bei uns, riet uns, ins Haus zu gehen, und meinte, es kommen sicher noch Bomben herunter. Gott sei Dank folgten wir seinem Rat, und keine halbe Minute nachher fing es an zu krachen auf allen Seiten. Mit welcher Geschwindigkeit wir alle im Keller waren, kann ich nicht beschreiben. Einschlag folgte auf Einschlag, Scheibengeklirr, Geschrei und ein fürchterlicher Gestank folgten augenblicklich. Wir standen alle dichtgedrängt unter einem Türrahmen; Schrecken stand auf allen Gesichtern, keinen Augenblick waren wir sicher, ob nicht etwas auf uns stürzte. Das alles geschah in kürzester Zeit, und es werden unvergessliche Minuten sein. Erst eine Stunde später vernahmen wir, dass eine Brandbombe auf dem Flachdach unserer Kantine explodiert war, aber nicht durchgeschlagen hatte. Ich rannte schnell hinauf, um den Schaden zu besehen. Im Dach war ein schwarzer Trichter aufgerissen, und ringsum waren alle Fensterscheiben eingedrückt. Wir konnten nur danken für die wunderbare Bewahrung.

Sisalspinnerei war getroffen

Unmittelbar nach dem Angriff stürzten dann die Leute der Sisalspinnerei, wo drei Bomben eingeschlagen hatten, zu uns in den Keller, die Frauen ganz verstört und zum Teil weinend. Ein Schwerverletzter wurde von zwei Frauen gestützt, und wir legten ihn auf ein Bündel Wäsche in unserer Waschküche. Am Hals hatte er ein tiefes Loch, jedenfalls von Glasscherben oder einem Bombensplitter. Der Soldat schickte alle meine Mädchen in den Luftschutzkeller, weil man nie sicher war, ob sie nochmals kommen. Ich holte sofort Verbandstoff und Apotheke und verband notdürftig den Verletzten. Frau Frieda Vetterli kümmerte sich um eine andere Verletzte. Dann rannte ich zum Telefon; nur noch das interne funktionierte, aber natürlich alles besetzt! Also schnell auf den Fabrikhof, und zwar zum Fenster hinaus, um jemanden von der Sanität zu suchen. Draussen war schwarzer Rauch und Qualm, das Holzmagazin stand in hellen Flammen. Irgendwo erwischte ich jemand mit einer Bahre, und schon war ein Militärcamion da, um die Verletzten in das Spital zu führen, es waren ihrer fünfzehn. Schon war die Feuerwehr am Werk, wir schleppten zwei grosse Süssmostflaschen zur Stelle und versorgten die schwitzenden Männer mit Tranksame. Dann kam die Sorge der Verpflegung. Strom hatten wir natürlich keinen. Fräulein Paula «Gianni» Giannini und ich packten Maggisuppen, Servelats, einen grossen Schwingbesen zusammen und sprangen in ein nahegelegenes Haus in Flurlingen, wo wir im Waschherd Suppe kochten. Vorher versorgte ich noch das Geld und sämtliche Mahlzeiten-Coupons im Kassenschrank. Du meine Güte, sah das alles ringsum aus! Überall lagen Glasscherben, im Sisalgebäude einige Zentimeter tief. Der Blick auf Schaffhausen hinunter liess einen erschauern. Alles war in schwarzen Rauch und Flammen gehüllt, das Haus unserem Wohnhaus gegenüber schon fast ausgebrannt.

Suppe und Tee als Stärkung

Von irgendwoher hörten wir, dass unser Haus noch stehe. Wir hatten einfach unverdientes Glück! Etwa um ein Uhr konnten wir die fertige Suppe in grossen Töpfen hinauftragen, und der Luftschutz und die Feuerwehr kamen etappenweise zu einer Stärkung. Und dann ging's am laufenden Band den ganzen Nachmittag hindurch, bis abends um 11.30 Uhr. Unsere Mädchen waren alle sehr tapfer; sie nahmen ihre liegengelassene Putzarbeit wieder auf, die normale Arbeit half etwas über den Schrecken hinweg. Frau Vetterli hatte die Frauen im Luftschutzkeller und auch die Männer bei den Löscharbeiten mit Tee versorgt.

Ruth Schwank (in der Bildmitte), damals noch Ruth Suter, zusammen mit ihren Mitarbeiterinnen und Besuchern der Soldatenstube.

Das Mühlenen-Quartier am Rhein war von der Bombardierung besonders stark in Mitleidenschaft gezogen worden.

Das Mittagessen war nicht ganz fertiggekocht, nur die Kartoffeln waren unterdessen weich geworden, und die Suppe war schon verschwunden, als wir mit unserer von Flurlingen kamen.
Am Nachmittag wurde bereits mit den Aufräumungsarbeiten begonnen. Von Niederlenz kam ein Auto mit «Blachen», die das Glas auf den Dächern ersetzen mussten. Das Holzmagazin brannte bis auf die Mauern nieder. Die Feuerwehr wachte die ganze Nacht, um 2 Uhr bereitete ich ihnen eine Zwischenverpflegung.
Herr Dir. Reber war auch in der Fabrik bis um halb vier Uhr. Um drei Uhr löste mich Frau Vetterli ab, aber schlafen konnte ich nicht in jener Nacht. Ein strahlender Sonntagmorgen erhob sich über der schwergeprüften Stadt. Und am Montag dünkte mich alles noch viel trauriger, weil immer wieder jemand kam und sagte, dass er alles verloren habe.

Dankbar

Wir haben nun viele Obdachlose zu verpflegen und erhalten dann die Vergütung der Obdachlosen-Fürsorge. Auch sonst hatten wir viel mehr Mittagessen: Dachdecker, Bauarbeiter usw. Aber wie gerne arbeiteten wir in unserer geliebten Küche! Erstens weil sie noch unversehrt dasteht und weil wir seit Samstagabend wieder Kochstrom hatten. Noch nie begrüsste ich das rote Lichtlein so freudig wie diesmal. Ich habe aus den Ereignissen vom Samstag verschiedene Lehren gezogen. Erstens, bei Fliegeralarm und Motorengeräusch nicht draussen zu stehen, zweitens, eine vollständige Hausapotheke im Keller bereitzuhalten, und drittens, mich umzusehen, wo eine Notküche erstellt werden könnte, falls die Küche nicht benützt werden kann.
Etwas Schönes haben diese Tage aber doch gezeigt: ein Zusammengehörigkeitsgefühl und ein Helferwille, wie ich es noch nie erlebt habe. In der ganzen Fabrik spürte man diese Welle des Sich-Näherrückens.»

Mein einziger Gedanke: «Hilf, du bist gesund!»

URS KELLER

Etwa um 10.40 Uhr hörten wir ein Brummen, das ganz sicher von schweren Bombern herrühren musste. Alle streckten die Köpfe zum Fenster hinaus, oder einige standen auf der Strasse und guckten zu den winzig kleinen Flugzeugen hinauf. Die Maschinen waren in einer solchen Höhe, dass sie von unten gesehen nur Spielzeuge waren. Jeder konnte sie zählen. Wir kamen bis auf etwa 48 solcher Flieger. Sie blitzten in der Luft auf, als wollten sie uns zuwinken und uns sagen: «Wie herrlich ein solcher Sonnentag.»

Da – was war das? Zwei kleine blaue Wölklein fielen aus einer der vorüberfliegenden Maschinen. Aber wir konnten nicht lange fragen, denn nach einigen Sekunden vernahmen wir eine heftige Detonation, noch eine, zwei, drei, vier, und so fort. Bumm, bumm, bumm. Und? Plötzlich verstummte das Einschlagen, aber wie? Es brennt, es brennt, es brennt. Unsere liebe Stadt brennt. Man sieht nur noch Rauchwolken, gerötet von den Flammen. Wir hören auf zu arbeiten, räumen zusammen und gehen, ja, man kann sagen, stürmen in die Stadt. Das Telefon ist unterbrochen. Nur ein Staunen und Raten. Was ist getroffen? Wohin sind die Bomben gefallen? Ein jeder geht heim, um zu schauen, ob noch alles steht. Mancher kommt vor einen Trümmerhaufen. Ich glaube, so schnell trieben mich die Füsse noch nie gegen die Stadt. Ich hatte aber nur einen Drang: «Hilf, hilf, so viel du kannst und vermagst, du bist ja noch gesund.» Ich kam auf den Bahnhof. Alles half einander. Da hatte auch für mich die Stunde geschlagen. Ich trug mit noch drei anderen eine verwundete Frau ins Kantonsspital. (...) Wenn man es nicht mit eigenen Augen gesehen hatte, war es unvorstellbar. Blut, Dreck, sonst nichts. Die Verwundeten hatten zwei Zentimeter dick den Strassenkot auf der Haut, gemischt mit Blut, die Haut hing in Fetzen von den Gesichtern. Die Kleider waren zerrissen. Alle klagten über heftige Schmerzen.

(...) Daheim angekommen, berichtete ich das Geschehen und erzählte, was ich vorhabe. Dann stürzte ich mich in die Kadettenuniform. Essen konnte ich nichts, denn das Gesehene hatte mir total den Hunger genommen. Beim Kantonsspital war der Sammlungspunkt aller Freiwilligen. (...) Ich führte mit Flieger-Oberleutnant Pilot Werner Hofer eine Gruppe zur zerstörten Steigkirche. Welcher Anblick! Eine Kirche in Trümmer gelegt. Was man in Zeitungen und Blättern aus anderen Ländern «bewunderte», wurde hier zur Wirklichkeit. Vor dem Eingang stand eine Tafel mit der Aufschrift: «Nicht betreten. Einsturzgefahr.» (...)

Ein Satz in der «Schweizer Illustrierten», den ich wiedergeben will, blieb mir in Erinnerung: «Es war vielleicht der nachhaltigste Eindruck, den wir am Sonntagabend aus der brennenden Stadt mit uns heimtrugen, dass die Leute der Munotstadt die glückliche Gabe besitzen, aus einem bitteren Heute, auf ein selbstgemeistertes Morgen hinzustreben. Doch als wir, nach nur zwei Tagen, am Dienstag die Stadt wieder sahen und fühlten, wie sehr das Leben bereits wieder zwischen Häuserruinen pulsierte, da waren auch wir überrascht. Dass sich eine so furchtbar heimgesuchte Stadt so rasch erholen würde, das hatten wir nicht für möglich gehalten.»

Traurige Weihnachten im Reiat

Die Bombardierung Schaffhausens lastete noch schwer auf der Bevölkerung, als sich nur neun Monate später, am Weihnachtstag 1944, erneut ein fataler Irrtum seitens der Amerikaner ereignete, die Thayngen bombardierten. Dabei wurde der in Büsingen aufgewachsene Reichsbahnangestellte Otto Maier getötet.

ANDREAS SCHIENDORFER

«Unter dem Traktandum Umfrage wurde noch die Erstellung eines grossen Schweizerkreuzes diskutiert. Beinahe einstimmig wurde die Hälfte der erforderlichen Kosten, nämlich 2000 Franken, bewilligt. Die andere Hälfte trägt das EKS. Wer weiss, ob dieser Kredit so einhellig bewilligt worden wäre, wenn nicht einige Stunden vor dem Abhalten der Gemeindeversammlung ein Fliegerangriff auf die badische Nachbarschaft, Richtung gegen Immendingen, stattgefunden hätte, bei dem sehr deutlich das Feuer der Bordgeschütze vernommen werden konnte. Solche Momente zeigen uns immer wieder, trotz aller Friedensstimmung, dass wir noch nicht im tiefsten Frieden stecken, sondern dass sich der Krieg erst noch unserer Gegend nähert und das Schlimmste noch bevorsteht», schrieb der Thaynger Korrespondent der «Schaffhauser Nachrichten» über die Budgetgemeindeversammlung vom 8. Dezember 1944. Er konnte natürlich nicht ahnen, wie recht er wenige Tage später bekommen sollte.

Und was genau passierte am Weihnachtstag 1944? Die SN brachten bereits am 26. Dezember den nachfolgenden Augenzeugenbericht: «Ein wolkenloser Himmel verschönte den diesjährigen Weihnachtstag. An derart schönen Tagen hatte das Luftschutz-Detachement Thayngen bis jetzt oft Hochbetrieb. Am 17. Dezember wurde das bisherige Maximum von acht Alarmen erreicht. Die Probe sollte der Luftschutz aber ausgerechnet am Weihnachtstage bestehen.

Kurz nach 14 Uhr erschienen drei Bomberstaffeln von je neun Maschinen von Nordwesten her. Vom Luftschutzkommando wurde sofort Alarm ausgelöst. Um 14.09 Uhr konnte man das Auslösen von Bomben beobachten. Einige Sekunden später erdröhnte ein gewaltiger Knall. Die ganze Umgebung der Ziegelfabrik (= Tonwerk) war in eine grosse Staubwolke gehüllt. In weitem Umkreis des Dorfes wurde der Luftdruck verspürt. Ein riesiger Splitterregen ging über das Dorf nieder. Vom Dorfe aus betrachtet, glaubte man zunächst an einen kleineren Schaden, weil alle Bomben im gleichen Moment einschlugen. Anders aber ergab sich das Bild auf der Bombenstelle. Die Ziegelfabrik ist zu einem mächtigen grossen Trümmerhaufen geworden. Die zahlreichen Gebäude sind entweder eingestürzt oder stellen nur noch Ruinen dar. Die Büroräumlichkeiten sind wie weggeblasen, und nur eine grosse Menge herumliegender Papiere bildet den kargen Rest. Der grosse Neubau der keramischen Abteilung der Ziegelfabrik ist gänzlich zerstört. Unter allem Schutt muss noch ein Feuerherd sein, denn drei Brennöfen waren in Betrieb. Das Trümmerfeld ist von 19 grösseren und kleineren, aber auch sehr grossen Bombentrichtern durchfurcht. Die grössten messen etwa 15 Meter Durchmesser und sechs Meter Tiefe.

Vom gewaltigen Luftdruck sind alle Fenster der der Ziegelfabrik benachbarten Knorr-Nährmittel AG sowie aller umliegenden Häuser eingedrückt worden. Die Ziegel wurden von den Dächern weggeschleudert. Das Stellwerk bei der Knorrfabrik wurde durch den Luftdruck umgelegt. Aus dem Schutt musste ein Toter geborgen werden: der Stellwerkwärter Otto

Das Tonwerk in Thayngen wurde vollständig zerstört. Zum Glück war Sonntag, und die beiden einzigen anwesenden Arbeiter waren zufällig an einem geschützten Ort.

Maier, geboren 1903. Die Mauern der Knorrfabrik sind von grossen Rissen durchzogen, und im Innern der Räume zeigt sich ein wirres Durcheinander von Holzteilen, Splittern, Gestellen und verpackten Waren. In der Mühle sind durch Splitter und Steinschlag grosse Schäden entstanden. Die Quarantäne, in welcher Soldaten einquartiert waren, wurde ebenfalls zerschlagen.

In Thayngen kann man wie am 1. April in Schaffhausen neben dem grossen Unglück von sehr viel Glück reden. Denn neben dem einen Toten gab es nur wenige Leichtverletzte. Wie hätte die Katastrophe verlaufen müssen, wenn in den Fabriken gearbeitet worden wäre oder die Bomben im Dorfe eingeschlagen hätten?

Sofort nach dem Alarm setzten die Hilfsaktionen des Luftschutzes ein. Schon nach sehr kurzer Zeit konnten die Verwundeten in die Sanitätshilfsstelle eingeliefert werden. Bald war die ganze Kompagnie mobilisiert, zu der sich ein grosser Teil der Ortswehr gesellte. Auch die Ortsfeuerwehr und Soldaten rückten sofort ein, so dass rasch die erforderlichen Hilfs- und Absperrmassnahmen getroffen werden konnten. Vom technischen Dienst des Luftschutzes wurde das Areal nach Blindgängern abgesucht. Gemeindepräsident Bernath übernahm das Ortskommando und koordinierte die verschiedenen Hilfsmannschaften. Um 20 Uhr rückte ein Detachement des Territorial-Kommandos ein, um den Absperrdienst zu übernehmen. Da südlich der Ziegelfabrik die Starkstromleitungen zerstört worden waren, setzte längere Zeit der elektrische Strom aus. Auch ein Teil des Telephons spielte eine Zeitlang nicht.

Im Laufe des Nachmittags trafen der zuständige Territorialkommandant und der Platzkommandant von Schaffhausen sowie der Chef der Kriegstechnischen Abteilung, Oberstbrigadier von Wattenwyl, in Thayngen ein. Von zuständiger Seite wurde erklärt, dass es sich um die bisher schwersten Kaliber handelt, die auf Schweizergebiet niedergingen.»

«Teile flogen bis Bietingen»

Am folgenden Tag kamen neben der Kantonsregierung und Oberstkorpskommandant Labhart auch der Luftattaché der amerikanischen Gesandtschaft in Bern und der Vizekonsul in Zürich nach Thayngen, um die Schäden abzuschätzen. «Sie sprachen ihr grosses Bedauern über die versehentlichen Bombenabwürfe aus und sicherten volle Wiedergutmachung der

Schäden zu», meldeten die «Schaffhauser Nachrichten».

«Ich erlebte die Katastrophe aus sicherer Entfernung in meinem Chalet am Bolliweg», erzählt uns heute Albert Kern, Ehrenmitglied des Schweizerischen Feuerwehrverbandes, der damals als Steinzeugtöpfer in der Ziegelei arbeitete. «Als junger Feuerwehrmann stürzte ich mich sofort in die Uniform und fuhr mit dem Velo Richtung Schadenort. Kreuzplatz, Bahnhofstrasse und Erlengasse glichen einem Ackerfeld, übersät mit Lehmbrocken, Ziegelsteinen, Holzstücken und Papierfetzen. Einzelne Teile flogen sogar bis nach Bietingen. Meine ersten Eindrücke waren unbeschreiblich. Mein Arbeitsplatz war von den Sprengbomben total vernichtet. Ich stellte fest, dass für den Bahnangestellten im Stellwerk jede Hilfe zu spät kam. Otto Maier, der in Büsingen aufgewachsen und 1938 wider Willen vom Österreicher zum Deutschen geworden war, lag bereits tot zwischen der eingestürzten Dachkonstruktion im zweiten Stockwerk. Mehr Glück hatten unsere beiden Brenner, Louis Reolon und Peter Puppetti, welche über Weihnachten die Ofenanlagen bedienten. Als die Bomben fielen, befanden sie sich gerade im Kohlenbunker, der, etwas abseits der zerstörten Fabrikanlagen gelegen, verschont blieb. Ausser Schockwirkungen hatten sie die Katastrophe unverletzt überstanden.»

Besuch von Pilot Davis

Im Oktober 1984 reiste der Bomberpilot Hartwell Davis nach einem Veteranentreffen in Dijon zusammen mit seiner Frau Nancy nach Thayngen, weil er immer an Weihnachten an jene Bombardierung denken musste. Der 1991 im Alter von 70 Jahren verstorbene ehemalige Bankkaufmann meinte nach seinem ersten Besuch: «Es war für mich ein sehr bewegendes Erlebnis, Leute zu treffen, die während des Luftangriffes in der durch die Bomben völig zerstörten Fabrik arbeiteten, Menschen die Hand zu drücken, denen einzig ein äusserst glücklicher Zufall das Leben gerettet hat.» Weil ihn die Thaynger so herzlich empfangen hatten, kehrte er nach Hause zurück mit dem Vorsatz, jene Ereignisse, über die in Amerika widersprüchliche Angaben vorlagen, zu klären und wieder nach Thayngen zu kommen. Dies war, nach intensiver Recherchierarbeit, im Mai 1985 der Fall, diesmal wurde er von Zahnarzt Bob Cary, der ebenfalls an der Bombardierung beteiligt war, begleitet.

Am 25. Dezember 1944 um 12.23 Uhr war in Dijon die 320. Bomber-Gruppe unter Flugkommandant Oberst Woolridge und Führungspilot Hauptmann Merril mit 38 B-26-Bombern gestartet (Weihnachten war für die Amerikaner im Krieg ein ganz gewöhnlicher Tag), um eine Eisenbahnbrücke in Singen zu zerstören. In Begleitung von P-47-Kampfflugzeugen erreichten 35 Bomber via Belfort, Schopfheim, Faulenfürst und Bonndorf den Ausgangspunkt westlich von Blumenfeld. Von hier aus machten alle Flugzeuge einen ersten Anflug in Richtung 115 Grad, kehrten aber zum Ausgangspunkt zurück, ohne die Bomben abgeworfen zu haben. Das 444. Geschwader wurde dabei von den anderen getrennt, wobei der Navigator und Bombenschütze der Führungsmaschine des Geschwaders den richtigen Ausgangspunkt nicht erkannte.

Ausgangspunkt verfehlt

So kam es schliesslich dazu, dass 26 B-26-Bomber 104 1000-Pfund-Sprengbomben über Singen und neun Bomber 36 Sprengbomben auf Thayngen abwarfen. Konkret festgestellt hat man in Thayngen aber nur 19 Bombenkrater. In Amerika war man übrigens lange der Meinung, man habe in Thayngen ein Lagerhaus (und nicht das Tonwerk) zerstört. Auch vom Todesopfer erfuhren die Piloten erst später.

Bomben auf Stein am Rhein

Von der amerikanischen Bombardierung am 22. Februar 1945 war Stein am Rhein stark betroffen. Es hatte neun Tote zu beklagen. Dazu kam eine grosse Zahl Schwer- und Leichtverletzter. Das Bombardement hinterliess aber auch im Stadtbild Wunden.

KARL HIRRLINGER

«9 Tote, 28 Verletzte, 50 Obdachlose. 4 Häuser vollständig und deren 16 teilweise zerstört.» So stand es am 23. Februar 1945 im «Steiner Anzeiger». Zahlen, die sich danach noch verändern sollten. Glücklicherweise blieb die Totenliste von diesen Veränderungen verschont. «Eine Tragik des Weltgeschehens hat uns in tiefe Trauer versetzt», berichtet der «Steiner Anzeiger». «Schon zeitig am Morgen hatten wir den ersten Fliegeralarm. Dann, um 11 Uhr, den zweiten, der uns bald in den Wolken verschwindende Staffeln von 30 und mehr Flugzeugen in westlicher Richtung zeigte. Zwölf Uhr zwanzig folgte in einer abermaligen Überfliegung unserer Gegend eine neue aviatische Horde der Vernichtung, die uns als Unbeteiligte in tiefster Seele traf.

Ein einzelnes Flugzeug löste über dem Weichbild des Städtchens ungefähr zehn bis zwölf Sprengbomben aus, die mit drei Ausnahmen verheerende Wirkungen zur Folge hatten. Zum grossen Glück ereilte uns die Katastrophe gerade um die Mittagszeit, als der grösste Teil der Bevölkerung sich zu Hause befand. Wieviel mehr Opfer dieser verhängnisvolle Angriff gefordert hätte, wenn er nach Arbeitsschluss erfolgt wäre, lässt sich gar nicht ausdenken. So sassen die meisten Leute wohl gerade beim Mittagessen, als, ehe man sich richtig gewahr wurde, schwere Detonationen erfolgten, die die Häuser in ihren Grundfesten erzittern liessen.

Sprachlos standen wir vor den ersten Trümmern beim Obertor. Das Haus zum «Rebberg», Eigentümer Herr Stadtschreiber Stoerchlin, wird wohl mit der umliegenden Nachbarschaft das erste Opfer dieses strategisch-aviatischen Irrtums gewesen sein. Hilfsbereite Hände machten sich sofort daran, die Insassen zu bergen, wozu aus der Nachbarschaft Leitern geholt wurden. Wunderbarerweise konnte in der Folge die ganze Familie Cometta von den Helfern unversehrt geborgen werden, während aus den anscheinend weniger gefährdeten Nachbarhäusern die rasch zur Stelle eilende Sanität alle Hände voll zu tun bekam. Ein kleines Kind wurde weggetragen, nachher eine Frau, die in diesem Augenblick nicht zu identifizieren waren. Überall auf der Strasse Glassplitter. Die umliegenden Häuser nicht buchstäblich abgedeckt, aber alle Ziegel verpulvert, überall die Scheiben in Splitter und aus den Läden die Schaufensterware auf der Strasse liegend. Ein erstes Bild der Zerstörung. Wir dachten, damit wäre das Unglück zum Abschluss gekommen, mussten dann aber erfahren, dass im Unterstädtchen der Dämon des Krieges noch viel schlimmer gehaust hat.

Der altehrwürdige Untertorturm klaffte uns mit so schlimmen Wunden entgegen, dass die Frage Baufachmännern offen bleibt, ob da noch ursprünglich etwas zu retten sein wird. Wir glauben dies nicht. Aber dann anschliessend, das Haus zum «Choli», ein bodenfestes Wahrzeichen neben dem Turm, ist inwendig verloren und dann sehen wir uns die am allerschlimmsten mitgenommene südliche Nachbarschaft an.

Nachzuholen ist, dass die Turmuhr am unteren Tor, mit der Schicksalszahl 12.35 Uhr, das Gehwerk eingestellt hat.

Das nächste Haus, von Walter Vetter, bietet von Osten und Westen ein unbeschreibliches Bild dar, und anschliessend das Haus

Nicht mehr zu retten war der Untertorturm selber. Zu zahlreich waren die Risse, die das Mauerwerk durchzogen. Der Turm wurde deshalb abgetragen und wieder aufgebaut.

von Frau Koch zeigt äusserlich östlich klaffende Leere und im Innern eine erschreckende Wohnungsunmöglichkeit. Es geht weiter, dem Rhein zu, mit fehlenden Ziegeln, gespaltenen Mauern und Scherbenresten von zerbrochenen Scheiben überall.

Man hat das Gefühl, das Elend müsste ein Ende nehmen. Aber so ist es leider nicht. Das Gässchen hinter dem «Schiff» bildet ein neues Bild der Zerstörung, angefangen beim ersten vorstehenden Haus des Herrn Frei, die Hälfte des «Metzgergässli» und dann zurück zum «Wasserfels». Der hintere Teil des östlichen Traktes steht noch einigermassen, aber wenn wir dem Rhein zugehen, so zeigt sich uns ein Bild der Verwüstung, wie wir ein solches eigentlich nur aus den Berichten der Flieger-«Erfolge», die die ausländischen Grossstädte in Schutt und Asche im Bilde zeigen, kennen. Buchstäblich ist auch da, wie beim Haus von Walter Vetter, ein einziger Trümmerhaufen, aus dem rastlose Hände das Opfer, die Besitzerin, Frau Störchlin, nur als Leiche bergen konnten.

Bis mittags um drei Uhr sind bereits sieben Tote und mehrere Schwerverletzte geborgen, die von den im Eiltempo hergefahrenen Krankenautos von Münsterlingen und Schaffhausen ins Spital verbracht werden. Beim Rundgang durch die Strassen begegnet man zahlreichen Leichtverletzten, die ambulant behandelt werden konnten. Sie stehen nun mit ihren Notverbänden herum, auf der einen Seite glücklich, dem Bombenhagel entronnen zu sein, anderseits aber stehen sie betrübt vor ihren Behausungen, die nun ein einziges Bild der Verwüstung darstellen.

Laut den nicht authentischen Nachrichten – die wir trotz allen Bemühungen nicht erhältlich machen konnten – ist die fatale Rechnung folgende: 54 Obdachlose, 16 Schwerverletzte und 9 Tote.»

So lautete der erste Bericht über dieses Ereignis. Er erschien am 23. Februar im «Steiner Anzeiger». Wie es zu diesem tragischen Bombenabwurf gekommen ist, ist mittlerweile bekannt. Es handelte sich um eine irrtümliche Bombardierung durch ein Einzelflugzeug, die eigentlich einem Ziel im süddeutschen Raum gegolten hatte.

Tage nach der Bombardierung

Die Erste Hilfe für die Opfer der Bombardierung setzte in Stein am Rhein sofort ein und verlief ruhig. Der Stadtrat liess unmittelbar nach dem tragischen Geschehen eine Sammelstelle einrichten, wo Kleider und Lebensmittel abgegeben wurden. Aber auch von aussen wurde den Steinern Hilfe zuteil. In Arth internierte Italiener veranstalteten ein Konzert, dessen Erlös sie den Bombenopfern zugute kommen liessen.

PETER SCHECK

Als die Mitglieder der Kriegsfürsorge am Vorabend der Bombardierung wieder einmal von der Arbeit bei einem möglichen Fliegereinsatz sprachen, ahnten sie nicht, dass schon wenige Stunden später dieser Ernstfall eintreten sollte.

Kaum war der erste Schrecken vorbei, eilten auch schon die Kriegsfürsorger herbei, um zu helfen, wo es am nötigsten war. Rasch erschienen Samariter und Samariterinnen auf ihren nächsten Posten, um Material zu fassen: zehn Kisten mit Verbandsmaterial und zehn Tragbahren. Ruhig und rasch wurde gearbeitet. Alle halfen mit, die Verwundeten und die Toten zu bergen. In die Sanitätshilfsstelle wurden innerhalb einer halben Stunde zwölf Schwerverletzte und über zwanzig Leichtverletzte eingeliefert. Drei Ärzte, zwei Krankenschwestern, die Sanität der LO und 13 Samariterinnen sorgten dafür, dass in knapp einer Stunde die ersten Schwerverletzten mit Krankenautos in die Spitäler nach Schaffhausen, Münsterlingen und Frauenfeld verbracht werden konnten. Überall leisteten die Samariterinnen Hilfe: bei Splitterverletzungen, Schnittwunden, beim Herbeischaffen von Wolldecken.

Sammelstellen eingerichtet

Durch Plakate wurden die Bombengeschädigten orientiert, dass im Volksheim (Haus zur Möwe) eine Sammelstelle eingerichtet werde. Die Obdachlosen und namentlich diejenigen, die ihre ganze Habe verloren hatten, erhielten hier Kleider, Wäsche, Lebensmittel oder Gutscheine, mit denen sie das Nötige kaufen konnten. Bargeld wurde ihnen von der Stadtkasse abgegeben. Jedem zunächst einmal hundert Franken. Dank der Geberfreundlichkeit der ganzen Bevölkerung war es möglich, allen Betroffenen einen Beitrag an ihre verloren gegangenen Vorräte zu geben. Sogar Möbel wurden herbeigebracht.

Wohl die schwierigste Aufgabe war es, die 26 obdachlosen Familien mit insgesamt 78 Personen unterzubringen. Bei der ohnehin schon herrschenden Wohnungsnot brauchte es manchen Schritt, um diese Schwierigkeiten zu beheben. Eine Anzahl Hausbesitzer war sofort bereit, Platz oder Wohnungen zur Verfügung zu stellen, auch wenn sie sich selber einschränken mussten. Mit anderen musste man lange reden und ihnen erst das nötige Verständnis beibringen, zumal es vorauszusehen war, dass die Aufnahme nicht nur vorübergehend, sondern monatelang dauern konnte. Doch bereits acht Tage nach der Bombardierung war es ohne behördliche Massnahme gelungen, für sämtliche Geschädigte Unterkunftsmöglichkeiten zu finden.

Unermüdliche Pfadfinder

Der Verpflegungsdienst der Kriegsfürsorge arbeitete speditiv. Schon am ersten Abend wurden im Volksheim 70 und im Restaurant zur Oberen Stube 21 Personen verpflegt. Auch andere Familien mussten die öffentlichen Verpflegungsstellen in Anspruch nehmen, weil für eine grosse Anzahl Häuser die Gasversorgung unterbrochen war. In den ersten acht Tagen wurden 1248 Mahlzeiten gratis abgegeben. Von den zahlreichen Dienst-

Der Trauerzug für die neun getöteten Menschen führte durch die Altstadt. Eine Delegation der Landesbehörde nahm an der Trauerfeier teil.

leistungen der Privatbevölkerung sind namentlich diejenigen der Pfadfinderinnen und Pfadfinder hervorzuheben. Unermüdlich standen sie im Einsatz, sei es beim Übermitteln von Befehlen, bei den Umzügen der Obdachlosen oder beim Gemüserüsten oder Abwaschen. Am dritten Tag nach der Katastrophe ersetzte man den Ausgebombten für den Rest des Monats die verlorenen Lebensmittelkarten, so dass sie diese in den Gaststätten abgeben konnten. Auch die vermissten Textil-, Schuh- und Seifencoupons wurden den Geschädigten anstandslos ersetzt.

Gross war die Solidarität mit den Betroffenen. Insgesamt wurden von Privaten und Behörden verschiedener Gemeinden und Kantone 61 951 Franken in den Fonds für die Bombengeschädigten eingezahlt. Unter den Spendern war auch eine Amerikanerin, die in einem Begleitschreiben den Irrtum ihrer Landsleute bedauerte. Von den italienischen Internierten wurde ein Konzertabend zugunsten der Geschädigten aufgeführt, welcher fast 500 Franken einbrachte. Mit dem gespendeten Geld konnte rasch und speditiv geholfen werden.

Wichtig war, dass die bisher von verschiedenen Stellen ausgeführten Hilfeleistungen zentralisiert wurden, um so eine Zersplitterung zu vermeiden. Diese Zentralstelle für Bombardierungsschäden wurde vom Stadtkassier geleitet. Die riesige Aktenmenge im Stadtarchiv Stein am Rhein über die ein- und ausbezahlten Beträge, die Korrespondenzen mit Geschädigten und die minuziöse Auflistung der Schäden zeugen von der gewaltigen Arbeit, die er zu bewältigen hatte.

Kommission für Wiederaufbau

Eine Kommission beschäftigte sich eigens mit dem Wiederaufbau der Gebäude. Insgesamt waren 232 Häuser betroffen, von denen 17 vollständig zerstört oder unbewohnbar waren. Die Verantwortlichen arbeiteten rasch und sorgfältig, auch wenn nicht immer Einigkeit herrschte. Speziell zu reden gab der Untertorturm, der in der Mitte gespalten und nicht mehr zu retten war. Sollte er originalgetreu wieder aufgebaut werden, oder genügte eine Version aus Backsteinen, war allenfalls eine Versetzung des Turmes erwünscht und liess sich das Tor nicht für den Autoverkehr verbreitern? Schliesslich siegte nach längerem Ringen die Ansicht, dass nur eine genaue Rekonstruktion in Frage kam. Das Projekt konnte glücklicherweise dem in denkmalpflegerischen Fragen versierten Architekten Wolfgang Müller übergeben werden. Noch lange Zeit herrschte in Stein am Rhein Wohnungsnot. Noch einige Jahre später zeugten Wohnbaracken im Umgelände der Stadt von den schrecklichen Ereignissen.

Nur die Füsschen ragten hervor

URSULA JUNKER

Die durchlebten Schrecksekunden sind bei Ida Frei immer noch lebendig. «Ich habe gedacht, jetzt passiert es», erzählt Ida Frei im Rückblick auf die Bombardierung. Kurz vor dem Ereignis hatte sie eben noch einen französischen Film gesehen und darin das charakteristische Sausen von Bombenabwürfen vernommen. Bei Freis sass man am Unglückstag am Mittagstisch, als plötzlich jemand «Flüüger, Flüüger» rief.
Daraufhin stürzte die gesamte Familie ins Freie auf die Zinne, um die herannahenden Flugzeuge zu beobachten. Man vernahm das erwähnte Sausen – Augenblicke danach war alles vorbei. Eine Bombe hatte im Garten hinter dem Haus, die andere im benachbarten «Wasserfels» eingeschlagen. «Ich erinnere mich nicht daran, auch die Einschläge habe ich nicht vernommen», erzählt Kurt Frei, der keine Erinnerung an die eigentlichen Abwürfe hat. In Ida Freis Gedächtnis hingegen haben sich die kurzen Momente tief eingegraben. Sie verspürte den Schlag eines Steins am Kopf. Die Zinne, auf der die Familie stand, war zusammengebrochen. Ida Frei trug schwerere Verletzungen davon und musste fünf Wochen ins Spital. Der damals gut sechsjährige Kurt lag unter den Holzbalken und stöhnte: «Mein Bauch, mein Bauch». Ida Frei weiss auch noch, dass sie sich nicht bewegen und somit ihrem Buben nicht helfen konnte. Doch habe die Hilfe von aussen sofort eingesetzt, berichtet sie. Mitarbeiter der Schuhfabrik zogen die Familienangehörigen unter den Trümmern hervor. Vom anderthalbjährigen Jüngsten ragten gar nur noch die Füsschen aus dem Schutt hervor; er wurde von einem Nachbarn – sozusagen unverletzt – geborgen. Tochter Vreni hatte einige von Glassplittern herrührende Kopfwunden und war zudem am Arm verletzt. Kurt Frei kam mit dem Schrecken davon, musste aber zusehen, wie jemand seine Mutter aus dem Schutt zog und wegtrug. Er erinnert sich auch noch des tröstenden Würfelzuckers mit Wunderbalsam, den ihm Coiffeur Hui reichte und der ihn vom Bauchweh befreite. Und auch an den Mann kann er sich noch entsinnen, der ihn auf die Schultern lud und ins Asyl trug. Scherbenübersät sei die Hauptstrasse gewesen, erzählt er, und sein Nachbar im «Lazarett» im Asyl habe einen blutüberströmten Kopf gehabt.

«Ein Pfeifen in der Luft, schon krachte es»

Zwölf Bomben fielen im Februar 1945 auf Neuhauser Gebiet nieder. Glücklicherweise landete nur eine einzige in bewohntem Gebiet. Sie alleine brachte aber schon grosses Leid über viele Familien.

ANDREAS SCHIENDORFER

«Ja, ich erinnere mich noch gut an jenen Donnerstagmittag vor fünfzig Jahren; aber die Erinnerung ist keine schöne. Ich möchte nicht darüber sprechen. Was passiert ist, ist passiert», erklärt uns der 92jährige Neuhauser Heinrich Syz, der bei guter Gesundheit im Altersheim Rabenfluh lebt, am Telefon. Damals verlor der Metallformer seine Wohnung in einem Mehrfamilienhaus an der Sägereistrasse 10. Die Familie Syz musste wie auch die Familien Egger, Schüele, Wäckerlin, Wehrli, Hauser und Rubitschung anderswo untergebracht werden. Verpflegt wurden die insgesamt 23 Personen, darunter vier Kinder, in den Restaurants Kreuzstrasse und Terminus sowie bei Frau Siegrist «auf Zuba», wie im Bericht der Kriegsfürsorge nachzulesen ist.

Das schwer beschädigte Haus gehörte dem Giessermeister Gottfried Rubitschung. Er dürfte nach dem fatalen Bombenabwurf nicht gewusst haben, ob er nun von grossem Pech oder von riesigem Glück sprechen sollte. Letzteres dürfte der Fall sein, wenn wir im Rapport von Polizist Hans Vogel nachlesen: «Die 19jährige Tochter des Hausbesitzers, Frieda Rubitschung, befand sich im Garten, um Wäsche aufzuhängen, und zwar etwa drei Meter vom Hause entfernt, als sie das Flugzeug gewahrte. Sie vernahm dann ein pfeifendes Geräusch in der Luft und wollte sich nach dem Waschhaus, das einen Ausgang nach dem Garten hat, flüchten. Doch erfolgte schon der Bombeneinschlag, nur etwa acht Meter vor ihr.

Von der emporgeschleuderten Erde überschüttet, im letzten Moment noch die Hände vor das Gesicht haltend, sank sie in die Knie, ohne jedoch das Bewusstsein zu verlieren. In dieser Stellung, bis zu den Knien eingegraben, wurde sie von Nachbarn befreit. Sie wurde sofort in ärztliche Behandlung (Dr. H. Müller) gebracht, der mit Ausnahme von Schürfungen an Körper und Gesicht, keine gefährlichen Verletzungen vorfand.»

Was war überhaupt geschehen? Lesen wir nochmals im Rapport der Ortspolizei Neuhausen nach: «Ein schöner, wolkenloser Vorfrühlingstag brach an, wobei zusehends die Sonne ihre erwärmenden Strahlen auf die Erde sandte, und männiglich wäre froh gewesen um solches Wetter. Allein in unserer Gegend kennt man die Gefahren eines solchen Tages, und die da und dort aufgefangenen Gespräche über das «Fliegerwetter» sollten bald ihre Wirkung zeigen.

Gegen 11 Uhr, als sich eine leichtere Bewölkung einstellte, vernahm man aus westlicher Richtung das bekannte Motorengebrumme, und um 11.07 Uhr erfolgte auch schon der Alarm. Staffel um Staffel zogen hoch gegen Nordosten, es wurden über 200 Flugzeuge gezählt, die ihre unheilvolle Last weitertrugen. Froher Hoffnung war man, als um 11.58 Uhr Endalarm ertönte. Aber leider dauerte es nicht lange, und um 12.20 Uhr ertönte neuerdings Alarm. Aus Nordosten und zum Teil unsere Gemeinde anfliegend, und zwar in grosser Höhe, kamen sie wieder daher.

Mit dem Feldstecher bewaffnet, konnte ich den Flug der einzeln oder zu zweit fliegenden Flugzeuge beobachten. Aber auch von blossem Auge waren sie erkentlich am Kondensstreifen, den sie hinterliessen. Zuerst gen Süden fliegend, dann aber nach rechts

Rauch über Neuhausen – zum Glück aber schlugen die Bomben bis auf eine einzige Ausnahme im Gemeindewald ein.

dem westlichen Teil Neuhausens zufliegend, in einer Höhe von circa 5000 Meter. Da plötzlich ein Pfeifen in der Luft, und schon krachte es, im Oberdorf stieg eine mächtige Fontäne von Erde und Staub hoch, es war 12.38 Uhr.»

Insgesamt warfen die Amerikaner zwölf Bomben ab; elf fielen in den Gemeindewald, nur eine einzige fiel in bewohntes Gebiet, «uf der Zelg». Die Bomben richteten 208 zu vergütende Schäden an, wobei an 168 Personen oder Institutionen Fr. 283 344.49 bezahlt werden mussten. Allein der Schaden am Wohnblock Rubitschung belief sich auf knapp 140 000 Franken. Leider fiel dem Abwurf indirekt auch eine Person zum Opfer, denn Josef Manser erlag an seinem Arbeitsplatz einem Herzschlag. Der Polizeibericht erwähnt noch weitere Opfer, die in keiner Statistik nachgeführt werden: «Die Bombardierung wirkte auf ‹erwartende› Frauen ein, indem drei ‹Verschüttungen› und eine Frühgeburt eintraten.»

Schon am 1. April 1944 zwei Tote

«Durch die verhängnisvolle Bombardierung vom letzten Samstag wurden in der Gemeinde Neuhausen drei Gebäude, nämlich die Fabrikanlage der Tonwarenfabrik Ziegler AG, das Doppelhaus von Fräulein Verena Stamm, Schaffhauserstrasse 80, und das Gebäude der Geschwister Walch, Bahntal 7, vollständig vernichtet und das Wohn- und Geschäftshaus des Herrn Christian Beyer, Schaffhauserstrasse 81, schwer geschädigt», nahm der Gemeinderat am 5. April 1944 offiziell von den traurigen Geschehnissen Kenntnis. Dank dem raschen und umsichtigen Eingreifen aller eingesetzten Rettungsformationen habe eine noch grössere Verwüstung verhindert werden können. Lobend erwähnte der Gemeinderat auch das Wirken der Kriegsfürsorge unter der Leitung von Hermann Spörli, die vorübergehende Unterkunft für die Obdachlosen fand. Am 28. Juni 1944 genehmigte der Einwohnerrat die Anschaffung von Wohnbaracken.

Die Zahlen der von der Bombardierung direkt betroffenen Bevölkerung variieren. Es dürften 47 Bombengeschädigte gewesen sein. Für 12 Familien mit 33 Personen sowie für 21 Personen aus Schaffhausen mussten Unterkünfte gefunden werden. Neben 31 Leichtverwundeten gab es auch zwei Tote zu beklagen: Plinio Borrini und Hans Fischer, Chauffeur und Wirt zum Glarnerhof, die in Schaffhausen bei der Arbeit starben.

Ein einziger Volltreffer tötete acht Menschen

Am 22. Februar fielen amerikanische Bomben auf das Zürcher Dorf Rafz. Ein Volltreffer zerstörte dabei das neue Chalet der Familie Sigrist und riss drei Erwachsene und fünf Kinder in den Tod.

WERNER BREITER

Paul Sigrist-Wismer, ein Augenzeuge, schildert den Ablauf des tragischen Geschehens: «Wir Grenzbewohner nördlich des Rheins gewöhnten uns allmählich an das dumpfe Brummen schwerer Bomber, wenn sie nachts, dem Rhein folgend, von West nach Ost flogen. Dann rissen klirrende Fensterscheiben Erwachsene und Kinder aus dem Schlaf. Ab 1943 begannen Bombergeschwader der Alliierten systematisch kriegswichtige deutsche Industriezentren zu bombardieren. Wie gespensterhafte Finger suchten die hellen Strahlen aus den Scheinwerfern der beim SIG-Holzwerk stationierten Fliegerabwehrkompanie den nächtlichen Himmel ab. Später konnte man auch bei Tag von blossem Auge die in eleganter Keilform fliegenden Bomberstaffeln verfolgen. In grosser Höhe dahinziehend, boten sie ein beeindruckendes, unheimliches Bild.»

Mit welchem Auftrag die vier am Angriff auf Rafz beteiligten amerikanischen Bomber – die Engländer flogen ihre Angriffe meist nachts – unterwegs waren, konnte nicht geklärt werden. Nachdem schon um 12.15 Uhr einzelne versprengte Maschinen das Rafzerfeld überflogen hatten und von der Fliegerabwehr beschossen worden waren, kamen um 12.30 Uhr zwei weitere Bomber im Tiefflug. Sie wurden von den beim Kraftwerk Eglisau zu dessen Schutz aufgestellten Fliegerabwehrbatterien heftig unter Feuer genommen und drehten nach zwei verschiedenen Richtungen ab. Zwei weitere Bomber folgten wenig später, von denen der erste seine Bomben über dem Dorf Rafz, der zweite ennet der Grenze ausklinkte. Chronist Salomon Hänseler, der sich in unmittelbarer Nähe der niedergehenden Bomben auf freiem Feld aufhielt, beschrieb die darauf folgenden Szenen wie folgt: «Ein ohrenbetäubendes Krachen zeigt an, dass die Bomben eingeschlagen haben. Westlich und nördlich der Kirche steigt eine unheimliche, grauschwarze Wolke auf. Erdklumpen und Steine werden in die Luft hinaufgeschleudert und fallen mit lautem Krachen zu Boden oder auf die Dächer. Das Chalet des Jakob Sigrist, Organist, steht nicht mehr. Dem Auge bietet sich ein schreckliches Bild der Zerstörung; das vor kurzem erbaute Chalet ist nur noch ein Haufen zersplitterter Balken, Bretter, Schutt, und auf den umstehenden Bäumen hängen Tuch- und Papierfetzen und, was das Grauenhafteste ist, Leichenteile der Opfer. Schon ist eine Anzahl Samariterinnen auf dem Platz, Polizist und Gemeindepräsident veranlassen das Notwendige, die Ortswehr und das von Eglisau heranrückende Militär sperren das Gebiet ab und versehen den Wachdienst. Von den acht Toten ist nur die auf den Trümmern des Häuschens liegende Leiche der Schwester der Hausmutter unversehrt, die anderen sieben sind schrecklich zerrissen und zerfetzt.»

Von den zehn krepierten Bomben sind zwei in den Baumgärten vor den Häusern des Walter Sigrist, Mesmer, und Walter Neukom, eine in Kirchenwiesen, eine inmitten des Sigrist-Chalets, fünf in dessen Nähe und eine oberhalb der Peterwiesen explodiert, wo sie drei Meter tiefe Krater aufgerissen haben. Ein Blindgänger durchschlug bei der Liegenschaft Walter Neukom das Vordach und die Jauchelochdecke, ein anderer wurde in den Kirchenwiesen festgestellt. Luftschutztruppen bargen die beiden gefährlichen Dinger. Die eine Bombe wurde in der Teufelsküche gesprengt, die andere nach Bern geschickt.

Der ergreifenden Abdankungsfeier der acht Opfer wohnten Vertreter des Bundesrates (Rudolf Nobs) und der Zürcher Regierung bei. General Guisan, der die Unglücksstätte wenige Tage später besuchte, schickte ein Beileidstelegramm.

Ein Bild aus glücklichen Tagen: Jakob und Emma Sigrist-Schweizer mit vier Kindern, das fünfte kam erst kurz vor dem Unglück zur Welt.
Die ganze Familie, die sich in einem neuerbauten Chalet befand, wurde von einer 250-kg-Sprengbombe ausgelöscht.

Die militärische Beobachtung

Auf dem Areal des SIG-Holzwerks in Rafz befand sich eine Stellung der Flab Scheinwerferkompanie 33. Die Beobachtungen der Stellungsmannschaft vom 22. Februar 1945 sind in einem Bericht ihres Kommandanten zusammengefasst:

«Nach Aussagen der Stellungsmannschaft scheint sicher zu sein, dass im ganzen vier Flugzeuge über der Gegend von Rafz waren. Diese Flugzeuge flogen ungefähr in der gleichen Richtung und in nicht allzu grossen Abständen. Die ersten zwei verliessen unser Hoheitsgebiet nach dem Beschuss unserer Batterie, das eine in westlicher, das andere in nördlicher Richtung. Das dritte Flugzeug muss dasjenige gewesen sein, das die Bomben über Rafz auslöste, während das vierte seine Last erst nach der Grenze abgeworfen hat. Der Fehlschluss, dass das Flugzeug beschossen worden ist, das die Bomben auslöste, ist sehr wahrscheinlich darauf zurückzuführen, dass sich im Moment, wo sich das Flugzeug, das die Bomben abgeworfen hat, Rafz näherte, immer noch Sprengwölklein vom Beschuss früherer Flugzeuge im Luftraum befanden.»

Minenunglück von Hemishofen

FELIX SCHWANK

Am 17. Juni 1944 explodierten auf der linken Rheinseite, in unmittelbarer Nähe der Eisenbahnbrücke Hemishofen, auf Brettern montierte Minen und töteten zehn Soldaten. Die Gegend, in der das Unglück passierte, hiess in der damaligen Soldatensprache «der Dschungel». Das ist Hinweis auf das «wilde» Gelände, durch das, im Alarmfall, die Minenbretter zum Einsatzort – am nördlichen Brückenkopf – getragen werden mussten. Ein nicht ungefährliches Unternehmen. Es konnte Nacht sein, es konnte glitschig sein. Das Bahnbord war steil, dazu kam die Aufregung bei Alarmsituationen. Und was sollte das Ganze? Die Hemishofer Eisenbahnbrücke war zur Sprengung vorbereitet. Bei überfallartigem Erscheinen eines Feindes (Handstreich) wäre es sehr auf den Bereitschaftsgrad der zu sprengenden Brücke angekommen. Würde es gelingen, die Brücke vor dem Eintreffen des Gegners in die Luft zu jagen? Ein hoher Bereitschaftsgrad schafft Risiken für den zivilen Gebrauch des Flussüberganges. Züge fuhren über die Brücke. Zwischen Ellikon und Flaach war eine mit geladenen Sprengkammern von einem Blitz gezündet und zerstört worden. Auf einer bis aufs äusserste vorbereiteten Hemishofer Brücke hätte das Ramsener Dampfzügli nichts mehr zu suchen gehabt.

War der Bereitschaftsgrad der zu sprengenden Brücke herabgesetzt – und dies war die Regel –, wuchs die Gefahr, dass der Hemishofer Übergang im Handstreich genommen würde. Die deutsche Grenze war nahe. Was hätten wir, vom Dschungel aus, einer motorisierten feindlichen Gruppe entgegenzusetzen gehabt? Der Abschnitt Stein am Rhein–Rüdlingen wurde im Sommer 1944 von einem einzigen Bataillon überwacht. Diese Einheiten verfügten als panzerbrechende Waffen über die Infanteriekanone mit dem Kaliber 4,6 Zentimer und die Tankbüchse mit noch kleinerem Kaliber, aber höherer Geschossgeschwindigkeit. Kaliber meint das Mass am Geschossboden. Knapp Streichholzmass bei unsern panzerbrechenden Waffen! Dass ich meinen Tankbüchsenschützen bei der Instruktion den von oben erteilten Rat weitergab, auf die Sehschlitze beim Panzer zu halten, sagt alles. Mit Artillerie auf Panzer zu schiessen war reiner Notbehelf. Und Artillerie gab es in unserer Gegend keine. Ausser an einem Ort: im Artilleriewerk «Ebersberg», über der Ziegelhütte bei Flaach, wo ich, im Juni 1944, meinen Dienst als sogenannter Aussenverteidiger des Artilleriewerkes leistete. Ich hatte zu verhindern, dass gegnerische Stosstrupps mit Flammenwerfern und Sprengmitteln an Tore und Schiessscharten der Bunker herankamen. Das Gros der gut 30 Mann lag eingegraben in der sogenannten «Sandgasse». Das ist dort, wo die Strasse, von Berg herkommend, sich gen Teufen schlängelnd, im Wald verschwindet.

Und in dieser Gegend nahm ich am späten Vormittag des 17. Juni 1944 ein dumpfes Grollen wahr. Wieder irgendwo Bomben? Es waren die Minen von Hemishofen. Mindestens 20 an der Zahl. Auf Brettern montiert für den Einsatz am nördlichen Brückenkopf, als einzig taugliche Waffe gegen Panzer, vorbereitet. Es scheint, dass zwei Soldaten an den Minenbrettern «Parkdienst» machten. Samstag morgen. «Parkdienst» meint Waffenputztag. Und das Unglück wollte es, dass ein Zugführer mit seinen Leuten, im Moment der Explosion, an der kritischen Dschungel-Baracke vorbeizog. Er kam, verletzt zwar, mit dem Leben davon. Hinter ihm starben, neben den zwei «Parkdienst»-Soldaten, acht seiner Leute. Ich schliesse noch heute die Augen, wenn jenes Bild auf mich zukommen will. Ich bekam es noch einmal aufgerollt, als ich, als Ge-

richtsberichterstatter der «Schaffhauser Nachrichten», Mitte Februar 1946 den Prozess vor dem Divisionsgericht 6 begleitete.
Es gibt Bilder, die bleiben. Unglückstag, Rückkehr ins Dorf. Gräslikon! Keine Beiz. Wir richteten im Schulhaus eine ein. Der Gefreite Wehrli tauschte den Uniformrock gegen ein weisses Tschöpli. Hatte ich den neuen Jass, den «Zwick», ins Dorf gebracht? Der Jass, bei dem die Herz- oder die Schellen-7 der zweithöchste Trumpf war. Der «Belly»! Item, ich wollte zum Apéro. Das Dorf döste in der mittäglichen Sonne. Da kurvte «Pantsch» um die Hausecke. Sein «moin Chef» entlockte der Offiziersordonnanz wenig militärisches Gehabe. «Schon gehört? Tote im ‹Dschungel›. Minenunglück bei Hemishofen. Ein Zug ist in die Explosion hineingelaufen. Man weiss noch nicht, wie viele tot sind!»
Mitte Februar 1946, «Minenunglück Hemishofen»: Der Prozess vor dem Divisionsgericht 6. Ich habe mir die Zeitungen meiner Gerichtsberichterstattung verschafft. Erster Prozesstag, Augenschein im «Dschungel». Die Experten kommen zu Wort. Man weiss den genauen Hergang des Unglücks nicht. Es scheint, dass zwei Soldaten am Unglücksmorgen mit dem «Parkdienst» an den Minenbrettern beauftragt waren. Was «Parkdienst» da auch immer heissen mag, die Bretter hatten unter der Baracke gelegen. Der Wachtkommandant, der die gefährlichen Dinger, eine gute Stunde vor dem Unglück, dem Nachfolger übergeben hatte, wies diesen auf die Gefährlichkeit der Bretter hin. Er habe sie auf alle Fälle nie mehr aufs Bahntrassee hinauftragen lassen. Dieser Korporal ist im Prozess nie verhört worden.
Er war, eine gute Stunde nach dem Gespräch mit seinem Nachfolger, am Retablieren (putzen) in Stein am Rhein, als er einen furchtbaren «Klapf», ein gewaltiges Donnern, vernahm. Die Minen! Ihm war das grausige Gewissheit!
Und wir schauten beim Augenschein hinauf in die Bäume. Die Lücken in den Baumkronen waren unübersehbar, und das Gericht hatte zur Kenntnis zu nehmen, was sonst im Geäst der Bäume noch zu sehen gewesen war. Und das ist der Grund, warum ich noch heute die Augen schliesse, wenn ich an den Explosionsort denke.
Die Minenbretter müssen, beim «Parkdienst», aufeinandergelegt worden sein. Unten ein Brett mit 10 darauf befestigten Minen. Darüber das andere. Auch mit 10 Minen. Bei den Minen des unteren Brettes muss bei mindestens einer Mine der «Vorstecker», die letzte Sicherung, gefehlt haben. Wenn nun beim Anheben des oberen Brettes einer der Soldalten, bevor der andere anhob, auf seiner Seite lupfte, dann sprang die Mine 1, 2 oder 3. Oder vom anderen Soldaten aus gesehen die Mine 8, 9 oder 10. Immer vorausgesetzt, dass eine der so numerierten Minen ohne Vorstecker war, und zwar auf jener Seite, wo durch das Anheben des Brettes «Überdruck» entstand. Technisch gesprochen war das bei der Mine der Funktionsdruck.
Wie haben Sie sich so eine Mine vorzustellen? Gehen Sie von einer kleinen, runden Metallbettflasche aus. Bettflasche = Mine, Schraubenverschluss bei der Bettflasche = Druckteller bei der Mine. War der Druckteller bei der Mine abgeschraubt, war das Ganze ziemlich harmlos. Mit aufgeschraubtem Druckteller war Vorsicht geboten. Denn wie sich im Prozess zeigte, war dem Vorstecker, der letzten Sicherung, nicht zu trauen. Immer wieder wurde vor Gericht erklärt, die Vorstecker seien häufig herausgefallen. Um das zu vermeiden, schrieben Reglemente – zur Sicherung der Minen – das Festschnüren der Vorstecker vor.
Vorstecker? Machen Sie mit drei Fingern eine Faust. Strecken Sie jetzt Zeigefinger und Mittelfinger. Statt Finger hatte der Vorstecker zwei Metallstifte. Diese lagen so unter dem Druckteller, dass der senkrechte Zündstift (wie Bleistift) die Zündkapsel (das gefährliche «Herz» der Mine) nicht erreichen konnte. Der Experte meinte vor

Gericht, zum Durchscheren der Sicherungsstifte am Vorstecker hätte es Schläge mit einem Vorschlaghammer gebraucht. Natürlich war das Theorie. Auch die Verwegensten von uns hätten das nicht ausprobiert. War aber der Vorstecker unter dem Teller der Mine herausgerutscht, dann mochte es zwar das Schnaufen noch leiden, aber bei etlichen Kilogramm Druck passierte es. Und im «Dschungel» muss genau das passiert sein.

Zum Verständnis des Gerichtsurteils noch dies: Die Minenbretter, in einer flachen Kiste so plaziert, dass beim Herausreissen der Bretter aus der Kiste gleichzeitig alle Vorstecker herausgerissen wurden, die Minen also «scharf» wurden. Diese Minenbretter schienen das einzig verfügbare Mittel zu sein, Panzer auf dem Bahndamm zu zerstören.

Das Divisionsgericht 6 hat alle Angeklagten freigesprochen. Es bemerkte zum taktischen Einsatz der Minen: «Die Minen-Konstruktion blieb nur so lange sinnvoll, als die durchgeschnittenen Vorsteckerschnüre den sofortigen Einsatz garantierten. Dieser rasche Einsatz war notwendig und von oben verlangt. Demgemäss wurde auch die Reglementswidrigkeit gebilligt.» Das Gericht hat also den Grundsatz, dass der Befehl dem Reglement vorgehe, gutgeheissen. Prof. Hugo Meyer, Mathematiklehrer an unserer Kantonsschule, der als Berichterstatter für die Basler «Nationalzeitung» neben mir sass, hat seinen Lesern, Tage vor der Urteilseröffnung, mitgeteilt, die Angeklagten gingen einer sicheren Verurteilung entgegen. Wir gerieten deswegen aneinander. Ich nannte das «Revolverjournalismus». Hugo Meyer war in Schaffhausen vielleicht der erste Journalist, der Meldungen etwas «aufmachte». Er sagte mir offen, die Wahrheit einer Meldung sei das eine, die wahrscheinliche Reaktion des Lesers, das sei das andere. Eine Meldung müsse ankommen! Das mag ihm in Schaffhausen den Zunamen «Havas» eingetragen haben. Was die französische Agentur «Havas» meldete, erwies sich oft als wenig zuverlässig. Wenn zu unserer Zeit von einem «Havas» die Rede war, so bewegte sich eine solche Nachricht in den Vorhöfen der Falschmeldung.

«Havas» mag dem Ankläger «aufgehockt» sein. Professor Hug, damals Rechtslehrer an der Hochschule St. Gallen (später an der ETH), trug den Rock des Auditors. Als Ankläger hackte er auf Merkblättern und Reglementen herum. Seine ganze Gestalt vermittelte den Eindruck von Unerbittlichkeit. Wer genau hinhörte, vernahm auch bei ihm die Untertöne der Menschlichkeit. Der Strammheit des Soldaten schlug der hohe Justizoffizier ein Schnippchen durch seine Nackenhaare, die auf dem Uniformkragen aufstanden!

Möglich, dass den beiden strammen Generalstäblern auf der Bank der Verteidiger schon dies sauer aufstiess. Oberst Wehrli und Major Züblin, zwei bekannte Zürcher Anwälte, schonten den Ankläger nicht. Zuweilen war dicke Luft im Schaffhauser Grossratssaal, der als Gerichtssaal diente. Justiz-Oberst Farner, der die Verhandlungen überlegen leitete, hätte das viele Gold am Oberstenhut nicht gebraucht, um sich Respekt zu verschaffen. Ich weiss noch, dass ich das breitgebänderte Ungetüm, auf diesem schönen Kopf, ein bisschen als Fremdkörper empfand. Meinem Bild des Obersten Farner entsprach das, was in seinem Schlusswort zu vernehmen war: «Wir wollen nach schweren, verantwortungsvollen Tagen diese Stätte nicht verlassen, ohne noch einen Augenblick an dem tragischen Geschick teilzunehmen, das das Leben von zehn pflichtbewussten Soldaten und Staatsbürgern so jählings ausgelöscht hat. Ehre sei unseren toten Kameraden, die in treuer Pflichterfüllung für unser Vaterland gestorben sind. Unser tiefstes Mitgefühl gilt dem schweren Los der Hinterlassenen.»

Am Soldatendenkmal liess das Divisionsgericht einen Kranz niederlegen.

Kriegsende

Die letzten Kriegstage verliefen in der Region Schaffhausen besonders dramatisch. Es bestand die Gefahr, dass die sich zurückziehenden deutschen Truppen Schaffhauser Territorium verletzen würden. Zum Grenzschutz wurden damals aber nicht die Schaffhauser selbst, sondern Appenzeller Truppen aufgeboten. Dafür sorgte sich die Bevölkerung um die zu Tausenden über die Grenze strömenden Flüchtlinge. Nach Kriegsende wurden in verschiedenen Schaffhauser Gemeinden Friedenslinden gesetzt. Durch die Pflege erholungsbedürftiger Dachau-Häftlinge schufen die Schaffhauser die Grundlage einer dauerhaften Freundschaft mit Bergen in Norwegen.

Die Appenzeller verteidigten die Schaffhauser Grenze

Am 23. April 1945 erreichte die 1. französische Armee unter General Jean de Lattre de Tassigny im Wutachtal die Schweizer Grenze. Diese durfte damals nicht von den Schaffhausern selbst verteidigt werden. Hierfür waren Appenzeller Einheiten aufgeboten worden.

ANDREAS SCHIENDORFER

Die Amerikaner hatten am 7. März 1945 den Rhein bei Remagen überschritten, am 30. März folgte ihnen die 1. französische Armee unter General Jean de Lattre de Tassigny in der Gegend zwischen Speyer und Germersheim. Sie sollte – mit Wissen von General Guisan – den süddeutschen Raum besetzen und in das deutsche Reduit am Bodensee vorstossen.
Die Schweizer Armee hatte unterdessen ihr Alpenreduit wieder verlassen. Der Kanton Schaffhausen wurde nun wieder verteidigt, allerdings nicht von der 6. Division, in der die Schaffhauser Dienst leisteten, sondern von der 7. Division. Zur Sicherung der Nordgrenze bei Schaffhausen wurde deshalb das Appenzeller Infanterieregiment 34 unter der Leitung von Oberst Speich, Basel, aufgeboten, bestehend aus den Füsilierbataillonen 83, 84 und 79. «Wir Schaffhauser Wehrmänner, die wir während langer Diensttage unsere Pflicht taten und vom Laubberg bei Eglisau bis hinauf zur Steiner Rheinbrücke fast jedes Schützenloch kannten, wir haben es nie verstanden, dass wir ausgerechnet in jener bewegten Sturmzeit zu Hause gelassen wurden», kommentierte Kurt Bächtold 1965 in der Broschüre «Als Kriegsstürme um den Kanton Schaffhausen tobten».

Vormarsch der Franzosen

Bereits am 4. April wurde Karlsruhe erobert, am 17. April fiel Freudenstadt. Von dort aus stiessen französische Truppen in Richtung Schweiz vor, wodurch die am Rhein und in den südlichen Ausläufern des Schwarzwaldes befindlichen Teile von vier Divisionen der 19. deutschen Armee, rund 12 000 Mann, isoliert wurden. Ein anderer Teil der französischen Armee stiess von Offenburg aus nach Basel und gegen Schaffhausen vor.
Vom 15. April an wünschten immer mehr Flüchtlinge an der Schaffhauser Grenze Einlass. Man wurde aber noch auf ganz andere Weise mit dem Krieg konfrontiert. In der Stadt Schaffhausen wurde beispielsweise gefordert, dass die Gottesdienste im Münster bei Fliegeralarm nicht mehr abgebrochen, sondern nur unterbrochen würden, damit man die Möglichkeit bekam, die Kirche zu verlassen.

Schrecken in Merishausen

Am 20. April stürzte gar ein französisches Flugzeug bei Merishausen zwischen dem Hagen und dem Randenhorn ab. «Das Bangen, mit dem man die Sekunden oder Minuten der Gefahr aus der Luft durchsteht, hat gestern morgen auch die Merishauser heimgesucht, als vor sieben Uhr mehrere französische Jäger längere Zeit über dem Grenzgebiet kreisten», ist in den «Schaffhauser Nachrichten» nachzulesen. «Es handelte sich offenbar nur um Erkundungsflüge. Eines dieser Flugzeuge muss an Höhe verloren haben, es streifte den Wipfel einer Tanne, überschlug sich und wurde beim Aufprall auf dem Boden zerrissen. (...) Bewohner von Merishausen, die auf dem Randen arbeiteten, leisteten dem Piloten, der einen Beinbruch erlitt, die Erste Hilfe. Etwa um neun Uhr kehrten einige Flugzeuge zurück und zogen über dem Absturzgebiet ihre Schleifen. Der Pilot bedeutete den Kameraden

Französische Panzer erreichen am 27. April die Grenze bei Ramsen.

mit Winken, dass er noch am Leben sei, worauf die Flugzeuge abdrehten.» Am 21. April wurden Singen und Radolfzell bombardiert und, neben Stuttgart, auch kampflos Stockach eingenommen.

Am Baum aufgehängt

Am 22. April hatte eine behördliche Delegation den General der Infanterie, Hans Schmidt, Oberbefehlshaber der 24. Armee, gebeten, Singen nicht zu verteidigen, vergeblich, weil Schmidt von den SS-Fanatikern Weiss und Wadel kontrolliert wurde. Trotzdem trafen sich in der folgenden Nacht im «Spiesshof» in Ramsen drei Schweizer Offiziere unter Leitung von Hermann Strauss, Bern, mit dem Singener Bürgermeister-Stellvertreter Karl Bäder und Feuerwehrkommandant Gustav Kellhofer, die ihnen versicherten, dass nur die SS, nicht aber die Bevölkerung kämpfen wolle, worüber die Schweizer die französischen Truppen ins Bild setzten. Singen entvölkerte sich mehr und mehr, und als die französischen Panzer am Dienstag, 24. April, um acht Uhr in die Stadt einfuhren, entdeckten sie fast keine deutschen Soldaten mehr. Karl Bäder aber hing an einem Baum, mit einen Zettel versehen: «So geht es Verrätern!»

Ebenfalls am 24. April wurde Gailingen den Franzosen übergeben, am 25. April wurden Radolfzell und am 26. April Konstanz eingenommen. Gleichentags besuchte General Guisan die Appenzeller Truppen bei Ramsen-Moskau und sprach dem dortigen Kommandanten Max Keller die volle Anerkennung aus. Noch war der Krieg allerdings nicht vorbei: Zwei Tage später kam es beim «Spiesshof» zu einem heftigen Gefecht, worauf die Schweizer 36 hart bedrängten Wehrmachtsangehörigen bei Buch den Übertritt in die Schweiz gewährten.

Noch komplizierter waren die Verhältnisse im Wutachtal und am Randen. Am 24. April hatten die Franzosen Achdorf erreicht und von dort aus die talaus gelegenen Ortschaften beschossen. In Stühlingen scheint sich ein Drama abgespielt zu haben. Nicht weniger als viermal wurde, wie man von Schleitheim aus beobachtete, auf Schloss Hohenlupfen die weisse Fahne auf- und kurz darauf wieder eingezogen! Am Mittwochabend erreichten die Truppen von General Béthouart das bei Wunderklingen gelegene Obereggingen. Tags darauf fielen Eberfingen und Stühlingen den Franzosen kampflos in die Hände; die Bevölkerung hatte sich rechtzeitig auf Schweizer Gebiet in Sicherheit gebracht.

Am Abend gingen Randen und Füetzen in Flammen auf. Flüchtlinge berichteten, dass die Dörfer gegen den Willen der Bevölkerung verteidigt worden waren. Verirrte Geschosse schlugen auch in Beggingen und Merishausen ein. Vor allem aber pflegte der Sanitätszug des Bataillons 83 jene Verwundeten, die sich beim Schwarzen Stein über die Grenze retten konnten.

Am Donnerstag, 26. April, gelang es den Deutschen, Randen vorübergehend zurückzuerobern und einen Teil der französischen Truppen bei Neuhaus zu isolieren. «Nun wird die Lage für den Posten bei Neuhaus brenzlig, weil die französischen Truppen sich zur Verteidigung einrichten», ist im Tagebuch der Füsilier-Kompagnie I/83 nachzulesen. «Greifen die Deutschen von Norden her an, geraten wir in deutsches Feuer. Besonders katastrophal wäre ein Volltreffer in die französischen Autokolonnen. Greifen die Franzosen in der Gegend Randen die Deutschen auf der Höhe an, geraten wir in französisches Feuer.» Und zu alledem regnete es in Strömen. Zum Glück gelang es den Franzosen, Randen ohne grösseres Blutvergiessen wieder einzunehmen.

Taschen im «Schlauch»

Noch waren aber die Kämpfe nicht beendet. Die Gegenwehr der Deutschen löste sich zwar mehr und mehr in Einzelaktionen auf; aber da und dort bildeten sich deutsche Widerstandsnester, sogenannte Taschen. Vor allem im noch unbesetzten Wiechs und im untersten Teil des «Schlauchs» sammelten sich Gruppen verschiedenster Herkunft; das Oberkommando wurde vom ranghöchsten Offizier, Oberstleutnant Gerber, Generalstabschef des 18. Armeekorps, übernommen. Die SS und Parteifunktionäre erteilten den rund 1500 Mann den Befehl, sich nach Osten durchzuschlagen, das heisst über Schweizer Gebiet. Die Deutschen stellten das Gesuch, durchmarschieren zu dürfen, was abgelehnt wurde. «Nun haben die Haudegen die Frechheit, ein Ultimatum zu stellen, das wie folgt lautet: ‹Wird Durchmarsch nicht erlaubt, so wird er durch Waffengewalt erzwungen. Sie haben eine Bedenkzeit bis zum nächsten Morgen 05.00 Uhr!›», notierten die Appenzeller in ihr Kompagnie-Tagebuch.

Sofort, es war fünf Uhr nachmittags, wurden alle verfügbaren Truppen, ausser jene, die die Grenze bewachten, in den Raum Lohn-Bibern-Altdorf-Opfertshofen geführt. Die Artillerie bezog Stellung mit Schussrichtung Wiechs. In Gewaltmärschen wurden weitere Truppen der Ostschweizer Division herangezogen. «Noch eine Stunde, dann soll der Hexensabbat losgehen», lesen wir wiederum im Kompagnie-Tagebuch nach. «Schon beginnt es zu dämmern. Die Vögel zwitschern friedlich in den Zweigen, ein lauer Frühlingswind streicht durch die nahen Wälder. Nichts deutet auf etwas Besonderes hin, als dass aus jedem Scheunentor, hinter jeder Ecke ein Lmg-Lauf oder die Mündung eines Karabiners hervorguckt. Die Schweizer Soldaten in erwartungsvoller Spannung auf ihrem Posten!» Nichts geschah. Ungefähr um 06.30 Uhr begann das Glöcklein von Wiechs zu läuten, an der Fahnenstange auf dem Rathausdach ging ein weisses Leintuch hoch – die deutschen Truppen kapitulierten ohne Waffengewalt und Feuergefecht.

Hans Nänny als Unterhändler

Während des Schweizer Truppenaufmarsches verhandelte Hauptmann Hans Nänny, nachmaliger Appenzeller Ständerat, in Tengen mit den Franzosen. Zuvor aber hatte er sich mit Oberstleutnant Gerber getroffen, der sich der hoffnungslosen Lage völlig bewusst war. Schliesslich hatte er dem Schweizer ein Dokument mitgegeben, welches viel Blutvergiessen verhinderte: «Ich, Oberstlt. i. Gst. Gerber, Stabschef des 18. deutschen A. K., ersuche Hptm. Nänny der schweizerischen Armee, sich mit den zuständigen französischen Kommandanten in Verbindung zu setzen, um eine Übergabe meiner Offiziere und meiner Truppe in

Flüchtlinge aus Russland.

eine soldatisch anständige französische Kriegsgefangenschaft zu ermöglichen. 28.4.45.»

Um 16.30 Uhr gingen die deutschen Truppen in die Gefangenschaft. Dabei erklärte ein französischer Offizier, Nänny sei eine Viertelstunde vor dem Befehl zur Bombardierung von Wiechs erschienen.

Das Schlimmste war vorüber. Allerdings wurde am 29. April eine zehnköpfige Schweizer Patrouille, die von den Franzosen für deutsche Soldaten gehalten wurden, beschossen. Dazu der Bericht an die Generaladjutantur, der jeweils die Grenzverletzungen zu melden waren: «Am 29. April, zirka 13 Uhr, wurde das Gehöft Sottenegg 400 Meter nördlich Lindenhof bei Altdorf, Kanton Schaffhausen, durch französische 7,5-cm-Tankkanonen beschossen. Dabei wurden Hptm. Kellenberger, Kdt. II/83, Füs. Frischknecht Werner II/83, und Füs. Kilchmann Heinrich II/83 durch Splitter verletzt. Hptm. Kellenberger am Unterkiefer, Füs. Frischknecht am Oberschenkel, Füs. Kilchmann am Hals. Die Verletzten mussten ins Spital Schaffhausen verbracht werden.»

Oberst Hertlein auf Verenahof

Bekannt sein dürfte in Schaffhausen der Fall Oberst von Hertlein. Dieser hatte sich gegenüber schweizerischen Offizieren als Kommandant der deutschen Truppen im Schlauch ausgegeben, sich gegen eine Kapitulation gewandt, dann aber nachgegeben, als er erfuhr, dass Oberstleutnant Gerber die Verhandlungen bereits sehr weit vorangetrieben hatte. Er erklärte sich hierauf als nicht zu diesen Truppen gehörig und weigerte sich, in französische Kriegsgefangenschaft zu gehen. Um Schwierigkeiten zu vermeiden, erlaubte man ihm, sich bis zum 29. April auf Schweizer Gebiet aufzuhalten. Darauf verwischten sich seine Spuren, bis er in der Morgenfrühe des 30. April zusammen mit drei deutschen Offizieren in der von Schweizern bewohnten deutschen Enklave Verenahof bei Büttenhardt erschien. Hier wollten die vier berüchtigten SS-Führer das Kriegsende abwarten.

Der damalige Büttenhardter Oberlehrer Bernhard Kummer berichtete später über den folgenden Verlauf: «Am Nachmittag des 3. Mai erschienen schweizerische Offiziere auf dem Verenahof, und die Verhandlungen begannen. Sie gaben die beiden Möglichkeiten, die ihnen offenstanden, bekannt: ‹Wollen Sie sich zu Ihren eigenen Truppen durchkämpfen, oder ziehen Sie es vor, sich in französische Gefangenschaft zu begeben?› Die vier Offiziere konnten sich zuerst nicht einigen und erhielten zwei Stunden Bedenkzeit. Ihr Entscheid fiel danach auf letzteres. Kurz darauf führte man sie nach Thayngen hinunter, wo sie an der Grenze bei Bietingen den avisierten Franzosen übergeben wurden.»

Schaffhausen wurde zur Flüchtlingsstadt

«Der Endkampf um Deutschland» titelten die «Schaffhauser Nachrichten» den Hauptartikel ihrer Ausgabe vom 20. April 1945. Der damit verbundene Vormarsch der Franzosen entlang dem Rhein führte zu einer sprunghaften Zunahme an Flüchtlingen. Der Bundesrat beschloss daher, die Grenze bis auf fünf Eingangstore, darunter Schleitheim und Ramsen, dichtzumachen. Bei uns kamen in diesen Tagen rund 10 000 Personen über die Grenze.

ANDREAS SCHIENDORFER

Die offizielle Flüchtlingspolitik der Schweiz während des Zweiten Weltkrieges ist bekanntlich kein Ruhmesblatt. Wurden auch rund 300 000 Flüchtlinge aufgenommen, so wurden doch viel zu viele Personen an der Grenze zurückgewiesen. Bei allem Verständnis für die schwierige Situation des Landes kann man im nachhinein nur mit Bedauern den Kopf schütteln, wenn man sich vergegenwärtigt, dass Bundesrat Eduard von Steiger Ende August 1942 – damals lebten rund 8000 Flüchtlinge in der Schweiz – unsere Land mit einem «schon stark besetzten Rettungsboot mit beschränktem Fassungsvermögen und ebenso beschränkten Vorräten» verglich und damit die harte Flüchtlingspolitik rechtfertigte.

Die Haltung der Schaffhauser Behörden (Polizeidirektor war der Sozialdemokrat Theodor Scherrer) wird vom Historiker Franco Battel in seiner Lizentiatsarbeit «Flüchtlinge in Schaffhausen 1933 – 1945» ebenfalls ziemlich kritisch beurteilt. Zwar räumt Battel ein, dass man sich punktuell nicht an die harten Weisungen des Bundes gehalten habe, eine Gesamtbeurteilung «humaner als Bern» ist nach seiner Meinung aber trotzdem nicht gerechtfertigt, zumal der kantonale Fremdenpolizeichef Robert Wäckerlin eine ausgesprochen flüchtlingsfeindliche Haltung vertreten habe. Immerhin wurden in Schaffhausen ab April 1943 die (wenigen) Juden nicht mehr zurückgewiesen, obwohl der Bund dies noch bis Juli 1944 vorschrieb. Zudem verhalf das Engagement von Persönlichkeiten wie Albert Gidion, Stadtpräsident Walther Bringolf sowie einzelner Angehöriger des Landjägerkorps verschiedentlich humaneren Lösungen zum Durchbruch.

Die Bevölkerung hingegen verhielt sich gegenüber den Flüchtlingen, wenn sie einmal da waren, hilfsbereit und grosszügig. So zollte die nationale Presse den Schaffhausern im April 1945 uneingeschränktes Lob, da diese trotz der schlechter gewordenen Versorgungslage und trotz aller Warnungen vor ansteckenden Krankheiten das letzte Stück Brot mit den bedauernswerten Flüchtlingen teilen würden. Wesentlich härter ging man mit dem Territorialkommando 6 unter Stabschef Oberstleutnant Gubler ins Gericht, das im Abschnitt zwischen Kaiserstuhl und Stein am Rhein für die Aufnahme und Weiterleitung der Flüchtlinge zuständig war. Hatten die «Schaffhauser Nachrichten» Mitte April geschrieben, man sei über die herrschenden Zustände beunruhigt und frage sich, wieso eigentlich die Auffangorganisation nicht besser klappe, so berichteten die welschen Zeitungen in der Folge von einer «désorganisation complète à Schaffhouse».

Konzept nicht umgesetzt

Tatsächlich hatten die militärischen Verantwortlichen den richtigen Moment zur Umsetzung ihres Konzeptes in die Praxis verpasst, weil die Franzosen unter

Senegalesische Flüchtlinge vor dem Emmersbergschulhaus.

General Lattre de Tassigny den Rhein entlang viel schneller vorrückten, als sie angenommen hatten. Kamen laut den Angaben des Territorialkommandos vom 8. bis 18. April 1945 nur gerade 476 Flüchtlinge in den Kanton Schaffhausen, also durchschnittlich 44 pro Tag, so schnellten die Zahlen nachher sprungartig in die Höhe, zumal die Deutschen nun begannen, Kriegsgefangene, die sie nicht mehr «beschäftigen» konnten und nicht mehr ernähren wollten, zu Hunderten an die Grenze zu stellen.

Trotzdem ist es natürlich schwer verständlich, wieso man es versäumt hatte, nebst den Sammelstellen des Grenzwachtkorps die seit einem Jahr geplanten grösseren Sammellager in Hemishofen, Diessenhofen, Thayngen, Schaffhausen, Neunkirch, Rafz, Hüntwangen und Weiach rechtzeitig einzurichten, von denen aus dann die zivilen Flüchtlinge nach einer sanitarischen Untersuchung in die Auffang-Quarantänelager in Winterthur und Bülach und die militärischen Flüchtlinge nach Pfäffikon hätten weitergeleitet werden sollen. So musste denn in den Tagen der Bewährung weit mehr als eigentlich nötig improvisiert werden.

Ein vielfältiges Völkergemisch

Der Situation gehorchend, wurde auch in Schleitheim ein grösseres Auffanglager eingerichtet, obwohl dort zunächst offensichtlich gar keines vorgesehen war. Ein später von der Stadt Furtwangen gestifteter Gedenkstein liefert uns eine Übersicht über die Flüchtlinge, die hier vom 21. bis 25. April vorübergehend betreut wurden. Die insgesamt 5121 Personen kamen aus folgenden Staaten: Russland (1677), Polen (671), Frankreich und Elsass (487), Italien (317), Annam (235), Jugoslawien (178), Tschechoslowakei (164), Litauen (117), Holland (106), Nordafrika (71), Belgien (93), Griechenland (33), Montenegro (9), Spanien, Lettland, Palästina und Rumänien (je 3), England sowie Staatenlose (je 2), Luxemburg, Norwegen, Kanada, Syrien und Ungarn (je 1). Hinzu kamen 58 Schweizer und ehemalige Schweizerinnen sowie 764 Deutsche und 120 Schutzaufenthaltsuchende aus der badischen Nachbarschaft.

Die vom Bundesrat am 20. April verhängte Sperrung der Nord- und der Ostgrenze bis auf fünf Einfalltore, darunter Schleitheim-Oberwiesen, Ramsen und Kreuzlingen, führte also glücklicherweise nicht zu einem Nachlassen des Flüchtlingsstroms, sondern lediglich zu einer besseren Erfassung und Kontrolle der Schutz Suchenden, was insofern nötig war, als zunehmend auch deutsche Deserteure und fanatische Schweizer Nationalsozialisten wie etwa René Fonjallaz und der Genfer Georges Oltramare Einlass begehrten.

Schnelle Reaktionen

In der Stadt Schaffhausen, wo am 17. April ein Lager im «Casino» und ein zweites auf den Sportplätzen beim «Schützenhaus» eingerichtet worden war, wurden zum Zwecke der vorübergehenden Unterbringung der Flüchtlinge die Emmersbergturnhalle, die Reithalle von Julius Bührer auf dem Geissberg, der Saal im «Schützenhaus», sechs Zelte und Baracken auf der Breite sowie einige weitere Lokale benützt. Auch das kanto-

Indochinesische Flüchtlinge waren damals in der Region Schaffhausen kein ungewohntes Bild.

nale Gefängnis und die Jugendherberge im alten Gymnasium wurden in diesem Sinne zweckentfremdet. Frauen und Kinder wurden im Waisenhaus untergebracht. In Neuhausen am Rheinfall fanden rund 1000 Personen in der «Rhenania», dem ehemaligen Hotel «Schweizerhof», vorübergehend Unterkunft. Die Kleider wurden in den Glühöfen von Georg Fischer im Mühlental desinfiziert, die bedauernswerten Menschen hingegen in der «Breitenau».

Wie der Flüchtlingsstrom Mitte April angeschwollen war, so verebbte er Ende April schlagartig wieder, als die Franzosen die süddeutsche Nachbarschaft besetzt hatten. Die Schaffhauser stellten danach ihre Hilfsbereitschaft bei den mehrmonatigen Erholungsaufenthalten von Tausenden von Kindern, aber auch von norwegischen Deportierten aus dem Konzentrationslager Dachau unter Beweis.

15 000 Flüchtlinge

Die Schweiz nahm im Zweiten Weltkrieg rund 300 000 Flüchtlinge auf, darunter aber nur 30 000 Juden. Zudem wurden die meisten Flüchtlinge erst gegen Kriegsende ins Land gelassen. Bei Kriegsbeginn befanden sich etwa 8000 Flüchtlinge, darunter 5000 Juden, in der Schweiz, und noch im Sommer 1942 betrug die Zahl der zivilen Flüchtlinge nur etwa 8300.

Im Kanton Schaffhausen passierten etwa 15 000 Flüchtlinge die Grenze. Vom 14. Oktober 1939 bis zum 5. Oktober 1944, also in fünf Jahren, waren es laut einer Zusammenstellung der Kantonspolizei 4258 Personen aus 18 Nationen, darunter vor allem Franzosen (2603), Polen (580), Russen (395), Jugoslawen (226) und Deutsche (201). Bis zum Jahresende nahm der Flüchtlingsstrom bereits spürbar zu; 4883 Personen dürften es von Kriegsbeginn bis Ende 1944 gewesen sein. Rund doppelt so viele flüchteten 1945 im Kanton Schaffhausen in unser Land, die meisten im April.

Der Tag des Friedens

Glockengeläute, Friedensbäume, Geldspenden, Gesangsdarbietungen – der Tag des Friedens aus der Sicht der Schaffhauser Bevölkerung.

MATTHIAS WIPF

«Am 29. April, nachmittags drei Uhr, kam ein französischer Lieutenant unter Führung des neugewählten Dorfbürgermeisters die Halde heraufgestiegen, und mit erhobenen Händen begaben sich Soldaten und Offiziere in Gefangenschaft. Am Tag danach entzog sich Hitler durch Selbstmord der irdischen Gerechtigkeit.» So beschreibt die bekannte Wilchinger Schriftstellerin Ruth Blum die Tage um den 8. Mai 1945, den Tag, an dem der Zweite Weltkrieg mit der Gesamtkapitulation Deutschlands sein Ende fand, und fügt an anderer Stelle an: «Wir nahmen das Ende des Tyrannen ohne Gemütsbewegung zur Kenntnis. Unsere Leute im Dorf hatten jetzt näherliegende Sorgen. Sie jammerten über ihre Reben, die erfroren waren in der Nacht zum 1. Mai. Friedenswein würden wir im Herbst keinen keltern. Lohnte es sich überhaupt, den Beginn der Waffenruhe am 8. Mai freudig zu begehen?» Die Antwort auf diese Frage gab Ruth Blum aber teilweise gleich selbst: «Gewiss, dankbar waren wir alle für unverdient gnädige Bewahrung während sechs langer, gefahrvoller Jahre. Wir atmeten auf, als die Angst vorüber war.»

Der langersehnte Tag

«Es war ein wunderschöner, warmer Frühlingstag», erinnert sich Sekundarlehrer Hansjörg Bartholdi, damals noch in Stein am Rhein wohnhaft, an den 8. Mai 1945. Geradezu symbolisch schien die Natur den Menschen zeigen zu wollen, dass nach langen Jahren der Entbehrungen nun ein Neubeginn bevorstehe.

«Liebe Mitbürger! Der furchtbarste Krieg, den die Welt je erlebt hat, ist zu Ende! Ein tiefes Aufatmen geht durch die Völker Europas, Amerikas und Afrikas, die alle mehr oder weniger in Mitleidenschaft gezogen worden sind. (...) Wir Schaffhauser sind zwar auch empfindlich gestreift worden vom Kriegsgeschehen, aber doch in keinem Vergleich zu unseren Nachbarn.» So lautete am 8. Mai 1945 ein Aufruf des Schaffhauser Kirchenrates in den «Schaffhauser Nachrichten». Und an anderer Stelle lesen wir: «Das erlösende Wort, auf das die Völker der Welt seit Jahren sehnlichst gewartet haben, ist gestern durch den dänischen Rundfunk ausgesprochen worden: Kriegsende.»

Noch im Juni desselben Jahres herrschte eine angespannte Versorgungslage, die die Aufrechterhaltung der speziell eingeführten Rationierungskarten notwendig machte. Der Truppenabzug und somit eine Normalisierung der Situation ging nicht in allen Landesteilen gleichermassen schnell voran. Trotzdem wurden innerhalb weniger Tage nach Kriegsende die Fliegeralarme eingestellt, der Bahnverkehr wieder aufgenommen und die Rheinschiffahrt – abgesehen von gewissen Einschränkungen in den Zufahrtswegen – reaktiviert. «In den Ortschaften und auf den Landstrassen werden jetzt die Wegweiser wieder angebracht werden. Die Anordnung hiefür ist vom General bereits am 3. Mai erteilt worden. Die Weisungen an die kantonalen Behörden sind ergangen», meldeten zudem die «Schaffhauser Nachrichten».

Laute oder stille Freude?

Wie aber hat die Schaffhauser Bevölkerung den Friedenstag begangen? Unter dem Titel «Beendigung der Kampfhandlungen in Europa, Würdigung des Ereignisses» steht im Protokoll des Stadtrates:

«1. Bei einer allfälligen Beendigung der Kampfhandlungen in Europa und nach offizieller Bekanntgabe des allgemeinen Waffenstillstandes ist das Läuten der Kirchenglocken durch das Baureferat anzuordnen. Der Baureferent wird eingeladen, sich über die einheitliche Durchführung mit dem Regierungsrat zu verständigen.

2. Der Schulreferent wird eingeladen, dem Stadtschulrate zu empfehlen, es sei in sämtlichen Schulen dem Ereignis eine halbe Stunde in würdiger Form zu widmen. Nachher sollen die Schüler und Schülerinnen nach Hause entlassen werden.

3. Von einer offiziellen Beflaggung wird abgesehen. Die öffentlichen Gebäude wären nur dann zu beflaggen, wenn die Bevölkerung der Stadt spontan eine umfassende Beflaggung vornehmen würde.

4. Die Polizeistunde wird am Tage des Kriegsendes bis 02.00 Uhr ausgedehnt. Eine entsprechende Mitteilung hat durch die Stadtpolizei an den Präsidenten des Wirtevereins erst nach Bekanntgabe der Beendigung der Kampfhandlungen zu erfolgen. Diese Polizeistundeverlängerung darf in der Presse nicht publiziert werden, um ein Überborden der berechtigten Freude über den denkwürdigen Tag zu vermeiden.

5. Sofern die Beendigung der Kampfhandlungen während der Arbeitszeit bekannt wird, so wird die Arbeit in den städtischen Verwaltungen für den betreffenden halben beziehungsweise ganzen Tag eingestellt.»

Auch der «Schaffhauser Bauer» fragte in seiner Ausgabe vom 8. Mai eindringlich: «Schaffhauser Volk, wie wirst du diesen so sehnlichst erwarteten Tag begehen? In lauter Freude oder in stiller Einkehr?» Und dann nahm der Artikel, die Ereignisse der langen Kriegsjahre rekapitulierend, die Antwort gleich selbst vorweg. «Nicht wahr, es geziemt sich nicht für uns, ein lautes Fest zu feiern, der Krieg hat auch bei uns allzu eindringlich an die Tür geklopft.»

Friedensbäume gesetzt

«Wir waren so froh, dass alles glimpflich abgelaufen war, dass wir gar kein grosses Fest organisieren mochten.» Der Merishauser Landwirt Hans Tanner, damals gerade 18 Jahre alt, spricht aus, was die meisten Zeitzeugen empfinden, wenn sie auf den 8. Mai und die damit verbundenen Erinnerungen angesprochen werden. Zu präsent waren wohl noch die Erlebnisse der letzten Kriegstage in unserer Grenzregion. «In dieser Zeit flog einmal ein Artilleriegeschoss direkt über unser Haus und schlug in der angrenzenden Wiese ein. Am Tag der Bombardierung von Thayngen, also am 25. Dezember 1944, klirrten während einer Predigt in der Kirche die Scheiben, und auch die mittels Lautsprechern verkündete Propaganda im benachbarten Wiechs, die man hierzulande vernehmen konnte, trug nicht gerade zur Entspannung der Situation bei», berichtet Tanner. Vor diesem Hintergrund muss auch die in jenen Tagen eingereichte Motion des Merishauser Kantonsrates Jakob Werner zur Bereinigung der unklaren Grenzverhältnisse mit unserem nördlichen Nachbarland gesehen werden. Werner forderte ein entsprechendes Gesuch der Regierung an den Bundesrat. Dieser solle mit Deutschland Verhandlungen bezüglich einer auf Gebietsabtausch basierenden Korrektur der Landesgrenzen aufnehmen, die es in Zukunft erleichtern würde, die Grenze zu bewachen. Aus den Erfahrungen der Kriegsjahre heraus sei es geradezu eine Pflicht, so Werner, «durch gegenseitige Regulierungen für die Zukunft einen besseren Verlauf der Grenze anzustreben» («Schaffhauser Nachrichten» vom 12. Mai 1945).

In Merishausen war es deshalb vor allem die Schuljugend, die dem Tag des Friedensschlusses eine besondere Note verlieh. «Wir haben beim Reservoir eine Linde gepflanzt», erinnert sich auch Max

«Cementi»-Direktor Theo Lenhard zeigt die Friedenslinde auf dem Funkenbühl in Thayngen, die er mitgepflanzt hat.

Meister. Diese sollte – besonders geeignet durch ihre Langlebigkeit – die Folgegenerationen an die schrecklichen Kriegsgeschehnisse erinnern.

Die gleichen Überlegungen dürfte man sich auch in Thayngen gemacht haben. Auf dem Funkenbühl wurde nämlich, so der heutige Zementwerk-Direktor Dr. Theo Lenhard, ebenfalls eine Linde gepflanzt.

Auch in Lohn und Osterfingen wollte man durch Pflanzung eines Baumes an den Friedensschluss erinnern. Hans-Rudolf Ehrat, ehemaliger Gemeindepräsident der Reiatgemeinde Lohn und damals elf Jahre alt, weiss zudem noch, wie die Schüler unter Lehrer Samuel Hauser einen Lampionumzug durchs Dorf organisierten und dabei Geld sammelten für die notleidenden Flüchtlingskinder. Wie in beinahe allen Gemeinden fand auch in Lohn am Auffahrtstag ein Dankgottesdienst statt. Besonders eindrücklich war aber für Hans-Rudolf Ehrat, wie man am 12. Mai im Kerzenstübli eine Friedenslinde pflanzte: «Da der Untergrund dort sehr felsig ist, mussten wir ein Loch freipickeln und mit Erde füllen, um die Linde zu pflanzen.» Auch später habe der Baum im trockenen Untergrund nie wie erhofft wachsen wollen, so dass man nachträglich noch mit dem Leiterwagen Wasser ins Kerzenstübli habe führen müssen. «Wir wollten die Linde einfach irgendwo hinsetzen, wo viele Leute sie sehen und an die Geschehnisse des Zweiten Weltkrieges erinnert würden», rekapituliert Ehrat.

«Eine 2 Meter hohe Blautanne», erinnert sich der frühere Osterfinger Gemeindepräsident Karl Deuber, habe man in der Klettgauer Gemeinde gepflanzt. Als Standort für die Friedenstanne wurde der Waldteil Schuppeföhre auf der Höhe des Rossbergs bestimmt. Man wollte den symbolbehafteten Baum dort pflanzen, «wo der Friede herrscht, in der Stille und Einsamkeit des Waldes». Noch heute fragt sich aber der mittlerweile 74jährige Karl Deuber, wieso man gerade besagte Tanne aus des Forstverwalters Garten genommen habe. «Man hätte besser einen Mehlbeer- oder Elsbeerbaum genommen – die Blautanne ging bald einmal ein.» Im Unterschied zu den Friedensbäumen in Thayngen, Lohn und Merishausen erinnert deshalb in Osterfingen kein solcher mehr an die Geschehnisse vor 50 Jahren.

Wie schon bei zahlreichen anderen Zeitzeugen beobachtet, war der 8. Mai, der Tag des Friedens, auch in den Augen Karl Deubers kein spezieller Tag. «Der Krieg in seinen vielen Facetten war viel eindrücklicher. Zudem hatte sich die Kapitulation Deutschlands schon abgezeichnet, so dass man sich langsam auf den Frieden einstellen konnte.»

Spenden und Gesang

In der überwiegenden Mehrzahl wurde der Friedenstag in der Schaffhauser Bevölkerung allerdings mit stiller Genugtuung zur Kenntnis genommen. Vor allem die Schuljugend sollte auf die Wesenhaftigkeit des Ereignisses aufmerksam gemacht werden. Zu Gesangsdarbietungen und Ansprachen von Pfarrern oder Behörden, wie sie der Bundesrat für die gesamte Schweiz wünschte, wurde die Bevölkerung auf den Dorfplätzen und in den Kirchen versammelt.

Kurt Bollinger, bis vor zwei Jahren Gemeindepräsident von Schleitheim und zudem während langer Jahre Mitglied des Kantonsrates, erinnert sich noch genau daran, wie – vorgängig einer über den Landessender Beromünster ausgestrahlten Ansprache Bundespräsident von Steigers – «um acht Uhr für eine Viertelstunde im ganzen Land die Glocken geläutet» hätten. Ansonsten habe man den Tag in Schleitheim kaum speziell begangen, erzählt der heute 68jährige, der damals eine Elektromonteurlehre in Schaffhausen absolvierte und auch die Bombardierung vom 1. April 1944 mitangesehen hat. «Wir haben mit diesem Friedensschluss Weltgeschichte erlebt, aber es hat uns gar nicht interessiert, da die Meldungen über die Kriegsgeschehnisse bereits Alltag waren», fügt Bollinger, der sich noch gut an die Flüchtlingspräsenz im Wald bei Schleitheim erinnert, als mögliche Erklärung an. Lebhafter sind ihm gewisse Erlebnisse während des Krieges noch in Erinnerung: «Während einer Veranstaltung im April in Füetzen ertönten gleichzeitig die Tanzmusik und das Pfeifen von Granaten. Auch während der Schule flogen ständig Bomber über das Dorf hinweg. Dies bleibt einem zeitlebens in Erinnerung.» Auf einer Landkarte hat der Neffe eines damaligen Regierungsrates, Kurt Bollinger – wie übrigens die meisten der befragten Zeitzeugen –, die Fronten und den Verlauf des Krieges mitverfolgt. «So kam für uns der Friede auch nicht plötzlich. Wir waren darauf vorbereitet», erinnert er sich. Trotzdem entnehmen wir dem «Schleitheimer Boten» vom 12. Mai 1945: «Wohl noch nie hat unser Gotteshaus so viele Menschen an irgendeiner Veranstaltung beherbergt wie an dieser Waffenstillstandsfeier.» So sollen nicht weniger als 1200 Leute der Predigt von Pfarrer Stamm gelauscht haben.

«Gaudeamus igitur»

Das erste Zeichen des Friedens von Reims, das man in Stein am Rhein vernahm, waren die kurz nach Mitternacht ertönenden Glocken des benachbarten Oehningen. «Man wollte feiern, wusste aber nicht genau, ob man – angesichts vieler noch ungelöster Probleme – Grund dazu hatte», beschreibt Sekundarlehrer Hansjörg Bartholdi aus heutiger Sicht die damals empfundene Erleichterung, die aber durch das Flüchtlingselend doch entschieden getrübt war. Unter dem Eindruck der Bombardierung Stein am Rheins und des Minenunglückes von Hemishofen, bei dem am 17. Juni 1944 zehn Soldaten ums Leben gekommen waren, habe man in seiner Gemeinde kaum gefeiert. Auch einem Artikel der «Schaffhauser Zeitung» entnehmen wir: «Still und besinnlich feierte die Steiner Bevölkerung

Regierungsrat Ernst Neukomm erlebte den Zweiten Weltkrieg als Knabe in Hallau.

den Tag des Friedens. (...) Noch mahnen uns die zerstörten Häuser und auf dem Friedhof ein frischer Grabhügel, der die neun Todesopfer des Unglücks vom 22. Februar birgt, an die rauhe Wirklichkeit des Krieges, der auch unser Land nicht ganz verschone. Dies stimmte uns nachdenklich und wehmütig, so dass eine laute Freudenkundgebung nicht aufkommen konnte. (...) Als um 20 Uhr sämtliche Kirchenglocken erklangen, sammelten sich die Einwohner und die hier stationierten Soldaten auf dem Rathausplatz in Erwartung irgendeiner Friedenskundgebung. Doch weder ein Gesangverein noch die Stadtmusik liessen sich hören, und die Enttäuschung wäre gross gewesen, wenn nicht ein Soldatenchor spontan einige Lieder, darunter das stimmungsvolle Appenzeller Landsgemeindelied, gesungen hätte.» Die Restaurants jedoch waren an diesem Tag überfüllt, und auch die Schiffahrtsgesellschaft und die Bundesbahnen hatten Hochbetrieb.

Der heute in Neuhausen wohnhafte Lehrer kam jedoch, wenn auch nicht in seiner angestammten Gemeinde, trotzdem in den Genuss entsprechender Feierlichkeiten. Der damals 17jährige Kantonsschüler nahm auf dem Schaffhauser Fronwagplatz an einem Cortège teil. «Dabei habe ich selbst all mein Erspartes gespendet. Als die Kollegen dann in einem Gasthof weiterfeiern wollten, musste ich mich mangels Geld frühzeitig verabschieden.» Zuvor habe man jedoch, da man nichts Besseres gewusst habe, zusammen noch das Studentenlied «Gaudeamus igitur» gesungen. «Plötzlich war die Anspannung weg, man spürte statt dessen eine Leere in sich, die einen mehr bedrückte, als sie uns jubilieren liess», erzählt Bartholdi.

«Wir haben jeden Tag den Frieden erwartet», erinnert sich Landwirt Hans Gysel, Sohn eines damaligen Kantonsrates, an die letzten Kriegstage. Neben dem Glockengeläute seien den sich auf dem Turnplatz versammelnden Wilchingern Produktionen verschiedener Vereine und Gesangsvorträge dargeboten worden. «Damit war die stete Ungewissheit vorbei, und wir konnten wieder in aller Ruhe unser Land bebauen.» Hans Gysel, der damals schon drei kleine Kinder hatte, erinnert sich, dass man genug gehabt habe von der ständigen Präsenz fremder Soldaten: «Der Druck in dieser Grenzregion war zu gross. Wir haben den Frieden sehnlichst erwartet.»

Die latente Ungewissheit

Er war damals erst zehn Jahre alt, besuchte die vierte Primarklasse in Hallau und erinnert sich trotzdem an den 8. Mai, als wäre es gestern gewesen: Ernst Neukomm, unterdessen seit 26 Jahren Regierungsrat des Kantons Schaffhausen, erzählt lebhaft von Geschehnissen, die ihm sichtlich «unter die Haut» gingen. So etwa wohnte der heute 60jährige an derselben Strasse wie der Kantonspolizist, sah diesen, wenn er, Flüchtlinge im Schlepptau, seinem Hause am Ende der Strasse zustrebte. «Von Zeit zu Zeit durfte ich den Flüchtlingen Nahrungsmittel bringen. Ein Franzose hatte dabei Tränen in den Augen, verküsste mich und zeigte mir ein Bild seiner Familie», verweist Ernst Neukomm auf die menschliche Tragik des Krieges, die sich ihm tief eingeprägt hat.

Die Familie Neukomm verfolgte auf einer eigens gekauften Europakarte das Kriegsgeschehen. Die

Häuser von Nazi-Sympathisanten wurden in Hallau teilweise mit weisser Farbe bestrichen. Der Krieg war also omnipräsent. «Bei der Eroberung des benachbarten Stühlingen konnten wir praktisch zusehen», rekapituliert Ernst Neukomm, der sich bereits damals stark für Geschichte interessierte und zudem aus einem Elternhaus stammte, wo solche Dinge offen besprochen wurden. Er erinnert sich aber auch: «Man wusste nie, ob man eines Morgens aufwachen würde, und die Deutschen wären da.» Aus nächster Nähe hatte die Bevölkerung nämlich damals miterlebt, wie eines Tages die Franzosen das Wutachtal hinaufkamen.

Eine tragische Begebenheit überschattete zusätzlich die Freude am Frieden in Hallau: Der damals 14jährige Hans Bader, der ältere Bruder eines Klassenkameraden von Ernst Neukomm, kletterte auf dem Hallauerberg auf eine Föhre, um den Kriegsverlauf jenseits der Grenze beobachten zu können, kam dabei mit einer Hochspannungsleitung in Berührung und verunfallte tödlich.

Nach der Erinnerung von Ernst Neukomm beging die Schule den Friedenstag mit einer Feier auf dem Pausenplatz. Die Schüler sangen «Nun danket alle Gott», und Sekundarlehrer Robert Pfund hielt eine eindrückliche Rede. Danach begaben sich die einzelnen Klassen auf Ausflüge in die Umgebung. Am Abend, so Neukomm, habe dann die Musikgesellschaft Hallau aufgespielt.

Dem Bundesrat dankbar

Auch in Neunkirch fand eine schlichte, aber eindrückliche Feier statt: Neben Gesangsdarbietungen und dem Sammeln von Geld, wofür die Schuljugend speziell freigestellt wurde, hielt man, wie es der Bundesrat in seiner Botschaft gewünscht hatte, in der Bergkirche einen Friedensgottesdienst unter der Leitung von Pfarrer Dietsche ab. Dieser war geprägt von «Dankbarkeit gegenüber dem Bundesrat, der uns weise am Krieg vorbeigeführt hat» und von «Dankespflicht gegenüber dem General, dem wir unsere höchste militärische Führung zuversichtlich anvertrauen durften».

Siblingen, eine andere Klettgauer Gemeinde, erlebte eine spontane Kundgebung der Schuljugend, die mit dem Transparent «Schweizer Spende» einen Umzug durchs Dorf veranstaltete.

Unter der Rubrik «Opfertshofen» schreibt der «Schaffhauser Bauer» folgendes: «Wir stehen an der Wende einer bedeutungsvollen Zeit. Innerlich bewegt verkündeten auch die Glocken unserer engeren Heimat, dass etwas Ausserordentliches geschehen sei, dass der von uns so lang ersehnte Frieden gekommen ist, die Waffen ruhn. (...) Am kommenden Sonntag hält nun der Halbchor des Männerchors Schaffhausen Einkehr bei uns, der, einer Einladung Folge gebend, in unserm Kirchlein ein Liederkonzert veranstaltet. Seine volkstümlichen Liedergaben werden den Anlass zu einem erhebenden, weihevollen Dankesgottesdienst gestalten.»

In Beringen versammelte man sich nach dem Läuten der Glocken in der Kirche. Sowohl der Gemeindepräsident als auch der Pfarrer sprachen zu der Gemeinde und ermahnten zu Dankbarkeit.

Nicht in der Kirche, sondern vor der Post versammelte man sich in Beggingen, entzündete ein mächtiges Feuer auf «ob Lucken» und lauschte auf dem Dorfplatze den verschiedenen Gesangsdarbietungen.

So feierte jede Ortschaft des Kantons Schaffhausen den Tag des Friedens auf ihre ganz spezielle Art und Weise. Gemeinsam aber war wohl allen die immense Erleichterung, die sich – nach so vielen Jahren der Entbehrungen und der Angst – nach dem 8. Mai in der Bevölkerung breitmachte. Davon zeugt auch eine Aktion der Schweizerischen Landeslotterie, die speziell 200 «Friedenstreffer» in ihre nächste Verlosung miteinbezog.

Generalstreffen in Stein am Rhein

Am 18. Mai 1945 – am Tag «V» + 10 – traf sich der Schweizer General Henri Guisan mit seinem französischen Amtskollegen Jean Joseph Marie de Lattre de Tassigny in Stein am Rhein. Dies bedeutete den Abschluss einer langjährigen geheimen Zusammenarbeit.

Die Generäle Guisan und de Lattre de Tassigny in Stein am Rhein.

CHRISTIAN BIRCHMEIER

Die von Frankreich gesuchten Gespräche über eine militärische Zusammenarbeit mit der Schweiz – wie schon im Ersten Weltkrieg – wurden wenige Wochen vor Kriegsausbruch in Paris aufgenommen. Guisan und die Franzosen pflegten ihre Beziehungen vor und zu Beginn des Krieges intensiv; während Frankreichs Darniederlage war dies eine Sache der Diplomatie. Erst gegen Kriegsende intensivierte Guisan wiederum seine vertraulichen Kontakte zu General de Lattre de Tassigny (vorerst durch seinen Sohn Oberst Guisan und Major Barbey, Chef seines persönlichen Stabes, später durch den gemeinsamen Freund René Payot, Kommentator von Radio Sottens), und erneut wurden geheime Vereinbarungen, ohne Kenntnisnahme der Schweizer Regierung, getroffen. Der französische General, der über die komplizierten Grenzverhältnisse im Jura und im Kanton Schaffhausen genau orientiert wurde, änderte im Wissen um die Befürchtungen der Schweizer betreffend Grenzverletzungen durch deutsche Einheiten seine bereits begonnenen militärischen Operationspläne: Er setzte unverzüglich eine Division dem rechten Rheinufer entlang in Richtung Schaffhausen in Marsch, um jegliches Ausweichmanöver der SS zu verunmöglichen.

Empfang in Stein am Rhein

General de Lattre lud Henri Guisan zu einem persönlichen Treffen ein, doch wurde er von diesem auf später vertröstet. Zehn Tage nach Kriegsende empfing nun aber General Guisan am 18. Mai überraschend (selbst für den Bundesrat) als Dankesbezeugung und Freundschaftszeichen General de Lattre de Tassigny in Stein am Rhein. Gegen 9.30 Uhr traf Guisan in Begleitung seines Stabes, Korpskommandant Labhart (Kdt des 4. AK), den Divisionären de Montmollin (Waffenchef der Artillerie und Promotionskamerad von de Lattre an der Kriegsschule), Gorbat und Richard Frey (Kdo 6. und 7. Div.) und Oberst von Tscharner (ehemaliger Legionär und Kommandant des 3. marokkanischen Regiments) im Rheinstädtchen ein. Ihnen schlossen sich der französische Militärattaché General Davot und Hauptmann Chevalier an.

Viele jugendliche Zuschauer

Um 10 Uhr wurde dem General vor dem Rathaus die von der 7. Division gestellte Ehrenkompanie des Füs Bat 81 und ein 15 Mann starkes Detachement der Heerespolizei gemeldet. Obwohl von einer Vororientierung der Bevölkerung ab-

General Henri Guisan führt unter grosser Anteilnahme der Steiner Bevölkerung seinen Gast, den französischen General Jean de Lattre de Tassigny, zurück an die Schweizer Grenze in Ramsen.

gesehen worden war, versammelte sich auf dem Rathausplatz viel Volk und vor allem die Jugend.

Rassige Jeep-Fahrten

Gegen 13 Uhr traf die lange französische Wagenkolonne mit gut stündiger Verspätung ein. Nach der Begrüssung der Franzosen und dem Abschreiten der Ehrenkompanie zogen sich die Offiziere zum Bankett ins Hotel Rheinfels zurück. Inzwischen deckten sich die französischen Soldaten mit Süssigkeiten und Rauchwaren ein. Schweizer Kinder konnten auf einem Jeep erstmals rassige Fahrten durch Steins Gassen erleben.

Nach einem erneuten Abschreiten der Ehrenkompanie bewegte sich gegen 17 Uhr die Wagenkolonne wieder in Richtung Ramsen, wobei es sich General de Lattre nicht nehmen liess, mit General Guisan in seinem offenen Wagen zu fahren.

Gegenbesuch in Konstanz

Am 13. Juni 1945 erfolgte der Gegenbesuch in Konstanz. Zuletzt begaben sich General de Lattre und seine Schweizer Gäste nach der Insel Mainau, wo sich in der Residenz des Prinzen Bernadotte Gerettete aus den Konzentrationslagern von Dachau, Buchenwald und Mauthausen befanden. General Guisans Adjudant beschloss seinen Tagebucheintrag vom 13. Juni 1945: «Es war nichts als recht und billig, dass dieser etwas prunkvolle Tag zum Schluss noch dieses schmerzliche Bild brachte, das deutlich ausdrückt, was Europa noch leidet, und dass wir es wirklich mit eigenen Augen sahen, wir, die wir nicht zu kämpfen hatten.»

Die Schaffhauser Kristallnacht

PAUL HARNISCH

Zwischen 1935 und 1945 lagen die fürchterlichen Kriegsjahre, lagen all die Greueltaten, die die Nazis in Europa heraufbeschworen haben. Obwohl exakte Meldungen darüber fehlten oder nur wenigen etwas bekannter waren, waren zwischen 1935 und 1945 auch in nächster Nähe Dinge geschehen und bekanntgeworden, die den Schaffhausern zeigten, was sie zu erwarten gehabt hätten, wären die Frontisten ans Ruder gekommen oder hätten die Nazis die Oberhand behalten. Will man aber dem, was sich am 8. Juni 1945, also einen Monat nach dem offiziellen Ende des Kriegsgeschehens in Europa, in Schaffhausen ereignete, wirklich gerecht werden, *muss* man sich bis ins Detail auch damit befassen und auseinandersetzen, was in den Jahren zwischen 1933 und Kriegsende geschah. Es muss an dieser Stelle genügen, auf diese Zusammenhänge zu verweisen, insbesondere darauf, was sich in den Monaten vor dem 8. Juni 1945 ereignete. Vor allem trug der Zustrom von Tausenden von ausländischen Kriegsgefangenen und der lawinenartig anschwellende Übertritt zerlumpter und entkräfteter, von den Nazis nach Deutschland verschleppter Zwangsarbeiter schlagartig zur Verbreitung des Wissens, was die Nazis angerichtet hatten und was auch uns beschieden gewesen wäre, wären sie auf den Schlachtfeldern Sieger geblieben. Dazu kam, dass auch einzelne bekanntere Frontisten nach wie vor kritiklos zum deutschen Nationalsozialismus als erstrebenswerte Lösung hielten und die Stimmung unter der Bevölkerung mächtig anheizten.

Ruf nach Säuberung ertönt

Das Verlangen nach Taten und Entscheidungen gegen diese Leute wurde immer unüberhörbarer, auch als die während Jahren die Schaffhauser ärgernden Aufschriften auf den Lokomotiven der Deutschen Bahn «Räder müssen rollen für den Sieg» lautlos verschwunden waren. Es genügte nicht mehr, dass vor Kriegsende etwa 30 ehemalige Schweizer, die mit den Nazis gemeinsame Sache gegen unser Land gemacht hatten, ausgebürgert und über 40 in der Schweiz lebende deutsche Nazis ausgewiesen worden waren. In der ganzen Schweiz loderte der Zorn, und der Ruf nach Säuberung und weiteren Ausweisungen ertönte immer lauter. In dieser Situation lud die SAP auf den Abend des 8. Juni zu einer Grosskundgebung auf den Schaffhauser «Platz» ein, um den Forderungen nach Ausweisungen und Bestrafung von Landesverrätern Nachdruck zu verleihen.

Bei vielen wirkte die Einladung nicht zuletzt auch deshalb, weil am Tage zuvor in den «Schaffhauser Nachrichten» ein Frontist seine Haltung und seine Schreibweise im «Grenzboten» vehement verteidigt hatte und das Urteil darüber einer «späteren objektiveren Beurteilung» überlassen wollte. Das veranlasste die Redaktion des Blattes zur Feststellung, dass überzeugte Frontisten «unheilbar» seien und ihre Überzeugung niemals ändern würden.

Niemals vor- oder nachher sah Schaffhausen je eine derartige Massendemonstration und eine derart spürbar geladene, nur noch mühsam beherrschte Stimmung wie an diesem 8. Juni 1945. Die Zahl der Demonstranten, die bis zum Fronwagplatz hinauf und in die Bachstrasse standen, wurde auf über 6000 geschätzt. Für den Sprecher des Abends, Stadtpräsident Bringolf, war die Masse vom Rednerpult aus gar nicht mehr zu übersehen. Aber ihn und das, was er sagte, konnte man über Lautsprecher überall hören. Mit der ihm bei solchen Gelegenheiten eigenen metallisch scharfklingenden

In der ganzen Stadt wurden von aufgebrachten Menschen Schaufenster von vermuteten Nazisympathisanten eingeschlagen.

Stimme und in nicht zu missverstehenden Redewendungen, die immer wieder von Beifallsstürmen unterbrochen wurden, geisselte er das, was Nazideutschland getan und seine Gefolgsleute im In- und Ausland verteidigt hatten. Er verlangte unter anderem die rasche Ausweisung aller noch in der Schweiz befindlichen aktiven Nazis und die Ächtung ihrer frontistischen Nachläufer. Tosende Buh- und «Hinaus mit ihnen»-Rufe begleiteten die Verlesung einer namentlichen Liste jener, die «hinausgeschickt» werden müssten. Wohl richtete Bringolf dann zum Schluss seiner im wahrsten Sinne «mitreissenden» Rede den Appell an die Anwesenden, jetzt diszipliniert nach Hause zu gehen und es den zuständigen Behörden zu überlassen, das zu tun, was jetzt unverzüglich getan werden müsse. Nur ein Teil der Kundgebungsteilnehmer leistete indes diesem Appell auch tatsächlich Folge. Anderen genügte aber das Warten auf diese behördlichen Entscheide – die später auch gefällt wurden – nicht mehr. Zu viel hatte sich in ihnen aufgestaut, was nach Entladung, nach einem Ventil verlangte. Ihnen kam zugute, dass es zum vornherein eine gewisse Zeit dauern musste, bis sich die gewaltige Menschenmenge auflösen konnte. Walther Bringolf, Hermann Erb, Hermann Gamper, ich und einige andere Parteifreunde standen deshalb noch diskutierend um das Rednerpult herum, als vielleicht 15 bis 20 Minuten nach der offiziellen Schliessung der Kundgebung der Ruf vom Ende des Platzes erschallte: «Etz scherbelets aber!» Wenig später kam auch die Kunde durch, dass an der Vordergasse bei ehemaligen Frontisten und Sympathisierenden Schaufenster eingeschlagen und ausgeräumt würden. Bringolf, jetzt wieder ganz Stadtpräsident und Polizeireferent, bahnte sich sofort, uns im Schlepptau hinter sich herziehend, einen Weg durch die Masse der noch Herumstehenden. Wir rannten los, Richtung Vordergasse, wohin uns lautes Getöse, Hurrarufe und Beifallgeschrei den Weg wiesen. Dort kamen wir gerade recht, um zu sehen, wie ein noch ganzes Schaufenster eingeworfen werden sollte. Bringolf, Erb, Gamper und ich fassten uns zunächst unter, wollten das Fenster schützen. Doch bereits klirrte das Glas über unseren Köpfen, und wir wurden ganz einfach auf die Seite geschoben. Bringolfs mahnende Worte zur Vernunft und zum Einhalten fruchteten auch nichts mehr. Auch die inzwischen angerückten Polizeibeamten konnten nichts mehr retten. Denn von überall her wurden jetzt neue Steinwürfe gemeldet. Inmitten von Tausenden von mehr oder weniger passiv, hilflos oder anfeuernd verharrenden Zuschauern machte sich der Volkszorn Luft gegenüber bekannten Frontisten, nahm das «Scherbengericht», wie das Ereignis später benannt wurde, seinen Fortgang. Personen wurden keine verletzt, aber Dutzende von Schau- und anderen Fenstern in der Altstadt, auf der Breite und selbst in Feuerthalen gingen in die Brüche. Die Tatsache, dass es keine Plünderungen gab, war angesichts des angerichteten Sachschadens fast erstaunlich. Aber ein Hinweis dafür, dass es bei diesen «Aktionen» um etwas anderes als um materielle Dinge gegangen war. Nach Mitternacht beruhigte sich die Lage in Schaffhausen dann, obwohl bis am Morgen an vielen Orten hart gearbeitet werden musste. «Beruhigt» allerdings war mit dieser spontanen Explosion von Gefühlen und Rachebedürfnis die politische Situation noch lange nicht. Das «Scherbengericht» von Schaffhausen, das auch im Tessin Nachahmer gefunden hatte, fand mit einem gerichtlichen Nachspiel für namhaft gemachte Täter, meistens Tessiner, ein offizielles Ende. In einem Prozess notabene, in dem den Zuhörern mehr als einmal ein Schmunzeln entlockt wurde. Die Kosten des Prozesses, soweit sie den von Rechtsanwalt Harald Huber, St. Gallen, verteidigten Angeklagten auferlegt wurden, kamen durch eine Sammlung in der Bevölkerung zusammen. Meines Wissens wurden in den dem Kriegsende folgenden Monaten um die 400 Deutsche aus der Schweiz ausgewiesen, davon etwas über 20 aus Stadt und Kanton Schaffhausen.

Innere und äussere Befreiung

Natürlich fand das Geschehen des 8. Juni nicht ungeteilten Beifall. Sowohl die Einberufung der Demonstrationsversammlung in der vorhandenen aufgeheizten Stimmung wie Bringolfs Auftreten wurden hier und auswärts teilweise kritisiert. Allerdings war damals wie heute das, was diesem Tag jahrelang vorausgegangen war, aus der Bewertung des Ereignisses nicht auszuschliessen. Wer damals politisch oder gewerkschaftlich tätig war und sich erlaubte, offen gegen den Frontismus und den Nationalsozialismus Stellung zu nehmen, der war, auch persönlich, allerlei Unbill und Druckversuchen ausgesetzt. Die solchermassen Verunsicherten erlebten das Kriegsende und die anschliessenden Säuberungen denn auch als gewaltige innere und äussere Befreiung. Und sie hatten auch wegen der in Schaffhausen eingeschlagenen Scheiben weit weniger Gewissensbisse als über da und dort vorher unterlassene Hilfeleistung Bedrängten und Bedrohten gegenüber!

Nur wer selbst mittendrin stand, kann noch eine Ahnung davon haben, wie gewaltig – allen äusseren Widerwärtigkeiten zum Trotz - die Wellen von Solidarität und Hilfsbereitschaft emporschlugen, wenn irgendwo, auch jenseits der Grenzen, fremde Menschen nicht nur Trost, sondern vor allem praktische Hilfe brauchten. Ich habe während des Krieges an bestimmten Orten die sogenannte Wochenbatzen-Aktion des Roten Kreuzes geleitet und gesehen, wie gerade vom Schicksal nicht verwöhnte Menschen Woche um Woche ihre Batzen opferten, Kleider und Schuhe spendeten, um noch Bedürftigeren zu helfen. Ich habe auch miterlebt, wie Ende des Kriegsende Flüchtlinge herzlich aufgenommen, verpflegt, gekleidet und dort, wo es nötig war, aus selbstverständlicher Solidarität gepflegt wurden. Ich habe erlebt wie schon wenige Wochen nach Ende des Krieges in zahlreichen Schaffhauser Gemeinden, Herzen und Stuben für deutsche Kinder aufgetan wurden. Allerdings habe ich in den Jahren nach dem Kriege auch bei vielen Fahrten für das Rote Kreuz ins kriegszerstörte Ausland erfahren müssen, dass wir im Vergleich zu den Menschen in den zerbombten Städten nie wirklich wussten, wie Hunger und Entbehrung tatsächlich sein und weh tun können.

Norweger erholen sich von Dachau-Haft

Nach der Befreiung des Konzentrationslagers Dachau wurden 78 norwegische Widerstandskämpfer aus Bergen nach Schaffhausen übergeführt, wo sie sich während elf Wochen von den Strapazen und Entbehrungen erholen konnten.

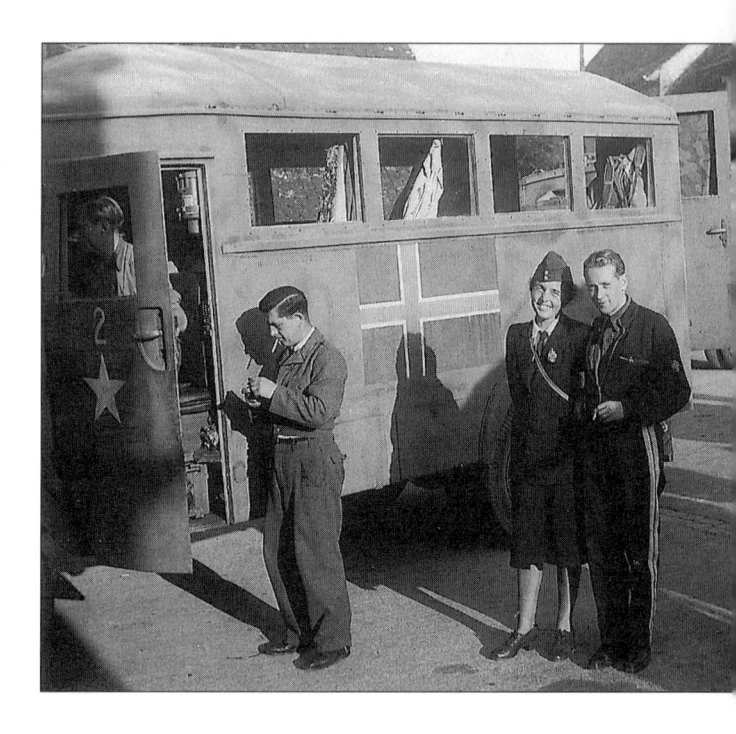

ANDREAS SCHIENDORFER

Am 9. April 1940 überfielen deutsche Einheiten ohne Kriegserklärung das neutrale Norwegen und eroberten es innerhalb von 62 Tagen. Schon bald bildeten sich Widerstandsgruppen, auch in der wichtigen Handels- und Hafenstadt Bergen, wo der Postbeamte Elias Stein rund 400 Leute um sich sammelte. Nach dem Einschleusen von Spitzeln wurden jedoch die meisten von ihnen im Herbst 1941 gefangengenommen. Sie wurden später – wie insgesamt etwa 10 000 der 40 000 verhafteten Norweger – in deutschen Gefängnissen und Konzentrationslagern untergebracht, so in Kiel, Rendsburg, Brunsbüttel und schliesslich im ehemaligen Kloster Kaisheim bei Donauwörth.

Kurz vor Kriegsende erteilte Reichsmarschall Heinrich Himmler den Befehl, die noch lebenden Mitglieder der Gruppe Stein per Bahn (im Viehwagen) ins Konzentrationslager Dachau bei München umzusiedeln, wo sie am 9. April 1945 eintrafen. Sie wurden absichtlich in einer typhusverdächtigen Baracke untergebracht, konnten aber durch zweimal tägliches Ablausen und Kahlrasieren eine Epidemie verhindern.

Am 29. April wurde Dachau mit seinen 31 432 Insassen von den Amerikanern befreit. Wenig später fuhren die legendären «weissen Busse» des Grafen Folke Bernadotte aus Schweden durch ganz Deutschland, um skandinavische Gefangene zu befreien und nach Hause zu bringen. Die Dachau-Norweger wurden von ihnen aber nicht gefunden. Erst gegen Ende Mai wurden sie von einer holländischen Rot-Kreuz-Delegation mit der gebürtigen Norwegerin Bodil Stritter-Backe entdeckt. Das IKRK verständigte Stadtpräsident Walther Bringolf, der zusammen mit der von Museumsdirektor Walter Ulrich Guyan präsidierten Schweizerisch-norwegischen Gesellschaft einen Erholungsaufenthalt in Schaffhausen organisierte.

Am 2. Juni passierten die noch 78 überlebenden Norweger bei Thayngen die Grenze (nach gewissen Quellen stammten vier aus dem KZ Mauthausen). Im Breitequartier an der Nordstrasse, wo heute die Garagen der Post- und Telefonverwaltung stehen, wurde ein Notspital mit Quarantäne eingerichtet, wo die Norweger wegen der immer noch vorhandenen Typhus- und Tuberkulosegefahr drei Wochen bleiben mussten.

Die Norweger wogen anfänglich nur noch zwischen 34 und 38 Kilo, sie erholten sich aber grösstenteils sehr rasch dank der Hilfsbereitschaft der Schaffhauser Bevölkerung, koordiniert durch die Leiterin der Kriegsfürsorge, Els Peyer-von Waldkirch. Allerdings verstarb mit Hans Hauge ein weiterer Norweger an akuter Tuberkulose und Erschöpfung, und einige andere mussten in Sanatorien nach Montana und Davos verlegt werden.

Mitte August wurden die Norweger in einem beschwerlichen Transport unter der Leitung von Leutnant K. Anker Hansen nach Oslo und schliesslich nach Bergen gebracht, wo sie am 20. August gestärkt eintrafen, zur Überraschung aller in der schmucken Uniform der norwegischen Königsgarde, die man in Dachau gefunden hatte.

Die Norweger, die einen Konzertchor gegründet hatten, knüpften während ihres elfwöchigen Aufenthaltes viele freundschaftliche Kontakte mit Schaffhausern. Einer von ihnen, Harry Nilsen, ist 1956 sogar in die Schweiz zurückgekommen und lebt heute nach dem Tod seiner Gattin bei Tochter und Schwiegersohn in Thayngen, ein anderer, Oswald Kristiansen, «entführte» 1946 die Herblingerin Riva Schooper nach Norwegen und leitete mit seiner Gattin über viele Jahre Jugendherbergen in Mjölfiell und Voss. Auch sonst bestanden regelmässige freundschaftliche Kontakte, die schliesslich 1985 und 1995 zu grösseren, vom Thaynger Ehepaar Richard und Maud Wunderli-Wanner organisierten Freundschaftsbesuchen führten. Im September 1995, als in der Rathauslaube die Ausstellung «Norwegen vor 50 Jahren – Gefangen in Schleswig-Holstein» gezeigt wurde, kamen 50 Norweger, darunter 18 der 23 noch lebenden ehemaligen KZ-Häftlinge, für zehn Tage nach Schaffhausen.

Der letzte Stacheldraht

50 Jahre nach Ende des Krieges sind dessen Spuren bei uns weitgehend verschwunden. Der Zweite Weltkrieg wird zur Geschichte, eine Geschichte allerdings, die unser heutiges Leben noch immer mitprägt. Zu den wenigen bleibenden Zeugnissen dieser Zeit gehören die Militärbunker am Rhein, die teilweise als Museen zugänglich gemacht werden sollen oder, wie hier von Heinz Wanner präsentiert, ein Stück deutscher Stacheldraht vom Gebiet Chänzili-Schlattersteig in Beggingen. Er ist ein Mahnmal dafür, dieses traurige Kapitel Zeitgeschichte nicht zu vergessen, nur weil es in verschiedener Hinsicht unbequem ist.

Bildnachweis

Ein grosser Teil der Photographien stammt aus verschiedenen privaten Fotosammlungen und Alben. Wir danken allen Personen, die uns diese freundlicherweise zur Verfügung gestellt haben.

Umschlag	Titelbild	Hans Reich
Umschlag	Hintergrund	Stadtarchiv Schaffhausen
Seiten	11, 15, 16	Stadtarchiv Schaffhausen
Seiten	17–29	privat
Seite	31	Keystone
Seite	37	Cabaret Cornichon/Fischer
Seite	40	Selwyn Hoffmann
Seiten	42, 49	privat
Seite	54	Stadtarchiv Schaffhausen
Seite	57	Photo Koch Schaffhausen
Seite	65	Stadtarchiv Schaffhausen
Seite	66	Archiv Wessendorf
Seiten	71, 73	Stadtarchiv Schaffhausen
Seite	75	Fotopress
Seiten	77, 81	ATP
Seite	87	privat
Seite	89	Gemeindearchiv Büsingen
Seiten	94, 95	privat
Seite	100	Stadtgemeinde Diessenhofen
Seiten	101, 102	Archiv Stadtpolizei Schaffhausen
Seite	106	Stadtarchiv Schaffhausen
Seite	109	Albert Kern
Seite	112	Karl Hirrlinger
Seite	114	Stadtarchiv Stein am Rhein
Seite	115	Bruno+Eric Bührer
Seite	117	Gemeindearchiv Neuhausen
Seite	118	Gemeindearchiv Rafz
Seite	123	Gemeindearchiv Schleitheim
Seite	127	Gemeindearchiv Schleitheim
Seite	129	A. Bollinger
Seite	130	Gemeindearchiv Schleitheim
Seite	133	Bruno+Eric Bührer
Seiten	137, 138	Stadtarchiv Stein am Rhein
Seite	140	Stadtarchiv Schaffhausen

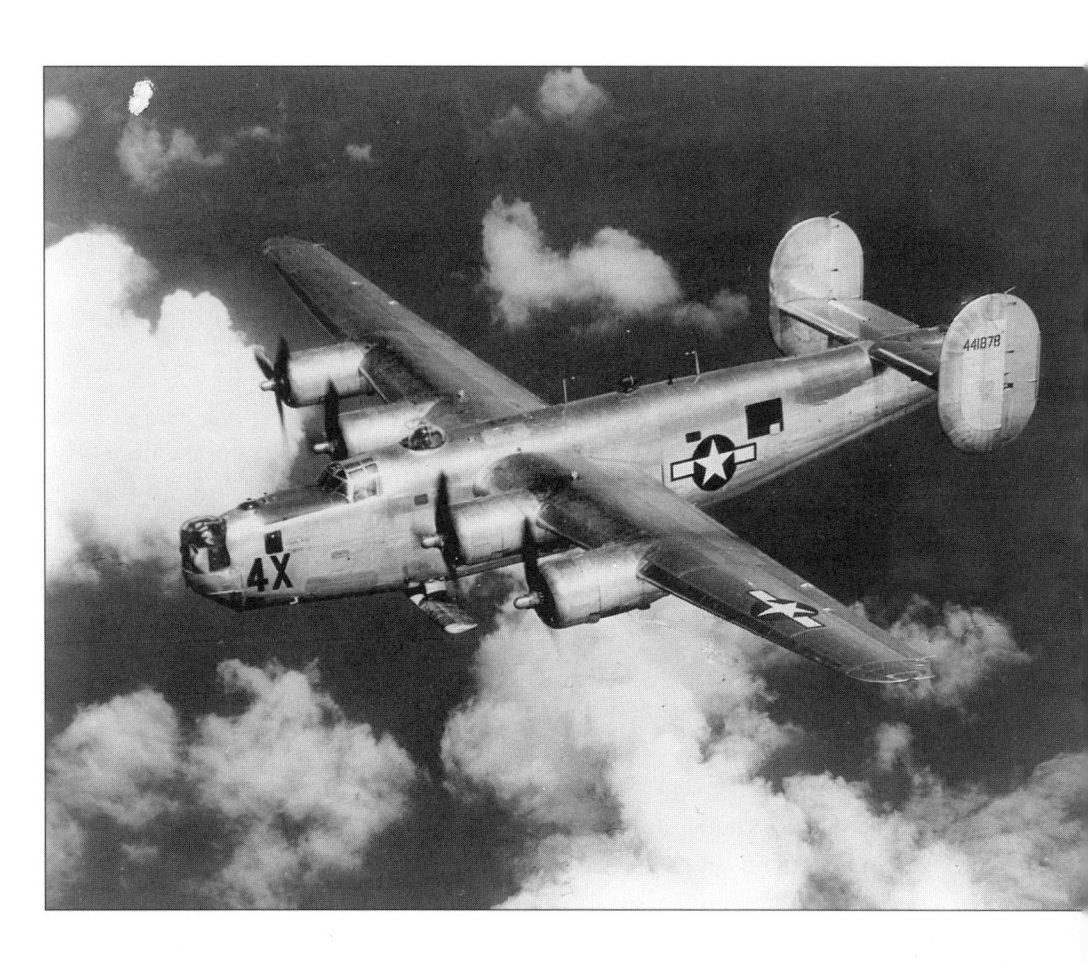

Bombing the Sister Republic

Nie wurde die Kernfrage gelöst, wie es direkt und konkret zum fatalen Irrtum kommen konnte, dass amerikanische B-24-Bomber ihre zerstörerische Fracht am 1. April 1944 auf Schaffhausen und später auf andere Schweizer Ortschaften abwarfen. Der amerikanische Historiker James A. Hutson hat nach jahrelangen Recherchen Antworten gefunden, die auf exakter Urkunden- und Quellenkenntnis beruhen.

Einleitung

PETER VOGELSANGER

Der 1. April 1944 – die Bombardierung ihrer Stadt durch amerikanische Flugzeuge – hat sich den Schaffhausern tief eingeprägt. Sie war das schwerste direkte Ereignis, das die Schweiz im Zweiten Weltkrieg traf. Wer sie, wie der Schreibende, persönlich miterlebte, dem wird jede Einzelheit des Verhängnisses unvergessen bleiben. Freilich, die Wunden, die jener Tag schlug, sind längst vernarbt. Die Zerstörungen sind alle behoben. Kaum mehr eine Spur davon lässt sich erkennen. Die heutige Generation weiss davon zum grössten Teil nur noch vom Hörensagen. Einige Publikationen, ein paar Gedenkfeiern rund um den 1. April 1994, den 50. Jahrestag, haben zwar die Erinnerung vorübergehend wieder aufgefrischt, ohne aber viel Emotionen aufzuwecken.

Unbeantwortet geblieben ist die konkrete Frage, wie es zu jener Katastrophe, zum jähen Überfall auf eine friedliche, mit den USA innerlich doch freundschaftlich verbundene Stadt und damit zur schwersten Verletzung der schweizerischen Neutralität im Zweiten Weltkrieg kommen konnte. War es ein folgenschwerer Irrtum der beteiligten Fliegerstaffeln? War es ein mutwilliger Handstreich unerfahrener Piloten? Hatten sie keine Ahnung, dass sie sich im schweizerischen Luftraum bewegten? Handelte es sich gar um eine gezielte und bewusste Strafaktion der Amerikaner als Reaktion auf die notorischen Lieferungen der schweizerischen Industrie an die Achsenmächte, zu denen unser Land in seiner damaligen existentiellen Zwangslage genötigt war? Solche Vermutungen, sofort geweckt und geschürt von der deutschen Nazipresse, wurden damals tatsächlich herumgeboten, fanden aber in unserer Bevölkerung bei aller Bestürzung und Empörung kaum Glauben. Vor allem nicht in der zynischen Form, in der ein verbitterter schaffhausischer Fröntlerführer beim Blick von der Höhe seines Balkons auf die brennende und rauchende Stadt ausrief: «Geschieht den Schaffhausern ganz recht. Jetzt haben sie die Quittung für ihre Amerikanerbegeisterung.» Verstummt sind diese Fragen nie ganz, auch nicht nach der eindeutigen Reaktion auf das Ereignis in Amerika selber: der sofortigen Entschuldigung der amerikanischen Regierung durch die Botschaft von Staatssekretär Cordell Hull an den Bundesrat; der Zusicherung bestmöglichen Schadenersatzes; der tiefen Bestürzung, die in der gesamten amerikanischen Presse zum Ausdruck kam. Die Schweiz hat in ihren Behörden, ihrer Presse und ihrer Öffentlichkeit mehr oder weniger widerspruchslos die amerikanische Irrtumstheorie akzeptiert. Eine genaue Untersuchung darüber wurde von schweizerischer Seite in der Folge nicht mehr angestrebt. Mit der Zeit ist man über das Ereignis zur Tagesordnung fortgeschritten, zumal weltbewegenderes Geschehen die Frage in den Hintergrund drängte und in Schaffhausen das normale Leben zurückgekehrt war.

Nie gelöst wurde aber die sachliche Kernfrage, wie es direkt und konkret zu diesem fatalen Irrtum kommen konnte und was für Konsequenzen daraus für die amerikanische Luftwaffe gezogen wurden. Es ist erstaunlich, dass ein halbes Jahrhundert vergehen musste, bis darauf die kompetente, unanfechtbar auf exakter Urkunden- und Quellenkenntnis beruhende und darum heute wohl abschliessende Antwort gegeben wurde. Sie liegt jetzt vor im Beitrag von James H. Hutson «Bombing the Sister Republic. The United States and Switzerland during World War II». Diese Arbeit ist die erweiterte, durch zahlreiche Details präzisierte Fassung eines Vortrages, den der Verfasser am 1. April 1994 in der ehrwürdigen Schaffhauser «Rathauslaube» vor einem zahlreichen und gespannt horchenden Publikum vorgetragen und nachträglich zu einer Gesamtstudie über das Verhältnis USA–Schweiz in der einschlägigen Periode erweitert hat. Zur Erhellung der heiklen Probleme war der Verfasser, ein ausgezeichneter amerikanischer Historiker, in zweifacher Hinsicht prädestiniert. Als Direktor der Handschriftenabteilung der Library of Congress auf dem Capitol verfügte er über die gesamten Unterlagen und Dokumente des Staates und der Armee. Und als warmer Freund der Schweiz schenkt er seit langem den Beziehungen zwischen den beiden «Sister Republics» seine besondere wissenschaftliche Aufmerksamkeit und persönliche Sympathie. Ohne dass die Objektivität darunter leiden würde, ist denn auch seine Schrift von dieser Zuneigung zur Schweiz temperiert und durchpulst.

Die Arbeit von Dr. Hutson hat zwei Schwerpunkte. Nach eingehender Auflistung der bestürzten amerikanischen Reaktionen sowohl bei den amtlichen Institutionen wie in der Öffentlichkeit – worunter das Statement von Walter Lippman, dem damals hervorragendsten Publizisten Amerikas, die deutlichste Sprache führt – geht der Verfasser auf Grund aller Berichte der Flugleitung und der Rapporte der beteiligten Staffeln minutiös der Frage nach, wie es zur katastrophalen Fehleinschätzung der Situation und zum Bombenabwurf kam. Geplant und befohlen war dem dreifachen Geschwader, das vom Stützpunkt in England aus operierte, der Angriff auf Ludwigshafen resp. auf die dortigen grossen Rüstungsanlagen der IG Farben, in denen auch das Giftgas für die KZ-Vernichtungslager hergestellt wurde. Schlechtes Wetter, miserable Sicht bei tiefhängenden Wolken, Unerfahrenheit der jugendlichen Piloten, Navigationsfehler, Versagen der noch mangelhaften Radartechnik drängten die Staffeln aus dem zentral-württembergischen Luftraum nach Südosten in die Bodenseegegend ab. Nach Einsicht in den Irrtum erfolgte der Rückflug in den Westen, wobei die Kommunikation zwischen den drei Staffeln offenbar nur noch mangelhaft war und sich der Staffelführer eine Art Panik über die Desorientierung bemächtigte. Die erste Staffel entledigte sich verhältnismässig harmlos ihrer Last über dem waldigen Rücken des Kohlfirst zwischen Schlatt und Uhwiesen, die zweite jedoch, in der Meinung, sich über Singen zu befinden, vollzog den Abwurf über Schaffhausen, während die dritte nach Westen zum Stützpunkt zurückkehrte, ohne aggressiv geworden zu sein.

Soweit scheint die Frage geklärt zu sein. Eine Differenz ergibt sich freilich zwischen diesen Berichten der Piloten und den Beobachtungen in Schaffhausen selber.

Dr. Hutson betont aufgrund der Rapporte der Piloten das miserable Wetter, das jede Orientierung und Sicht verunmöglichte. Nach übereinstimmenden Feststellungen der damaligen Schaffhauser Bevölkerung herrschte aber zu jenem Zeitpunkt schönes Wetter über der Stadt. Der Schreiber dieser Zeilen erinnert sich genau: er hörte, über der Arbeit an seiner Predigt für den Palmsonntag sitzend, das schon oft vernommene, jetzt aber besonders mächtige Brummen am Himmel, trat in den Garten vor sein Haus und sah an einem zwar diffus verschleierten, aber doch recht sonnigen Himmel die gewaltigen silbrigen Bomber, worauf im nächsten Augenblick in nächster Nähe die Bombe in die Steigkirche einschlug und die Erde in der Umgebung überall zu dröhnen anfing. Das korrigiert in einem Punkt die Darstellung von Dr. Hutson über die Sichtverhältnisse. Gleichwohl: die Vermutung, dass es sich beim Angriff um eine gezielte Bombardierung der Schaffhauser Industrie gehandelt habe, ist gerade durch diese Tatsache der klaren Sicht widerlegt. Weder die Stahlwerke Georg Fischer im Mühlental noch die Maschinenfabriken auf dem Ebnat noch die Industrieanlagen der Schweizerischen Industriegesellschaft in Neuhausen, sondern vor allem der westliche Teil der Innenstadt und das Villenviertel auf der Steig wurden getroffen. Eine gezielte Aktion hätte doch bei klarer Sicht gerade diese Industrieanlagen ins Auge gefasst.

Im zweiten Teil seiner Schrift geht Hutson der Frage nach, wie es trotz allen amerikanischen Beteuerungen des Bedauerns und der Bestürzung über das Schaffhauser Ereignis im späteren Kriegsverlauf noch mehrmals zu schweren Verletzungen des schweizerischen Luftraumes und zu abermaligen Bombardierungen mit neuen Opfern an Menschenleben und Zerstörungen kommen konnte. So noch im Jahre 1944 durch Bombenabwürfe über Thayngen und über Stein am Rhein und sogar noch 1945 über Zürich und Basel. Diese unverzeihlichen Fakten lösten, fast mehr noch als das Unglück von Schaffhausen, neue Empörung und die Frage aus, ob nicht die vorausgehenden amerikanischen Entschuldigungen bare Heuchelei gewesen seien. Interessant sind die Feststellungen über die inneramerikanischen Reaktionen des Unmutes und der Betroffenheit über diese Fakten, die Vorwürfe wegen der geographischen Ignoranz und Unfähigkeit der Flieger, die in den USA selbst laut wurden. Hutson deckt auf Grund der Akten gewisse Differenzen zwischen den politisch-diplomatischen und den militärischen Instanzen, bei den letzteren aber auch zwischen dem Generalstabschef Marshall und dem Oberbefehlshaber Eisenhower auf. Die militärische Führung berief sich dabei auf die Unvermeidlichkeit solcher Grenzverletzungen, je mehr Deutschland durch die alliierte Kriegführung eingegrenzt wurde und die Kriegsereignisse sich unserer Grenze näherten. Diese Differenzen führten schliesslich zur Entsendung von General Spaatz, dem Oberkommandierenden der amerikanischen Luftwaffe, zu einer geheimen Zusammenkunft mit den Bundesräten Petitpierre und Kobelt und General Guisan im Bundeshaus, durch die den schweizerischen Beschwerden Rechnung getragen und definitive Abhilfe geleistet wurde. Dass zu gleicher Zeit der Emissär des amerikanischen Präsidenten, Currie, in der Schweiz weilte, um eine faire Neuordnung der Wirtschaftsbeziehungen zwischen der Schweiz und den Vereinigten Staaten für die Nachkriegszeit vorzubereiten, war gewiss nicht reiner Zufall, wenn auch Hutson einen direkten Zusammenhang zwischen diesen beiden Missionen verneint. Im Abkommen zwischen Bundesrat und General Spaatz wurden zwei Zonen des Neutralitätsschutzes nördlich der Schweizer Grenze festgelegt: eine 50-Meilen-Zone in unmittelbarer Nachbarschaft, eine zweite 150-Meilen-Zone weiter nördlich, innerhalb denen amerikanischen Piloten nur auf klar definierte und erkannte Ziele und nur auf ausdrücklichen Befehl des vorgesetzten Generals Angriffe erlaubt sein würden. Bis zum – allerdings nunmehr schon nahen – Kriegsende hat sich diese Lösung bewährt. Abstürze schwer getroffener amerikanischer Bomber, deren Piloten sich auf Schweizer Gebiet retteten und hier interniert wurden, stehen dazu nicht im Widerspruch und tun dem keinen Abbruch.

Am 1. April 1944 wurde die Schweiz durch die Bombardierung von Schaffhausen auf singuläre Weise vom Gluthauch des Krieges angeweht. Auch die weiteren Bombenabwürfe auf Schweizer Gebiet waren mehr als nur fatal. Menschenleben sind unersetzlich, und jedes quantitative oder qualitative Abwägen wäre hier unzulässig. Materielle Schäden sind behebbar, und oft steigt der Phönix verjüngt aus der Asche, wie der erstaunliche Restaurationseifer es gezeigt hat, der in Schaffhausen nach der Bombardierung ausbrach und die reizvolle Stadt noch beträchtlich verschönte. Der Respekt vor den gewaltigen Anstrengungen und den unermesslichen Opfern, den andere Völker zur Befreiung Europas von der deutschen Naziherrschaft leisteten, lässt uns die damaligen Schäden der Schweiz in den richtigen Proportionen sehen. Um so höher ist es dem Autor der vorliegenden Schrift anzurechnen, dass er mit solcher Offenheit, Sorgfalt, Fairness und Unparteilichkeit den – gemessen am Weltgeschehen sekundären – Ereignissen nachgegangen ist und damit einen wichtigen Beitrag zur Geschichte des Verhältnisses zwischen den Vereinigten Staaten und der Schweiz geleistet hat. Es ist zu hoffen, dass auch seine weiteren Bemühungen, die Beziehungen zwischen den beiden «Sister Republics» zu würdigen, Beachtung finden. Dass die beiden räumlich so verschiedenen Bundesstaaten während langer Zeit in einer damals von lauter Monarchien beherrschten westlichen Welt in ihren demokratischen Strukturen gemeinsam die Ideen von Recht und Freiheit hochgehalten haben, verbindet sie historisch und darf nicht zuletzt im Blick auf unser Verfassungsjubiläum von 1998 neu betont werden.

Peter Vogelsanger

Kappel am Albis, 28. Mai 1995

Anmerkung des Übersetzers
Die vorstehende Einleitung ist das letzte Schriftstück aus der Hand meines Vaters Dr. Peter Vogelsanger, der von 1941 bis 1956 Pfarrer auf der Steig in Schaffhausen, von 1956 bis 1978 am Fraumünster in Zürich gewesen ist. Am 2. Juli 1995 hat er ein reiches und erfülltes Leben abgeschlossen.

David Vogelsanger

Bombing the Sister Republic

JAMES H. HUTSON

Um zehn nach elf am Morgen des 1. April 1944 erhielt eine amerikanische militärische Dienststelle in London von einem Bomber über Europa folgende Meldung: «Die 392. Gruppe hat ‹Last Resort› um 10 Uhr 50 mit bescheidenem Resultat bombardiert.»[1] Diese nüchterne Mitteilung bezog sich auf die «schwerste Verletzung»[2] der schweizerischen Neutralität während des Zweiten Weltkriegs, ja sogar während des zwanzigsten Jahrhunderts überhaupt: die Bombardierung der Stadt Schaffhausen durch Flugzeuge der 2. Division der amerikanischen 8th Army Air Force.

Das Wetter in Schaffhausen war am Samstagmorgen, 1. April, gut, aber nicht perfekt. Eine Zeitung berichtete, dass die Stadt einen «sonnigen, klaren Frühlingstag»[3] geniessen konnnte. Stadtpräsident Walther Bringolf erinnerte sich an «leicht bewölktes Wetter».[4] Ein Augenzeuge, der den Angriff in der «Neuen Zürcher Zeitung» beschrieb, sprach von amerikanischen Bombern, die aus den Wolken auftauchten.[5]

Die amerikanischen Piloten selber berichteten ihren Vorgesetzten, Schaffhausen sei «⁵/₁₀» mit Wolken bedeckt gewesen[6], eine Feststellung, die von den Photographien gestützt wird, die von den Bombern aufgenommen wurden, als sie über die Stadt flogen.[7]

Um zehn Uhr hatte das deutsche Radio, das in der Stadt empfangen werden konnte, die Präsenz von Feindflugzeugen nahe der Grenze zwischen dem Dritten Reich und der nordöstlichen Schweiz gemeldet. Kurz nach 10 Uhr 15 war das Dröhnen von Motoren über gewissen Teilen Schaffhausens zu hören. Um 10 Uhr 39 begannen die Sirenen in der Stadt zu heulen. Wegen der ständigen Verletzung des schweizerischen Luftraums seitens alliierter wie auch seitens deutscher Flugzeuge waren die Luftschutzsirenen zu einem gewohnten Bestandteil des schweizerischen Alltags geworden. Die Basler «Nationalzeitung» berichtete am 3. April, die Bevölkerung in weiten Teilen des Landes nehme kaum noch Notiz von ihnen.

Die Zeitung wollte damit sagen, dass die Schweizer die Sirenen als Warnsignale vor möglicher Gefahr kaum mehr respektierten. Die Nachlässigkeit begann in Schaffhausen an der Spitze, denn der Stadtrat, der an diesem Samstagmorgen tagte, ignorierte die Sirenen und arbeitete sich weiter durch seine Traktandenliste.[8] Auch auf dem wöchentlichen Markt in der Nähe des Bahnhofs ging alles seinen gewohnten Gang und wurden die üblichen Geschäfte getätigt, als die Sirenen heulten.[9] Bürger fuhren fort, auf den Strassen zu flanieren. Neugierige rissen ihre Fenster auf und schauten zum Himmel, um zu sehen, was über der Stadt vor sich ging. Ein Geschäftsmann beschrieb, wie er auf die Strasse rannte, als er die Flugzeugmotoren hörte. Die über die Stadt fliegenden Flugzeuge warfen rote Leuchtkugeln ab, und der Mann blieb auf der Strasse, um zu sehen, was weiter geschehen würde. Plötzlich erschütterte eine gewaltige Explosion das Quartier. Er wurde in die Luft geschleudert und blieb bewusstlos liegen. Als er wieder zu sich kam, sah er die Leiche eines Bekannten mit abgerissenem Kopf und rechter Schulter am Boden liegen.[10] Der enthauptete Körper zeigte auf grauenhafte Weise, was die Leuchtkugeln bedeutet hatten: sie zeigten den Flugzeugen an, ihre Bombenlast über Schaffhausen abzuwerfen.

Das von amerikanischen B-24 Liberators ausgeführte Bombardement der Stadt hatte dreissig bis vierzig Sekunden gedauert. Das Ziel der amerikanischen Flugzeuge war die Altstadt, ein Gebiet im südlichen Stadtzentrum am Ufer des Rheins, das den Bahnhof, Regierungsgebäude, Museen, Kirchen, malerische alte Häuser und das Mühlenenquartier, ein altes Industriegebiet, enthielt. Der Bahnhof wurde direkt getroffen, und sechzehn Menschen fanden dort den Tod. Eine Bombe, die nahe beim Gerichtsgebäude einschlug, riss schwere Pflastersteine aus dem Boden. Diese wurden durch die Luft geschleudert und töteten weitere zehn Leute.[11] In einem Bericht vom 12. April an den Schaffhauser Grossen Stadtrat stellte Stadtpräsident Walther Bringolf fest, die Amerikaner hätten 39 Menschen getötet, eine Zahl die sich später auf vierzig erhöhte; 33 mussten in Spitalpflege verbleiben, einige davon mit lebensgefährlichen Verletzungen.[12] Die Toten kamen aus allen Schichten der Bevölkerung, ein Mitglied des Grossen Stadtrats, ein kantonaler Oberrichter, ein Koch, Handwerker, Arbeiter, Frauen und Kinder.

Der Stadtpräsident berichtete, dass Dutzende von Häusern zerstört und 428 Personen infolgedessen obdachlos waren. Siebzehn Fabriken und Geschäfte waren vernichtet, mindestens zweihundert Leute – einige schätzten diese Zahl gar auf tausend – ohne Arbeit. Das kulturelle Erbe der Stadt erlitt unersetzliche Verluste, denn die amerikanischen Bomben hatten einen Flügel des Allerheiligenmuseums zerstört, das die unglaublich kostbaren Bilder von Schaffhausens berühmtestem Künstler enthielt, dem Maler aus dem sechzehnten Jahrhundert, Tobias Stimmer.[13] Wie durch ein Wunder überlebte Stimmers Porträt des Zürcher Naturforschers Konrad Gessner die Bombardierung. Es wurde auf die Strasse geschleudert und wurde dort verhältnismässig unbeschädigt aufgefunden. Weniger Glück hatte Lukas Cranachs berühmtes Gemälde Martin Luthers; es wurde ein Raub der Flammen. Die Katastrophe im Allerheiligenmuseum alarmierte Museumsdirektoren in der ganzen Schweiz. Einige von ihnen entfernten ihre Schätze sogleich aus den Ausstellungsräumen und brachten sie an sicheren Orten unter.[14]

Behörden und Bürger von Schaffhausen wurden für ihr Verhalten nach der Bombardierung weitherum bewundert.[15] Es gab keine Panik: Disziplin, Einfallsreichtum und Bürgersinn überwogen. Da die Telefonverbindungen ausgefallen waren, sandte die Stadtverwaltung Ausrufer und Leute mit handgeschriebenen Plakaten aus, um die Bürger zur Hilfeleistung aufzubieten. Per Telegraph wurde Feuerwehrunterstützung angefordert. Bereits eine Stunde nach dem Angriff strömte eine ununterbrochene Linie von Feuerwehrautos aus Zürich, Winterthur, St. Gallen und anderen Ortschaften in die brennende Stadt.[16] Um zwei Uhr waren die grössten Brandherde isoliert, um halb fünf alle Feuer unter Kontrolle. Bereits um sechs Uhr bereiteten sich die auswärtigen Feuerwehrmänner darauf vor, in ihre Heimatstädte zurückzukehren. Um Einwohner und Besucher vor der Gefahr einstürzender Gebäude oder nachträglich explodierender Bomben zu schützen, sperrten die Bundesbehörden Schaffhausen für den Grossteil des auswärtigen Verkehrs, bis am 10. April das Leben in der Stadt wieder einigermassen seinen normalen Rhythmus aufnehmen konnte.

Stadtpräsident Bringolf beschäftigte die Reaktion seiner Stadt auf die Bombardierung, und am 12. April empfahl er Verbesserungen in der Luftschutzorganisation: Schutzräume sollten klarer gekennzeichnet und mit mehr und besserem Sanitätsmaterial ausgerüstet werden. Obwohl er selber zu diesem Ratschlag vielleicht kaum berechtigt erschien, drängte Bringolf die Bürger, in Zukunft den Alarmsirenen mehr Beachtung zu schenken.[17] Diese Frage wurde in nächster Zeit in der ganzen Schweiz diskutiert, nachdem Zeitungen und Behörden die Einwohner ihrer Ortschaften aufgerufen hatten, sich die Lehren aus Schaffhausen zu Herzen zu nehmen. Obwohl man den Schaffhausern mit Mitgefühl und nicht mit Vorwürfen begegnete, war die Zürcher «Tat» der Meinung, in der Stadt wären wohl nur wenige Menschenleben verlorengegangen, hätte man die richtigen Luftschutzmassnahmen befolgt.[18] Oberst Oscar Frey, Schaffhausens bekanntester Soldat, schrieb in «Volk und Armee», nach seiner Berechnung hätte man in seiner Heimatstadt mit einer verantwortungsbewussten Reaktion auf die Luftschutzsirenen einen Drittel der Verluste verhindern können.[19] Oberst Frey regte sich besonders über den Tod derjenigen Opfer auf, die vom durch die Explosion der amerikanischen Bomben hervorgerufenen Unterdruck buchstäblich aus den Fenstern oberer Stockwerke herausgesaugt worden waren. Auf jeden Fall wandelte sich die Einstellung der Schweizer nach der Bombardierung Schaffhausens von «Zaungastmentalität»[20] zu ängstlichem Eifer.

Amerikanische Zeitungsleute erreichten Schaffhausen bereits am Nachmittag des 1. April, als die Feuer noch überall in der Stadt loderten. Sie waren von der Selbstbeherrschung der Bevölkerung beeindruckt. Thomas Hawkins von der Associated Press berichtete: «Die Stadtbewohner, mit denen ich sprach, drückten Trauer über die Verluste und Bedauern über die

Zerstörung alter Gebäude aus, aber zeigten keine Wut. Sie sagten einfach, sie hofften, dass es nicht mehr geschehen werde.»[21] Eine Meldung der United Press aus Schaffhausen vom 1. April bewunderte die «stoische Ruhe» der leidgeprüften Stadt. «Es gibt keinen Hass auf die Vereinigten Staaten. Amerikaner wurden von Polizei, Armee, Behörden und Bevölkerung mit der grössten Höflichkeit und Freundlichkeit behandelt.»[22] Schweizer in anderen Landesteilen waren weniger gelassen. Aufgestachelt von übertriebenen Beschreibungen der Zerstörung in Schaffhausen – so berichtete der Berner «Bund» am 3. April, die Stadt sei in ein Flammenmeer und in einen Trümmerhaufen verwandelt worden –, wandten sich gewisse Schweizer gegen Amerikaner. Die «Washington Post» berichtete in ihrer Ausgabe vom 3. April, dass in Bern nach den ersten Meldungen über ein fast vollständig zerstörtes Schaffhausen der Volkszorn ausgebrochen sei. Junge Leute titulierten verschiedene Mitglieder der amerikanischen Gesandtschaft mit «Dreckamerikaner». Ein Amerikaner konnte eine Wohnung nicht mehr mieten, die ihm am Vortag angeboten worden war. Die «New York Herald Tribune» berichtete ihren Lesern am 5. April, dass Schlägereien zwischen Schweizern und Amerikanern ausgebrochen seien und dass letztere «Instruktionen erhielten, alle Zwischenfälle zu vermeiden und zu diesem Zweck Bars und öffentlichen Gebäuden fernzubleiben, in Restaurants nur wenn wirklich nötig zu essen und sich nach beendigter Mahlzeit sofort zu entfernen sowie ihre Beziehungen mit Schweizer Freunden normal, aber mit dem Ausdruck des Bedauerns über das Vorgefallene fortzusetzen, gleichzeitig aber jedes möglicherweise bittere Gespräch mit Fremden zu vermeiden». Eine Schweizer Zeitung, die vorgab für das ganze Land zu sprechen, bezeichnete die amerikanischen Flieger, die Schaffhausen angegriffen hatten, als Kriegsverbrecher.[23]

Die Verstimmung vieler Schweizer ging über die Verwüstung in Schaffhausen hinaus und betraf die alliierte Politik, die nach ihrer Meinung zum Unglück geführt hatte, nämlich die Verletzung der schweizerischen Neutralität durch das ständige Eindringen der Alliierten in den schweizerischen Luftraum. Im Frühling 1944 waren die Schweizer stolz darauf, ihre Landesgrenze intakt gehalten zu haben, aber gleichzeitig tief verärgert, weil sie nicht in der Lage waren, die ständigen Überflüge ihres Landes durch die Kriegführenden, allen voran die Briten und die Amerikaner, zu verhindern.[24] Schweizerische Diplomaten überhäuften Washington und London wegen des Verhaltens ihrer Luftwaffen mit Protesten. Regelmässig wurde ihnen zugesichert, dass Abhilfe geschaffen würde, aber die Luftraumverletzungen gingen weiter. Die schweizerische Flugwaffe war gegenüber den Eindringlingen keineswegs völlig passiv geblieben. Gewisse Zeitungen glaubten zwar, eine wirkungsvolle Fliegerabwehr sei möglich, aber allgemein wurde in der Schweiz anerkannt, die Armee könne die Verletzung des Luftraums seitens der mächtigen und technisch immer moderneren alliierten Luftflotten nicht verhindern. Die mangelnde Effizienz sowohl der Diplomatie als auch der militärischen Gewalt legte einigen Schweizern den Schluss nahe, dass im Zeitalter der modernen Kriegführung die Neutralität vielleicht nicht mehr in der Lage sei, eines ihrer Ziele zu erreichen, nämlich den Schutz der Bevölkerung. Die Frage stellte sich, ob moderne Militärtechnologie nicht den Kern der Neutralitätspolitik, die zur nationalen Identität gehört, ausgehöhlt habe. Der amerikanische Gesandte in der Schweiz, Leland Harrison, stellte fest, Schaffhausen habe komplexe Reaktionen ausgelöst, nämlich «Enttäuschung und Empörung aus materiellen, moralischen und theoretischen Gründen».[25] Der Berner «Bund» schrieb am 3. April zur Frage der vielschichtigen Reaktionen in der Schweiz, nicht nur die persönlichen Gefühle der Schweizer seien verletzt worden, sondern auch ihr demokratischer Bürgerstolz.

Einige Schweizer glaubten, die Vereinigten Staaten hätten Schaffhausen angegriffen, um den Fluss von schweizerischem Nachschub für die deutsche Kriegsmaschinerie zu bremsen. Dieser Auffassung steht entgegen, dass die in Schaffhausen getroffenen Fabriken Konsumgüter wie Tafelsilber, Geschirr und Lederwaren produzierten. Schweizerische Zeitungen wandten sich rasch gegen den Verdacht, der Angriff sei ein brutaler Vergeltungsschlag für die Unterstützung des Deutschen Reichs seitens der Schweiz. Die meisten Schweizer gingen davon aus, die Bombardierung sei ein tragischer Fehler gewesen und die Bomber hätten Singen angreifen wollen, eine deutsche Stadt achtzehn Kilometer nördlich von Schaffhausen. Singen war ein Eisenbahnknotenpunkt für Güter, die für die Naziarmeen in Italien bestimmt waren, und enthielt auch einige recht bedeutende Schwerindustrieanlagen.[26]

Dass Schaffhausen und nicht Singen angegriffen worden war, wurde von den Schweizern der geographischen Unkenntnis der amerikanischen Piloten zugeschrieben. Die Schweizer glaubten, die Piloten hätten nicht gewusst, dass die Schweizer Grenze bei Schaffhausen im Norden des Rheins verläuft, und seien davon ausgegangen, nördlich des Flusses sei alles deutsch und damit legitimes Ziel. Die geographischen und politischen Ideen der amerikanischen Luftwaffe seien klar mangelhaft gewesen, klagte etwa das «Journal de Genève».[27] In einem charakteristischen Seitenhieb bemerkte der Berner «Bund» gönnerhaft, von Amerikanern sei vermutlich keine genaue Kenntnis von Details europäischer Geographie zu erwarten.[28]

Die Vermutung amerikanischer Ignoranz war in manchen Fällen auch das Produkt eines Anti-Amerikanismus, der in den dreissiger Jahren in gewissen politischen und intellektuellen Kreisen der Schweiz grassierte, gefördert von einer Ideologie, die in den Vereinigten Staaten eine Festung des vulgären Monopolkapitalismus sah[29]. Gegenüber diesem Bild des «hässlichen Amerikaners» gab es aber auch eine tiefverwurzelte, vielleicht etwas abstrakte Bewunderung der Vereinigten Staaten, die im Bild der «Schwesterrepubliken» zum Ausdruck kam. Seit der Amerikanischen Revolution und intensiviert im 19. Jahrhundert setzte sich die Ansicht durch, zwischen den Vereinigten Staaten und der Schweiz bestehe ein ganz besonderes Verhältnis, da beide Republiken in einer feindlichen, monarchisch geprägten Welt waren. Das Band zwischen den beiden Ländern wurde gestärkt, als beide Seiten bei der Entwicklung ihrer politischen Institutionen bei einander Anleihen machten. Die amerikanische Verfassung von 1787 war Vorbild für die erste schweizerische Bundesverfassung von 1848, während zahlreiche amerikanische Bundesstaaten vor dem Ersten Weltkrieg die schweizerischen Institutionen von Initiative und Referendum übernommen haben.[30]

Das Bild der «grossen Schwesterrepublik» war vom schweizerischen Bundesrat noch 1939 verwendet worden, um die Teilnahme des Landes an der New Yorker Weltausstellung zu rechtfertigen.[31] Es war derart im nationalen Bewusstsein verankert, dass viele Schweizer sich seit Ausbruch des Krieges der alliierten Sache zugehörig fühlten und die amerikanischen Piloten, welche ihre beschädigten Flugzeuge auf sichere schweizerische Flugplätze flogen, als Helden ansahen.[32] Eine vermutlich nicht authentische Anekdote, die im «Time Magazine» vom 6. März 1944 erschien, illustriert die selbstverständliche Annahme von Freundschaft zwischen den Schwesterrepubliken. Es ging um ein angebliches Funkgespräch zwischen einer schweizerischen Flabbatterie und einer Formation amerikanischer Bomber mit folgendem Inhalt: Schweizerischer Kommandant: «Sie befinden sich über der Schweiz.» Amerikanischer Kommandant: «Wir wissen das.» Schweizer: «Wenn Sie nicht umkehren, werden wir schiessen.» Amerikaner: «Wir wissen das.» Das Gespräch wird von einer heftigen Flabsalve unterbrochen und geht dann weiter. Amerikaner: «Sie schiessen eintausend Fuss zu tief.» Schweizer: «Wir wissen das.»

Der Angriff auf Schaffhausen wurde auf den Frontseiten der wichtigsten amerikanischen Zeitungen mit ausführlichen Artikeln und Photographien der beschädigten Stadt erwähnt. Die Idee der Unschuld Amerikas war damit in den Augen vieler zerstört, denn das amerikanische Volk war bisher noch nie mit einem tödlichen Angriff der eigenen Streitkräfte auf ein neutrales Land konfrontiert worden. Früher im Krieg hatten die Russen Schweden bombardiert, die Deutschen Irland und die Briten die Schweiz. Genf, Renens, Basel und Zürich waren damals getroffen worden, und es hatte einige Verluste an Menschenleben gegeben. Die Amerikaner waren aber überzeugt, dass ihre Luftwaffe dank überlegener Militärtechnologie und Moral kein neutrales Blut vergiessen würde. Im Gegensatz zu den Briten, deren Nachtbombardierungen von vielen als unterschiedslos wirkende Gewaltanwendung betrachtet wurden, insistierten amerikanische militärische Verantwortliche auf der präzisen Bombardierung ausschliesslich militärisch wichtiger Ziele bei Tageslicht, eine Strategie die dazu bestimmt war, zivile Opfer auf ein absolutes Minimum zu beschränken.

Die amerikanische Luftwaffe hatte keinerlei Absicht, wie einer ihrer obersten Kommandanten festhielt, «die strategischen Bomber auf den Mann auf der Strasse loszulassen.»[33] Als dann aber der «Mann auf der Strasse» von Schaffhausen getötet wurde, waren viele einfache amerikanische Bürger zutiefst empört. Ein gewisser Raymond B. Young, Jr., zum Beispiel, schrieb am 7. April der «Washington Post», dass: «Wie gross die Wut oder die Trauer im Herz des direkt betroffenen Schweizervolkes auch sein mag, sie werden nie die Wut übertreffen, welche die Nachricht hier ausgelöst hat: Amerikaner werden am wütendsten von allen sein.» Die «Neue Zürcher Zeitung» beschrieb die massiven Sympathiebekundungen zugunsten der Schweiz in den Vereinigten Staaten und berichtete, die Amerikaner verurteilten die unverzeihliche Sünde ihrer Luftwaffe und würden in Amerika lebenden Schweizerbürgern durch Besuche, Briefe, Telegramme und Telephonanrufe ihr Mitgefühl und ihre Entschuldigung ausdrücken. Die Zeitung berichtete, die Amerikaner hielten die Schweizer als echte Demokraten und mitfühlende Helfer in höchster Wertschätzung und stellten fest, die Schweiz sei das letzte Land, das sie durch die Vereinigten Staaten verletzt zu sehen wünschten.[34]

Amerikanische Zeitungen, die schweizerische Annahmen übernahmen, informierten ihre Leser, das Ziel des Angriffs auf Schaffhausen sei Singen gewesen.[35] Die Nähe Schaffhausens zu Singen entschuldigte jedoch nicht, was die «Washington Post» in einem Leitartikel vom 3. April als «unentschuldbaren» Angriff brandmarkte. Der «Washington Star» verlangte in einem Leitartikel vom 5. April eine Untersuchung des Vorfalls, denn «es ist schwierig zu verstehen, wie unsere Bomber bei Tageslicht aus Versehen eine friedliche Stadt jenseits des Rheins und elf Meilen vom anvisierten Ziel entfernt angreifen konnten». Die damals wohl einflussreichste Stimme im amerikanischen Journalismus, diejenige von Walter Lippmann, erregte sich wegen Schaffhausen. In einer Kolumne vom 4. April drückte Lippmann das Bedauern der Nation über den Angriff aus und kritisierte Spitzenvertreter des Board of Economic Warfare, weil sie versucht hatten, die Schweizer mit in den Augen Lippmanns völlig unangebrachten Wirtschaftssanktionen zur Änderung ihrer Handelspolitik zu zwingen. Lippmanns Tribut an die Schweiz verdient es, ausführlich zitiert zu werden:

«Die Neutralität stösst in Nationen, die sich verzweifelt im Krieg befinden, nicht auf viel Sympathie. Aber die Neutralität der Schweiz ist eine ganz spezielle Sache, einzigartig sogar. In ganz Europa hat nur die Schweiz keine Konzessionen gemacht. Umgeben von einer faschistischen Welt, war ihre Neutralität viel mehr als nur eine Politik des Abseitsstehens vom Krieg. Die Schweizer haben ihre demokratischen Freiheiten intakt erhalten, weil sie ihnen teuer sind und weil ihre Herzen fest sind. Das ist ein grossartiger Beitrag zur Menschlichkeit. Während der dunkelsten Tage des Krieges, als Hitler ganz Europa zu überrennen drohte, hat uns der moralische Widerstand der Schweizer in der Überzeugung bestärkt, dass eine Nation, die einmal die Freiheit gekannt hat, diese nie mehr freiwillig aufgeben wird.

Ihr Beispiel soll niemals vergessen werden, und wenn diese Regierung irgend etwas tun kann, um nicht nur ihr Bedauern über die Bombardierung Schaffhausens auszudrücken, sondern auch ihre Wertschätzung für die Rolle, welche die Schweiz gespielt hat, so soll sie es tun. Sie soll das Risiko eingehen, sich im Zweifelsfall zwischen dem Urteil irgendeines Beamten hier und den ehrlichen Argumenten der Schweizer für letztere zu entscheiden. Wir werden reich belohnt sein, wenn wir aus diesem Krieg mit dem Vertrauen und der Freundschaft der schweizerischen Nation hervorgehen.

Lasst uns die unerlässliche Rolle nicht vergessen, welche die Schweiz bei der Versöhnung der Nationen zu spielen hat. Aus einer langen geschichtlichen Tradition heraus ist die Schweiz der Sitz, sozusagen die Hauptstadt der Aufgaben der Nächstenliebe und des Mitleids, die sich der Menschheit stellen. Wir werden die Schweiz brauchen, wenn der Krieg einmal vorbei ist. Sie wird in einem Meer von Elend und Hass fest und frei dastehen. Wir werden die Schweizer brauchen, weil sie vielleicht als einzige überallhin gehen können, von niemandem gefürchtet, das Vertrauen aller geniessend.

Durch dieses fürchterliche Unglück aufgeschreckt, würden wir alle gut daran tun, über das herkömmliche Bedauern und Entschädigungen hinaus mehr zu unternehmen, um unsere moralische

Solidarität mit diesem bewundernswerten Volk auszudrücken.» Schweizerische Zeitungen lieferten ihren Lesern ausführliche Zusammenfassungen der Bekundungen des Mitgefühls in der amerikanischen Presse.[37] Entsprechende Leitartikel in der «New York Times» oder in der «Washington Post» wurden im Wortlaut abgedruckt, ebenso Lippmanns Hommage an die Schweiz, welche auf der Frontseite der «Neuen Zürcher Zeitung» erschien[38]. Der Gesandte Harrison in Bern bemerkte zur Rolle der Presse während der Krise: «Die Haltung der amerikanischen Presse half sehr, die Schweiz von der tatsächlichen öffentlichen Meinung in Amerika in dieser Sache zu überzeugen, und trug entscheidend dazu bei, Wut und Ressentiments im Zaum zu halten und die Ruhe hier wiederherzustellen. Es freut mich, mitteilen zu können, dass die Schweizer Presse nicht gezögert hat, die amerikanischen Reaktionen vollständig zu präsentieren.»[39]

Das amerikanische politische und militärische Establishment teilte die Schuldgefühle des einfachen Bürgers wegen Schaffhausen und überbot sich gegenseitig mit Entschuldigungen an die Schweiz. Staatssekretär Cordell Hull gab am 3. April eine Erklärung ab, in welcher er «mein eigenes tiefes Bedauern und dasjenige aller Amerikaner über die tragische Bombardierung» äusserte und hinzufügte, dass Kriegssekretär Henry Stimson «mir gegenüber das tiefe Bedauern zum Ausdruck brachte, das er und die amerikanische Luftwaffe wegen dieser Tragödie empfinden». «Jede mögliche Vorsichtsmassnahme wird getroffen werden», versicherte Hull den Schweizern, «damit nach menschlichem Ermessen ein derart unglückliches Ereignis sich nicht wiederholen kann.»[40] Assistenzstaatssekretär Breckinridge Long und der Direktor des Büros für Europäische Angelegenheiten, James Dunn, überbrachten Hulls Erklärung am Nachmittag des 3. April dem schweizerischen Gesandten in Washington, Charles Bruggmann. Am nächsten Tag schrieb Stimson Bruggmann, der sein Nachbar und ausserdem der Schwager von Vizepräsident Henry Wallace war, einen persönlichen Brief und drückte «sein tiefempfundenes Gefühl des Schreckens» über das in Schaffhausen Geschehene aus.[41]

In Bern suchte am Nachmittag des 1. April der amerikanische Gesandte Harrison den Vorsteher des Eidgenössischen Politischen Departements, Bundesrat Marcel Pilet-Golaz, auf, um ihm sein Bedauern und seine Sympathie auszudrücken. Amerikanische Konsuln in verschiedenen Schweizer Städten statteten den Lokalbehörden Kondolenzbesuche ab. Am Nachmittag des 3. April suchten in London General Carl Spaatz, Kommandant der strategischen Luftstreitkräfte der Vereinigten Staaten in Europa, und der amerikanische Botschafter John G. Winant den schweizerischen Geschäftsträger auf, um das Bedauern ihres Landes zu übermitteln und zu erklären «wie sehr es unseren Fliegern leid tut, dass dies geschehen ist».[42] Am nächsten Tag schrieb der Vorgesetzte von Spaatz, General Henry H. «Hap» Arnold, seinem schweizerischen Pendant, dem Chef der Flieger- und Flabtruppen, Oberstdivisionär Rihner, «um persönlich mein extremes Bedauern über den traurigen Vorfall in Schaffhausen am 1. April auszudrücken. Ich weiss, Sie verstehen, dass die Bombardierung dieser friedlichen und freundlichen Stadt nur als Resultat eines Irrtums geschehen konnte.»[43]

Der Stabschef der amerikanischen Armee [zu der die Luftwaffe damals noch gehörte; Anmerkung des Übersetzers], General George C. Marshall, interessierte sich persönlich für Schaffhausen und drängte Staatssekretär Hull, bei der Bezahlung von Kompensation nicht kleinlich zu sein. «Verlangen Sie die Rechnung der Schweiz», schrieb Marshall an Hull, «und bezahlen Sie sie sofort.»[44] Der Gesandte Harrison erhielt denn auch am 5. April eine Instruktion, von den Schweizern eine vollständige Aufstellung des Schadens in Schaffhausen einzufordern, damit «angemessene Reparationen» bezahlt werden könnten. Vorerst wurde er ermächtigt, eine Million Dollar als Anzahlung an die Schaffhauser Rechnung auszubezahlen. Im Oktober 1944 bezahlten die Vereinigten Staaten weitere drei Millionen Dollar, während sich jedermann im klaren war, dass die endgültige Rechnung weit höher ausfallen würde.

Die Bombardierung Schaffhausens hätte zu keinem schlimmeren Zeitpunkt für die amerikanische Luftwaffe erfolgen können. Die Luftwaffe war ein neuer Zweig der amerikanischen Streitkräfte, der «fast über Nacht gereift war, als der grosse Krieg eben begonnen hatte».[45] Traditionalisten warfen der Luftwaffe vor, ihre Fähigkeiten zu übertreiben. Die Skeptiker in bezug auf die Möglichkeiten von Luftschlägen waren nicht unzufrieden damit, dass die Arroganz der Flieger einen Dämpfer erlitten hatte, und waren bereit, jede Chance zu ergreifen, um zugunsten einer Reduktion der Rolle der Luftwaffe in der Kriegführung zu argumentieren. Das Fiasko bei der Schlacht von Cassino in Italien Mitte März 1944 spielte den Kritikern in die Hände. Bomber hatten Cassino mit hochexplosiven Sprengkörpern eingedeckt, und der Kommandant der Operation hatte bereits «euphorisch erklärt, ... die Stadt sei vernichtet worden».[46] Weit davon entfernt, hatten die deutschen Verteidiger aus ihren Bunkern heraus der alliierten Bodenoffensive eine empfindliche Niederlage beigebracht. Noch schlimmer, die Luftwaffe war gezwungen gewesen zuzugeben, dass sie aufgrund von «Fehlern bei der Zielidentifikation»[47] alliierte Truppen, die daran waren, in Cassino einzudringen, unter Verlusten an Menschenleben bombardiert hatte.

Das Debakel von Cassino und die Unfähigkeit der Luftwaffe, den Himmel, wie seit den ersten Monaten des Jahres 1944 versprochen, von deutschen Flugzeugen zu säubern, rief in den Vereinigten Staaten – gemäss einem Kommentar des «Washington Star» vom 9. April – «eine beginnende Tendenz in gewissen Kreisen, ihre [der Luftwaffe] grossartige Stärke anzuzweifeln» hervor. Der Kommentator erklärte, die Enthusiasten hätten das Potential der Luftwaffe «wie eine Hyperbel» angepriesen, «als ob es den Krieg für sich allein gewinnen könnte. (...) Jetzt, da wir wissen, dass es nicht allmächtig ist, besteht die Gefahr, dass seine Schwächen in einer Art ungekehrter Hyperbel ebenso übertrieben werden.» Die Luftwaffe war mit einer Desillusionierung in bezug auf ihre Fähigkeiten konfrontiert und befürchtete, ihre Kritiker würden Schaffhausen als neues Beispiel für systematische Inkompetenz heranziehen.

Die Strategie der Luftwaffe bestand darin, das Unglück von Schaffhausen herunterzuspielen und in der Hoffnung, es werde rasch aus dem Bewusstsein der Öffentlichkeit verschwinden, so wenig wie möglich darüber zu sagen. Reporter erhielten die Erlaubnis, mit am Luftangriff Beteiligten zu sprechen, aber «die Zensoren unterbanden alle direkten Zitate der Flieger und ihrer Kommandanten über die eigentliche Bombardierung, offensichtlich auf Befehl von oben».[48] Flieger, die sagten, dass sie von unerwartet starken Winden vom Kurs abgetrieben worden seien, liessen aber doch eine erste Information an die Öffentlichkeit gelangen. Das offizielle Communiqué der Luftwaffe, das am frühen Morgen des 2. April publiziert wurde, war extrem kurz. Von den amerikanischen Agenturen verbreitet, hielt es fest: «Liberators sind tief ins südwestliche Deutschland eingedrungen, um industrielle und Verbindungsziele zu treffen. Aufgrund von Navigationsschwierigkeiten in schlechtem Wetter fielen einige Bomben irrtümlicherweise auf schweizerisches Territorium.»[49]

Reuters, die britische Nachrichtenagentur, übernahm den Passus über das Wetter, änderte ihn aber gleichzeitig substantiell und sprach davon, dass die Bomben «als Folge schlechter Sicht» irrtümlicherweise auf die Schweiz gefallen seien. Die Reuters-Depesche wurde von verschiedenen schweizerischen Zeitungen übernommen[50] und irritierte die Schweizer, denn, wie die «Basler Nachrichten» am 3. April schrieben, alle Berichte waren sich darüber einig gewesen, dass die Bombardierung von Schaffhausen bei klarem Himmel erfolgt sei. Der amerikanische Militärattaché in der Schweiz, General Barnwell R. Legge, drängte bei der Luftwaffe darauf, nicht mehr zu behaupten, dass «schlechte Sicht» für das Unglück von Schaffhausen verantwortlich sei.[51] Die Luftwaffe hatte nie eine solche Behauptung aufgestellt und lehnte es ab zu dementieren, da sie kein Interesse daran hatte, die Kontroverse am Leben zu erhalten. Die Luftwaffe beschränkte sich also darauf, offenzulegen, dass starke Winde und Navigationsprobleme bei der Bombardierung Schaffhausens eine starke Rolle gespielt hätten, und der öffentlichen Spekulation nicht zu widersprechen, wonach Singen das tatsächliche Ziel der B-24 gewesen sei. Damit ging sie davon aus, eine plausible Erklärung für das Desaster des 1. April geliefert zu haben. Es schien nicht unwahrscheinlich, dass die Flugzeuge achtzehn Kilometer vom Kurs abgetrieben worden waren. Dass die windgeschüttelten Bomber eine neutrale Stadt getroffen hatten, war natürlich schmerzhaft, aber für die Glaubwürdigkeit der Luftwaffe weit weniger schädlich als der Alptraum einer Mission, die aufgrund des Versagens einer neu eingeführten modernsten Technologie im Chaos geendet hatte, mit ganzen Geschwadern von amerikanischen Bombern, die verlorengegangen waren und in einer vergebenen Suche nach Zielen hektisch über Süddeutschland kreuzten. Schliesslich waren die falschen Ziele in drei verschiedenen Ländern bombardiert und die fälschlicherweise bombardierten Ziele auch noch falsch identifiziert worden. Genau das war der 8th Air Force nämlich am 1. April passiert und resultierte im Unglück von Schaffhausen.

Das primäre Ziel der amerikanischen B-24 war am 1. April keineswegs Singen gewesen, sondern die Anlagen der IG Farben in Ludwigshafen, etwa zweihundert Kilometer nördlich des Raumes Singen-Schaffhausen. Die Luftwaffe beschrieb den Industriekomplex als «den grössten und wichtigsten Produzenten von kriegswichtigen Chemieprodukten in Europa», und die amerikanische Presse sprach vom «Zentrum der Fabrikation von Giftgas» in Deutschland. Das Sekundärziel der amerikanischen Flieger war das «Stadtzentrum» von Ludwigshafen, und als «Ersatzziel» war «jedes militärische Objekt, das als sich in Deutschland befindend identifiziert werden kann», vorgegeben.[52]

Ludwigshafen war ein Lieblingsziel der 8th Air Force. Die IG Farben waren bereits am 30. Dezember 1943 und erneut am 7. Januar 1944 bombardiert, aber nur wenig beschädigt worden.[53] Im September 1944 sollten die riesigen Chemieanlagen zehnmal angegriffen werden. Eine Mission gegen Ludwigshafen war für den 31. März vorgesehen, musste aber wegen «turbulenten Wetters», das alle Operationen über Westeuropa bis am 7. April – mit Ausnahme des ersten April – verhindern sollte, abgesagt werden. Schlechtes Wetter war ein ebenso gefährlicher Gegner der 8th Air Force wie die deutsche Luftwaffe. Der Wetterdienst der Air Force berechnete, dass in einem durchschnittlichen Jahr das Wetter über Deutschland nur an 20 % der Tage klar genug für Sichtbombardierung war, nur 13 Tage eigneten sich in dieser Schätzung zwischen Januar und März dafür.[54] Wenn aber nur wenige Missionen erfolgen konnten, war die Luftoffensive gegen Deutschland zum Scheitern verurteilt, denn die Fabriken konnten zwischen den Angriffen repariert oder verlagert werden. Was die amerikanische Führung brauchte, war eine Technologie, die ihr erlaubte, den Luftkrieg ohne Unterbruch, bei gutem oder schlechtem Wetter, zu führen. Die Antwort war Radar.

Die Briten erkannten als erste das Potential von Radar für die Kriegführung. 1941 begannen sie H2S zu entwickeln, ein in sich geschlossenes System, das einen Energiestrahl benutzte, um ein kartenähnliches Bild auf den Indikator einer Kathodenstrahlröhre zu projizieren. Sie montierten H2S auf «Pfadfinder», eigens modifizierte Flugzeuge, welche die Geschwader zu den unter den Wolken liegenden Zielen führten. Die amerikanische Luftwaffe folgte in den Spuren der Briten und entwickelte ihre eigene Radarbombertechnologie, welche sie H2X nannte. Auf amerikanischen «Pfadfindern» montiert, kam das H2X-System zum ersten Mal am 3. November 1943 zum Kampfeinsatz.[55]

Zum Zeitpunkt der Bombardierung Schaffhausens war Radarbombardierung noch immer eine experimentelle Technologie, die unter den üblichen Pannen und Störungen litt. Am 22. März 1944 gab General Spaatz zu, dass es sich um «eine Interimsausrüstung, worüber noch viel zu lernen bleibt», handle. Spaatz war bereit, sich mit den Anfangsschwierigkeiten von H2X abzufinden, «denn wir können nicht rennen, bevor wir gelernt haben zu gehen».[56] Der Hauptvorteil der neuen Technologie bestand darin, dass sie der 8th Air Force erlaubte, Deutschland unabhängig vom Wetter unablässig anzugreifen. Spaatz behauptete, dass dank H2X «Jäger und Bomber in Wetter operieren können, das für Kampfoperationen nie in Frage gekommen wäre, was uns erlaubt, den fünffachen Druck von dem, was unter den Beschränkungen der Sichtbombardierung möglich gewesen wäre, auf den Feind auszuüben».[57] Ohne H2X hätten amerikanische Flugzeuge nicht versucht, im schlechten Wetter des 1. April zu fliegen. Dass Ludwigshafen an diesem Tag zum Ziel gewählt wurde, war kein Zufall, denn eine der Stärken des neuen Systems bestand in seiner Fähigkeit, zwischen Land und Wasser zu unterscheiden. Da die Anlagen der IG Farben sich über fünf Kilometer am Ostufer des Rheins erstreckten, wurde angenommen, sie könnten auch unter den schlechtesten Bedingungen lokalisiert und angegriffen werden.

Die Luftwaffe plante, 467 Bomber und 489 Begleitjäger – vor allem

P-47, aber auch einige P-51 – gegen Ludwigshafen einzusetzen.⁵⁸ Die Dritte Division der 8th Air Force stellte 259 B-17 [«Fliegende Festungen»; Anmerkung des Übersetzers], die Zweite Division 208 B-24. Die B-17 starteten von ihren Flugplätzen in England am frühen Morgen des 1. April. Kaum in Frankreich angekommen, trafen sie auf derart schlechtes Wetter, dass sie ihren Einsatz abbrachen und zurückkehrten.⁵⁹ Die Planung sah für die drei Combat Wings der Zweiten Division vor, sich in der Nähe von Orfordness zu besammeln und den Kanal ab 8 Uhr 40 zu überqueren. Der 20. Combat Wing, bestehend aus der 448., 446. und 93. Bombergruppe (Bombardment Group), führte die Division an. Drei Minuten später folgte der 14. Combat Wing, der an diesem Tag nur aus zwei statt der üblichen drei Bombergruppen bestand, der 392., stationiert in Wendling, und der 44. aus Norwich. Diese Einheiten bombardierten Schaffhausen. Am Schluss der Division folgte der 2. Combat Wing, bestehend aus der 453., der 389. und einer weiteren Bombergruppe. Zwei H2X-Pfadfinderflugzeuge flogen an der Spitze jedes Combat Wings. Sie sollten die Flugzeuge nach Ludwigshafen führen und waren gewissermassen die Augen der Division.

Der 20. Combat Wing mit den beiden anderen im Gefolge verliess die englische Küste um 8 Uhr 47. Die Probleme begannen, kurz nachdem die französische Küste erreicht war. Die 446. Bombergruppe wurde von einer dichten Wolkendecke zerstreut und gab die Mission auf.⁶⁰ Die anderen B-24 flogen im selben Wetter, das die B-17 der Dritten Division abgeschreckt hatte, weiter ostwärts. Eine kompakte Wolkendecke über 6000 Metern und undurchdringlicher Nebel weiter unten verunmöglichten die Sicht auf den Boden. Ein Navigator berichtete, während des ganzen Fluges sei «die Bewölkung extrem dick gewesen und habe es schwierig gemacht, irgendetwas am Boden zu identifizieren».⁶¹ Die B-24-Besatzungen, die sich ihren Weg durch Wolken und Nebel erkämpfen mussten, hatten wohl das Gefühl, in einem Tunnel zu fliegen. Unter solchen Bedingungen muss das Radar einwandfrei funktionieren! Kaum war die Division aber über französischem Gebiet, begann die H2X-Ausrüstung in beiden Pfadfinderflugzeugen, die den 20. Combat Wing und damit die ganze Division führten, Funktionsstörungen zu zeigen. Sie und mit ihnen die Division kamen vom Kurs ab. Ein Offizier der 392. Bombergruppe bestätigte später, «das Pfadfinderflugzeug, das ständig südlich vom Kurs flog, führte uns vollständig fehl».⁶²

Der richtige Kurs, in Luftwaffenterminologie der «gebriefte» Kurs, verlangte von der Zweiten Division, die französische Küste nordöstlich von Dünkirchen zu überfliegen und dann südöstlich zu halten. Wenn sie die Mosel nördlich von Trier erreichten, sollte die Division befehlsgemäss nach Osten abdrehen, bis sie über Bad Kreuznach war, in der Nähe des Rheinknies bei Bingen. Von dort hatte die Division den Befehl, in einem Winkel von 45° nach Südosten abzudrehen, um ihren Bombenangriff auf Ludwigshafen zu fliegen. Wegen der fehlgeleiteten Pfadfinderflugzeuge war die Division 160 Kilometer südlich vom angepeilten Punkt, als sie den Angriff beginnen sollte.⁶³ Als Folge davon herrschte «eine grosse Unsicherheit in bezug auf die Position». Die Division hatte sich ganz einfach verirrt, wie die Besatzungsmitglieder einander über Funk zugaben.⁶⁴ Die B-24 verfolgten nun für eine Weile einen hektischen Zickzackkurs quer über den Himmel, «kreuz und quer fliegend und verzweifelt versuchend, wieder in die richtige Position zu gelangen».⁶⁵ Zu diesem Zeitpunkt hatte auch die H2X-Ausrüstung im 14. und im 2. Combat Wing versagt.⁶⁶ Jedes einzelne Radargerät in der Division war jetzt ausser Betrieb! In der Konfusion interpretierten siebzehn der sechsundzwanzig B-24 des 20. Combat Wing jetzt das Verhalten eines anderen Geschwaders falsch und bombardierten Strassburg. Die Bewohner dieser Stadt hatten allerdings insofern Glück, als die meisten Bomben acht Kilometer westlich der Stadt niedergingen.⁶⁷

Der 2. Combat Wing führte nun die Division an und drehte scharf nach Südosten ab, wie es der ursprünglich geplante Bombenangriff erforderte. Da diese Drehung aber 160 Kilometer südlich des «gebrieften» Kurses erfolgte, führte sie die B-24 noch weiter weg von Ludwigshafen und in Richtung der Schweizer Grenze. Schliesslich erkannte man, dass «ein beträchtlicher Navigationsfehler erfolgt war», und eine Drehung um 180° gegen Norden wurde ausgeführt.⁶⁸ Während der nächsten dreissig Minuten flog eine gemischte Formation von Flugzeugen des 2. und des 20. Combat Wing gegen Norden. Die H2X-Ausrüstung der Pfadfinderflugzeuge funktionierte nun wieder, und sie identifizierten ein Ziel als Ludwigshafen. Die B-24 bombardierten die Stadt, obwohl einige der Besatzungen glaubten, sie hätten Reutlingen angegriffen, eine Stadt südöstlich von Stuttgart, während andere der Meinung waren, sie hätten Stuttgart selber bombardiert. Das tatsächlich – aber mit bescheidenen Resultaten, wie spätere Photoaufklärung zeigen sollte – getroffene Ziel war Pforzheim, eine Stadt siebzig Kilometer südöstlich von Ludwigshafen.[69]

Pforzheim wurde um 11 Uhr 04 bombardiert. Der Angriff auf Ludwigshafen hätte um 9 Uhr 57 beginnen sollen. Die Flugzeuge des 2. und des 20. Combat Wing suchten also während mehr als einer Stunde nach einem Ziel, das während der meisten Zeit über 160 Kilometer weiter nördlich lag. Die P-47- und P-51-Jagdflugzeuge trafen nie am vereinbarten Treffpunkt ein[70] und waren deshalb nicht in der Lage, die Bomber vor deutschen Abfangjägern zu schützen. Das spielte aber keine Rolle, denn das Wetter war für die deutsche Luftwaffe zu schlecht, um aufsteigen und die amerikanischen Bomber angreifen zu können.

Der 14. Combat Wing reagierte anders auf den Verlust der Orientierung als der 2. und der 20. Anstatt diesen auf ihrer Drehung nach Südosten und dann der abrupten Umkehr nach Norden zu folgen, flog er einen ostsüdöstlichen Kurs, der ihn noch weiter weg von Ludwigshafen führte als seine Schwestereinheiten. Während der Combat Wing gegen Osten flog, begann seine H2X-Ausrüstung mit tragischen Resultaten wieder zu funktionieren. Zuerst befahl das Pfadfinderflugzeug, das die 392. und die 44. Bombergruppe führte, «verschiedene Angriffe auf unidentifizierte Ziele, die zum grössten Teil Felder waren».[71] Dann identifizierten die Pfadfinder ein Ziel, das wieder von ihrem Bildschirm verschwand, als Bad Kreuznach,[72] den Punkt auf der «gebrieften» Route nordwestlich von Ludwigshafen, von dem aus der Angriff auf die Stadt hätte beginnen sollen. Da der Wing gegen Osten über das vermutete Bad Kreuznach hinaus geflogen war, nahm er einen Kurswechsel zurück nach Westen vor. Bald nachher, um 10 Uhr 19, ermittelte der Pfadfinder der 392. Gruppe ein Ziel. Der Kommandant des Pfadfinders behauptete, «das Ziel erfasst» zu haben und führte einen Angriff auf das von der 392. Gruppe für Ludwigshafen gehaltene Ziel aus.[73] Die H2X-Ausrüstung fiel wieder aus, gerade als der Angriff begann, und eine Bombardierung auf Sicht wurde befohlen. Diese erschien möglich, denn zum ersten Mal während des ganzen Fluges erschienen «einige grosse Lücken in der Bewölkung» oberhalb des Ziels.[74] Die damit entstandene Sicht wurde von einem der Bordnavigatoren der 392. Gruppe als «fünf bis sieben Zehntel verdeckt» beschrieben.[75] Die Bombardierung auf Sicht wurde vom Bombenschützen des Pfadfinderflugzeuges kommandiert und schlug fehl, wie jeder andere Aspekt dieser glücklosen Mission. Gemäss einem Offizier in der 392. Gruppe «übernahm der Bombenschütze des Pfadfinders die Führung und löste die Bomben vor dem anvisierten Ziel aus».[76] Da die 22 anderen B-24 der Gruppe ihre Bomben auf Leuchtraketen aus dem Pfadfinderflugzeug auslösten, fielen diese auch vor dem Ziel und landeten «drei Meilen [rund fünf Kilometer] südlich und östlich der Stadt *Schaffouson*, Schweiz, in einem bewaldeten Gebiet».[77]

Die Schweizer bestätigten, eine Staffel B-24 habe ein bewaldetes Gebiet ausserhalb von Schaffhausen bombardiert. In seinem Bericht an den Stadtrat vom 12. April erwähnte Stadtpräsident Bringolf, eine Welle von amerikanischen Bombern habe auf dem linken Rheinufer bombardiert und das bewaldete Gebiet des Kohlfirst getroffen. Ein Zuschauer berichtete, «zahlreiche Rauchsäulen» vom Kohlfirst aufsteigen gesehen zu haben, ein anderer sprach von einem Waldbrand dort.[78] Der Kohlfirst war offensichtlich das bewaldete Gebiet südöstlich von Schaffhausen, das die 392. Bombergruppe als Resultat der vorzeitigen Auslösung ihrer Bombenlast getroffen zu haben berichtete.

Die Handlungen der 44. Gruppe sind schwieriger mit den Beschreibungen von schweizerischen Bodenbeobachtern in Übereinstimmung zu bringen. Die 44. war während des ganzen Einsatzes hinter der 392. geflogen. Als sie den Kurs wechselte und nach Westen hielt, realisierte sie, über dem Bodensee zu sein, südlich der deutschen Stadt Friedrichshafen, welche der 14. Combat Wing am 16. März bombardiert hatte. Da die 44. Gruppe eine höhere Flughöhe als die 392. zugeteilt erhalten hatte, konnten einige ihrer Besatzungsmitglieder einen Blick auf die südlich «gerade sichtbaren» Alpen werfen.[79] Ein Navigator und ein Bombenschütze in der zweiten Sektion der 44. Gruppe schlossen daraus, dass sie auf ihrem Flug nach Westen über der Schweiz sein mussten.

Drei der Maschinen der zweiten Sektion waren unter den chaotischen Bedingungen des Einsatzes abgetrennt worden und flogen jetzt mit der ersten Sektion. Im Anflug der 44. Gruppe auf Schaffhausen flogen deshalb fünfzehn B-24 in ihrer ersten Sektion, neun in der zweiten. Was sich nun abspielte, ist nicht völlig klar, aber die Einsatzberichte des Leitnavigators der 44. Gruppe, Oberleutnant C. E. Shuler, und ihres Leitbombenschützen, Oberleutnant John F. King (siehe Anhang), deuten darauf hin, dass die fünfzehn B-24 der ersten Sektion die roten Leuchtraketen sahen, die von der 392. Gruppe abgefeuert worden waren. Sie nahmen an, diese habe Schaffhausen bombardiert, und folgten dem Beispiel. Als Zielpunkt wählten sie «die Gebäude südlich der Stadt bei der grossen Biegung des Flusses».[80]

Gemäss Oberleutnant King kannten der Navigator und der Bombenschütze, welche die neun B-24 der zweiten Sektion anführten, «beide ihre Position, so dass sie ihre Bomben nicht auslösten, als die Bomben der ersten Sektion zu fallen begannen».[81] Die zweite Sektion flog weiter einen nordwestlichen Kurs und, sobald sie sicher war, über Deutschland zu sein, bombardierte sie als «Gelegenheitsziel» die kleine Stadt Grafenhausen. Welches militärische Objekt in der Stadt dies rechtfertigen sollte, ist allerdings nicht klar. Zum Glück für Grafenhausen funktionierte der Auslösemechanismus im Flugzeug des Sektionschefs schlecht, und die Bomben «fielen offensichtlich über den Zielpunkt hinaus».[82]

Ein grosses Rätsel bleibt die Frage, weshalb die zweite Sektion der 44. Bombergruppe ihren Kameraden in der ersten Sektion nicht über Radio mitteilte, die Gruppe sei über der Schweiz und solle nicht bombardieren. Warum wurde die 392. Bombergruppe nicht gewarnt? Aus den Akten lässt sich dieses für Schaffhausen so verhängnisvolle Schweigen nicht erklären.

Wenn die vorstehende Rekonstruktion der Aktionen des 14. Combat Wing über Schaffhausen korrekt ist, muss das folgende geschehen sein: Die 392. Bombergruppe führte den Wing an und bombardierte den Wald auf dem Kohlfirst. Die 15 B-24 der ersten Sektion der 44. Bombergruppe bombardierten dann Schaffhausen. Die dritte und letzte Einheit, die neun B-24 der zweiten Sektion erkannten, dass Schaffhausen in der Schweiz lag, flogen über die Stadt hinweg und bombardierten Grafenhausen in Deutschland. Dieses Szenario widerspricht aber der einhelligen Aussage der schweizerischen Beobachter auf dem Boden, die versicherten, die dritte, nicht die zweite Sektion von B-24 habe Schaffhausen bombardiert.

Amerikanische Akten und schweizerische Beobachter stimmen darin überein, drei Wellen von B-24 seien am Angriff auf Schaffhausen und die Umgebung beteiligt gewesen. Am 2. April sandte General Legge, der amerikanische Militärattaché eine Zusammenfassung der offiziellen schweizerischen Version von der Bombardierung nach Washington: «Drei Wellen von Flugzeugen der United States Army Air Forces überquerten Schaffhausen von Frauenfeld herkommend um 10 Uhr 50 in einer Höhe von 5000 bis 7000 Metern. Die führende Welle kreiste und warf Rauchsignale ab... Die zweite Welle bombardierte nicht. Die dritte Welle wie die erste».[83] An einer Pressekonferenz am 1. April in Schaffhausen stellte Stadtpräsident Bringolf fest, es sei die einstimmige Meinung der Beobachter, drei Wellen von 30, 20 und 24 Bombern hätten sich der Stadt genähert, aber nur die dritte Welle habe tatsächlich bombardiert.[84] Ein Korrespondent der «Neuen Zürcher Zeitung», der auf den Turm der katholischen Kirche Neuhausen gestiegen war, um eine unbehinderte Sicht des Angriffs zu gewinnen, bestätigte die Aussage Bringolfs und meldete, eine erste Gruppe von B-24 sei aus einer Wolke herausgekommen und habe südlich des Rheins bombardiert, zwei Minuten später sei eine zweite Staffel vorbeigeflogen ohne irgendwelche Bomben abzuwerfen, gefolgt von einer dritten Staffel, welche die Stadt angriff.[85]

Schweizerische und amerikanische Berichte lassen sich nur dann miteinander in Einklang bringen, wenn man annimmt, dass die Oberleutnants Shuler und King, der Leitnavigator und Leitbombenschütze der 44. Bombergruppe, in der Verwirrung dieses Tages die ganze Gruppe von einer Position an der Spitze der zweiten Sektion aus führen mussten. Waren Shuler und King tatsächlich der in Kings Einsatzbericht beschriebene «Navigator und Bombenschütze», die «beide ihre Positionen kannten», gewesen, so hatten sie die zweite, kleinere Sektion über Schaffhausen geführt, ohne Bomben abzuwerfen. Die grössere erste Sektion, die folgte, würde dann den fatalen Fehler begangen haben. Die dritte Welle der amerikanischen B-24 hätte somit die Bombardierung ausgeführt, wie es die schweizerischen Beobachter berichteten. Hätten Shuler und King tatsächlich die ganze Gruppe an der Spitze der zweiten Sektion angeführt, so wäre ihr Versäumnis, die Gruppe zu informieren, sie sei über neutralem Territorium, unerklärbar und wäre nichts weniger als verbrecherische Fahrlässigkeit. Wie konnte King aber in diesem Fall die Bomben der ersten Sektion, die hinter ihm geflogen wäre, gesehen haben? Es gibt keine klaren Beweise, um Shuler und King um irgendeines Fehlers willen zu verurteilen. Wir wissen lediglich, dass fünfzehn B-24 der 44. Bombergruppe am Morgen des 1. April 1944 ihre Bombenlast über Schaffhausen abgeworfen haben.

In der Schweiz hätte man die Darstellung, wonach Schaffhausen am 1. April gimpflich davongekommen sei, als obszöne Frivolität betrachtet. Man kann sich aber vorstellen, was geschehen wäre, hätte der 14. Combat Wing die Stadt in voller Kampfkraft angegriffen. Wäre die dritte Bombergruppe an diesem Tag mit dem Wing geflogen, wie es üblich war, hätten zusätzliche 24 B-24 Schaffhausen bombardiert. Aber auch abgesehen davon erlitt die Stadt nicht die volle Wucht des amerikanischen Angriffs. Die 392. Bombergruppe warf 868 Hundertpfund-Brandbomben und 264 Hundertpfund-Explosivbomben in den Wald am Kohlfirst ab. Die Sektion der 44. Bombergruppe, die an der Stadt vorbeiflog, traf Grafenhausen mit 358 Brand- und 180 Explosivbomben. Die fünfzehn Flugzeuge, die Schaffhausen tatsächlich bombardierten, warfen weniger als die Hälfte ihrer Bombenlast auf die Stadt ab, nämlich 598 Hundertpfund-Brandbomben und 180 Hundertpfund-Explosivbomben.[86] Sofern Stadtpräsident Bringolfs Zahlen in seinem Bericht vom 12. April[87] korrekt sind, dann müssen mehr als die Hälfte der Bomben der fünfzehn B-24 in den Engewald auf den Hügeln westlich der Stadt gefallen sein. Ein Major Notz der Schweizer Armee berichtete dem «Journal de Genève», dass dort eine grosse Zahl von Brandbomben niedergegangen sei.[88] Hätte der 14. Combat Wing all seine Bomben genau auf Schaffhausen abgeworfen, so wäre die Stadt nicht von 331 Bomben, sondern von 1824 Brandbomben und 552 Explosivbomben getroffen worden. Glücklicherweise wurde der Stadt ein derartiges Inferno erspart.

Die 8th Air Force untersuchte die Bombardierung von Schaffhausen prompt und gründlich. Ein Offizier der 392. Bombergruppe sah darin einen Grund, sich zu beklagen, «man habe sehr viele Erklärungen liefern müssen».[89] Da die Publikation der Fakten über Schaffhausen einem Public-Relations-Desaster gleichgekommen wäre, hielt die Luftwaffe die Resultate der Untersuchung so gründlich wie möglich unter Verschluss. Am 6. April erhielt General Legge in Bern eine Art Zusammenfassung der Zusammenfassung der Untersuchungsergebnisse, die nicht einmal das Ziel des Einsatzes enthüllte.[90] Schlechtes Wetter und Navigationsprobleme wurden für den Angriff verantwortlich gemacht. Obwohl Schweizer Zeitungen über diese Erklärung höhnten, als die Luftwaffe sie am 2. April anbot, war sie doch im wesentlichen richtig. Legge wurde ermächtigt, die ihm vorliegenden Brosamen aus der Untersuchung schweizerischen militärischen Verantwortlichen in Bern mit der von den Schweizern getreulich respektierten Bedingung weiterzugeben, dass «keine Publizität oder Erklärungen folgen durften, die zu weiterer Pressekritik führen würden und für Laien ohnehin nicht überzeugend wären».[91]

Dieselbe «Untersuchung» wurde am 25. April dann auch dem Schweizer Gesandten in Washington, Charles Bruggmann, vorgelegt, wieder mit der Bedingung, dass «die Angelegenheit als vertraulich behandelt werde und weder hier noch in der Schweiz Publizität erfahre».[92] Als Bruggmann eine Woche später zusätzliche Informationen verlangte, sagten ihm Beamte des State Departments wahrheitsgemäss, dass sie das eigentliche Ziel des Angriffs auf Schaffhausen selbst nicht kannten, da die Luftwaffe es «in der Kategorie der militärischen Geheimnisse»[93] einstufe. Mangels weiterer

Informationen nahmen die meisten Schweizer an, das Ziel der amerikanischen Bomber sei am 1. April Singen gewesen.[94] In gewissen Kreisen ist aber immer noch die Ansicht vorhanden, der Angriff auf Schaffhausen sei kein Unglücksfall gewesen, sondern eine amerikanische Strafaktion, um den Schweizern für ihre Unterstützung Deutschlands mit Waffenlieferungen und Geldwäscherei eine Lektion zu erteilen.[95] Nach fünfzig Jahren ist es jetzt wenigstens möglich, mit diesem dunklen Verdacht aufzuräumen.

Schweizerische offizielle Stellen zeigten sich über eine Information befriedigt, welche die amerikanischen Militärs nach der Bombardierung zugänglich zu machen gewillt waren. Am 20. April informierte General Legge Divisionär Rhiner, den Kommandanten der schweizerischen Flieger- und Flabtruppen, dass amerikanische Flugzeuge Befehl hätten, Ziele im Umkreis von 50 Meilen (80 Kilometer) von der Schweizer Grenze nicht anzugreifen, ausser sie seien zweifelsfrei identifiziert. Legge berichtete dem War Department, Rhiner habe sich über diese Mitteilung «äusserst erfreut» gezeigt.[96] Der Schweizer Offizier konnte allerdings nicht wissen, dass Legge lediglich eine amerikanische Praxis bestätigte, die seit 1943 galt und für die B-24, die Schaffhausen angegriffen hatten, in Kraft war. Die Massnahme bot der Schweiz, deren Territorium tatsächlich bis zum Kriegsende noch 37mal von der amerikanischen Luftwaffe bombardiert werden sollte, keine zusätzliche Sicherheit.[97]

Einige dieser 37 Vorfälle verdienen es kaum, als Angriff bezeichnet zu werden. Wie Legge dem War Department am 30. April 1945 berichtete, «wurden viele davon offensichtlich zum damaligen Zeitpunkt von Schweizer Militärbehörden als von derartig geringer Bedeutung angesehen, dass der Militärattaché nicht einmal über sie informiert wurde».[98] Typisch für solche Zwischenfälle war etwa der Schaden an einem steilen Abhang in der Nähe des abgelegenen Weilers Sulsana in Graubünden, den eine angeschossene amerikanische B-24 anrichtete, die acht Bomben abwarf, bevor sie eine Notlandung im Tessin vornahm. Eine dieser Bomben explodierte am Abhang und richtete an einem bebauten Feld und einem benachbarten Wald einen Schaden an, der später mit 375 Dollar beziffert wurde.[99]

Andere Luftschläge waren allerdings nicht so harmlos. Als der Krieg sich nach dem Juni 1944 der Schweiz näherte, warnten amerikanische Behörden die Schweizer, dass amerikanische Flieger trotz bester Absichten über die Schweizer Grenze geraten und dort unautorisierte Angriffe ausführen könnten. In seiner Antwort vom 26. Juli 1944 auf eine schweizerische Beschwerde über eine Bombardierung im Thurgau stellte das Staatsdepartement fest, dass die Alliierten sich Deutschland immer mehr näherten und «es offensichtlich unmöglich sei zu hoffen, dass gelegentliche Verletzungen nicht vorkommen werden».[100] Es gab keine Amerikaner, die für die schweizerischen Sensibilitäten mehr Verständnis zeigten als Staatssekretär Cordell Hull und Armeestabschef George C. Marshall, aber diese beiden Verantwortlichen akzeptierten, dass es keinen Weg gab, die Schweizer vollkommen vor unabsichtlichen amerikanischen Angriffen zu bewahren. In einem Brief vom 15. September 1944 an Kriegssekretär Stimson gab Hull zu, «Vorfälle dieser Natur werden vorkommen und womöglich sogar noch zunehmen, wenn sich Kämpfe in unmittelbarer Nähe der Schweizer Grenzen entwickeln».[101] Drei Tage früher hatte sich Marshall zu einem schweizerischen Vorschlag, Beobachter zu amerikanischen Bodentruppen abzudetachieren, geäussert und bemerkt, «wiederholte Verletzungen der Schweizer Grenzen und Neutralität und die Wahrscheinlichkeit ähnlicher Vorfälle in der Zukunft könnten es wünschbar erscheinen lassen, die Gesuche zu genehmigen». Die Präsenz schweizerischer Beobachter «könnte eine Basis für gegenseitiges Verständnis schaffen, den Schweizern die Schwierigkeit, die Grenze in allen Fällen zu bestimmen, aufzeigen und die Verwechslung der Ziele verstehen zu helfen und damit weiteren Protesten über Verletzungen weitgehend die Grundlage zu entziehen».[102]

Obschon die Schweizer nicht bereit waren, offiziell zuzugeben, dass Angriffe auf ihr Territorium unvermeidlich waren, und damit die Alliierten von der Verantwortung dafür zu entbinden, erkannten sie, dass der Vorstoss der amerikanischen und britischen Armeen nach Osten ihre Grenzgebiete in Gefahr brachte, und unternahmen

Schritte, um die Verletzungen auf ein Minimum zu beschränken. Am 9. September 1944 sprachen beispielsweise schweizerische Diplomaten beim amerikanischen Kriegsdepartement vor und drückten ihre Befürchtungen aus, dass Basel angegriffen werden könnte, weil die Landschaft dort «sehr ähnlich wie die französische Umgebung» war und weil es in der Gegend drei Bahnhofsanlagen gab, eine in Frankreich, eine andere in Deutschland und die dritte in der Schweiz. Aus der Luft sahen sie alle ähnlich aus.[103] Die Amerikaner wurden auch informiert, dass die schweizerischen Eisenbahnen elektrifiziert seien, während deutsche und italienische Lokomotiven Kohle benutzten und deshalb an ihrem Dampf erkennbar waren. Grosse Schweizerkreuze waren in der Hoffnung, dass sie den amerikanischen Piloten auffallen würden, auf Gebäuden, Elektrizitätswerken, militärischen Anlagen und offenen Feldern entlang den deutschen und italienischen Grenzen angebracht worden. Die Kreuze hatten teilweise den gewünschten Erfolg. Im Februar 1945 berichteten amerikanische Piloten, bei der Beschiessung eines Zuges sei plötzlich «eine schweizerische Grenzmarkierung eine halbe Meile im Süden zu sehen gewesen», was zum Abbruch des Angriffs führte. Anderseits bombardierten Flugzeuge der First Tactical Air Force am Weihnachtstag 1944 Thayngen, da die Piloten unter dem Eindruck standen, «die Eisenbahnbrücke von Singen in Deutschland» anzugreifen. Ein Schweizerbürger wurde getötet, vier verwundet und Gebäude mit grossen, auf die Dächer aufgemalten Schweizerkreuzen wurden «schwer beschädigt».[104]

Obwohl die Angriffe auf die Schweiz im Herbst 1944 selten und verhältnismässig harmlos waren, verärgerten die fortdauernden amerikanischen Überflüge schweizerische Stellen und führten dazu, dass sowohl das Staatsdepartement wie auch die Botschaft in Bern sich beim Kriegsdepartement in Washington für eine Verbesserung der Situation einsetzten. Staatssekretär Hull erinnerte Kriegssekretär Stimson daran, dass es im eigenen amerikanischen Interesse liege, die Schweiz günstiger zu stimmen, da die Neutralität dieses Landes ihm erlaube, «den amerikanischen Kriegsgefangenen gewisse unschätzbare Dienste zu leisten».[105] General Legge äusserte sich in einem Brief vom 9. November 1944 an das Hauptquartier von General Dwight D. Eisenhower ähnlich, indem er unterstrich, dass die «wiederholten Verletzungen der Grenze unter den Schweizern ein Gefühl der Bitterkeit hervorrufen», von deren gutem Willen das «Schicksal von rund tausend Internierten der [amerikanischen] Luftwaffe» abhing.[106]

Das amerikanische Oberkommando liess sich von solchen Interventionen so lange nicht erschüttern, als nichts Schlimmes – kein neues Schaffhausen – sein Gewissen erneut wachrüttelte. Es war auch der Auffassung, bei einigen der Vorfälle, welche die schweizerischen Klagen provoziert hatten, könnten mildernde Umstände geltend gemacht werden. Die Air Force zeigte eine bemerkenswerte Bereitschaft, die Verantwortung für Angriffe auf die Schweiz auf sich zu nehmen, konnte aber nicht bestätigen, dass ihre Flugzeuge Anfang September 1944 an einer ganzen Serie von Angriffen auf Basel beteiligt gewesen seien. Vielmehr machte sie geltend, es handle sich wohl um in Deutschland gelandete amerikanische Kampfflugzeuge, welche von den Nazis als Teil einer «bewussten deutschen Anstrengung, den alliierten Beziehungen zur Schweiz Schaden zuzufügen», repariert und selber geflogen worden seien.[107] Die Air Force gab auf schweizerische Vorhaltungen hin zu, dass sie die Rheinbrücke bei Diessenhofen am 9. November 1944 angegriffen hatte, behauptete aber, die amerikanischen Flugzeuge hätten nur die deutsche Seite der Brücke getroffen, die ein legitimes militärisches Ziel war. Der durch «herumfliegende Trümmerteile» auf schweizerischem Gebiet entstandene Schaden sei bedauerlich, aber unvermeidlich gewesen.[108] Ein anderer Zwischenfall – in Chiasso am 11. Januar 1945 – stiess bei der Air Force auch nicht auf mehr Mitgefühl. Die Schweizer hatten sich beklagt, amerikanische Kampfflugzeuge hätten die dortigen Geleiseanlagen angegriffen und einen Lokomotivführer getötet. Eine Untersuchung ergab, dass der Lokomotivführer das Opfer amerikanischer Flugzeuge geworden war, die einen aus Como gegen Norden fahrenden Zug beschossen hatten. Als sich der Zug dem Bahnhof Chiasso näherte, hielt er in einem Tunnel an. Ein amerikanischer Pilot sah eine Dampflokomotive nördlich des Tunnels im

Bahnhofgelände von Chiasso. Er war instruiert worden, alle Schweizer Züge seien elektrifiziert, und feuerte auf die Lokomotive, von der er annahm, sie sei diejenige des italienischen Zuges. Der beschossene Zug war aber ein schweizerischer, eine Tatsache, die man leichter hätte erkennen können, wäre das Schweizerkreuz auf dem Bahnhofdach nicht von einem halben Meter Neuschnee zugedeckt gewesen.[109]

Flagrantere Beispiele von Übeltaten der Air Force mussten sich ereignen, bevor das amerikanische Oberkommando zur Tat schritt. Diese erfolgten am 22. Februar 1945 im Verlauf der Operation Clarion. Diese war als Offensive gegen bis anhin vernachlässigte Ziele in kleineren deutschen Städten konzipiert – «relativ jungfräuliche Gebiete» in den Worten eines amerikanischen Planers.[110] Clarion schwappte mit hässlichen Resultaten auf die Schweiz über. Gemäss einer Untersuchung der Luftwaffe trafen von unerfahrenen Besatzungen geflogene Flugzeuge der 8. und der 15. Air Force über Deutschland auf schlechtes Wetter, wurden dadurch «verwirrt» und verirrten sich auf schweizerisches Gebiet. Angesichts von «niedrigem Treibstoffvorrat und unausgelöster Bombenlast» warfen sie diese in der Meinung ab, sie könnte nicht auf die Schweiz fallen.[111] Tatsächlich wurden an diesem Tag zwölf verschiedene Ortschaften in der Schweiz angegriffen, und es waren mindestens zwanzig Todesopfer sowie eine beträchtliche Anzahl von Verwundeten wie auch substantieller Sachschaden zu beklagen. Besonders hart wurden Stein am Rhein und Neuhausen getroffen.

Einer von Präsident Franklin Roosevelts engsten Beratern, Lauchlin Currie, wurde in der Schweiz von der Operation Clarion auf das peinlichste überrascht. Currie war ein Ökonom des New Deal, der von Roosevelt Ende 1944 zum Leiter einer britisch-amerikanischen Delegation ernannt worden war, die mit der Schweiz über eine Schrumpfung von deren Wirtschaftsbeziehungen mit Deutschland verhandeln sollte. Es ging um eine Reduktion der schweizerischen Exporte in das Reich, um Erschwerung des Transitverkehrs zwischen Deutschland und der Schweiz und um Begrenzungen des Stromexports in beide Achsenstaaten. Curries bescheidener Titel eines Administrative Assistant to the President stand in keinem Verhältnis zu seiner wirklichen Bedeutung. Als Currie Roosevelt 1942 in Verhandlungen mit Tschiang Kaischek vertrat, trug er einen persönlichen Brief des Präsidenten bei sich, der den chinesischen Staatsmann informierte, dass er, Currie, «mein vollständiges Vertrauen geniesst und jederzeit zu mir Zugang hat».[112] Viele Schweizer befürchteten, dass Currie in den Verhandlungen eine diktatorische Haltung einnehmen könnte – eine Schweizer Zeitung stellte ein Wortspiel an über den Bern servierten scharfen und konzentrierten «Currie»[113] –, aber der amerikanische Abgesandte sollte sich als mild und versöhnlich herausstellen.

Die britisch-amerikanische Delegation überreichte ihre Beglaubigungsschreiben in Bern am 12. Februar. Der Leiter der britischen Delegation, Dingle Foot, drückte an der Zeremonie seine Erleichterung darüber aus, dass er dem ständigen Schrillen der Luftschutzsirenen in London entronnen war, worauf der schweizerische Minister Walter Stucki ironisch anregte, Foot möge Currie nahelegen, dafür zu sorgen, dass die Bomber die Schweiz wenigstens während der Verhandlungen in Ruhe liessen. Wie eine Schweizer Zeitung gegenüber ihren Lesern ausführte, wollte Stucki damit unterstreichen, im neutralen Bern gebe es häufiger Fliegeralarm als in der kriegsgeprüften britischen Hauptstadt.[114]

Am 22. Februar, als die Operation Clarion eben angelaufen war, statteten Currie und eine Gruppe seiner Kollegen nach einem Zwischenaufenthalt in Zürich Schaffhausen einen offiziellen Besuch ab. Zur amerikanischen Delegation gehörte Allen Dulles, dessen Aktivitäten in Bern als Vertreter des Office of Strategic Services [OSS; Vorläuferorganisation der heutigen CIA] ein offenes Geheimnis waren. Currie wurde übrigens nach dem Krieg, als Dulles Direktor der neugeschaffenen Central Intelligence Agency geworden war, beschuldigt, ein Kommunist zu sein, und floh aus den Vereinigten Staaten nach Südamerika, wo ihn Dulles' Agenten überwachten.

Die Aktivitäten der amerikanischen Luftwaffe am 22. Februar ruinierten Curries Besuch, der als Geste des guten Willens gedacht war, beinahe im wahrsten Sinne des Wortes. Laut einer Genfer Zeitung wurde die amerikanische Reisegruppe auf dem Weg nach Schaffhausen nämlich beinahe von den

Bomben ihrer eigenen Landsleute getroffen.[115] In Begleitung von Stadtpräsident Bringolf besuchten Currie und seine Begleiter das Gemeinschaftsgrab der Opfer der Bombardierung und bezeugten ihren Respekt mit einer Kranzniederlegung. Sie besichtigten dann die beschädigten Stadtteile und besuchten das immer noch als Brandruine dastehende Allerheiligenmuseum, wo Bringolf in einem politisch geschickten Akt einen Empfang organisiert hatte. Als er die Gäste offiziell begrüsste, bat er sie, ihren Einfluss dahin geltend zu machen, dass Bombardierungen der Art, wie sie in der Umgebung von Schaffhausen während seiner Ansprache geschahen, in Zukunft nicht mehr möglich seien.[116] Ein sichtlich betroffener Currie versprach in seiner Antwort, bei Präsident Roosevelt so schnell wie möglich zu intervenieren, um die Angriffe zu beenden.

Currie sandte Roosevelt sofort nach seiner Rückkehr nach Bern eine Botschaft und bat den Präsidenten, alles zu tun, um der Schweiz weitere Leiden zu ersparen. Es ist schwierig, den Einfluss dieser Botschaft abzuschätzen, aber wahrscheinlich ist es doch kein Zufall, dass der amtierende Staatssekretär Joseph Grew am 24. Februar eine Presseerklärung abgab, in der er bekanntgab, er sei «angesichts der Serie von Bombardierungen und Angriffen auf Schweizer Städte am 24. Februar tief schockiert und beunruhigt», dass am 26. Februar General Mar-shall, der immer Sensibilität für das schweizerische Anliegen gezeigt hatte, General Eisenhower befahl, etwas zur «Verhinderung einer Wiederholung dieser Ereignisse» zu tun und dass Eisenhower zwei Tage später «Befehle an die taktischen Luftstreitkräfte erliess, welche Sichtangriffe auf sämtliche Ziele in einem Abstand von zehn Meilen von der Schweizer Grenze und Angriffe unter Instrumentenflugbedingungen innerhalb von fünfzig Meilen untersagten».[117]

Die Angriffe vom 22. Februar riefen eine neue Runde von Kritik an der geographischen Ignoranz der amerikanischen Piloten in den Schweizer Zeitungen hervor, verbunden mit Klagen, die Schweizer seien blosser Versprechungen müde, die von den Handlungen des amerikanischen Militärs immer wieder unterlaufen würden. Worte seien billig, nur Taten zählten und überzeugten, schrieb etwa der Berner «Bund».[118] Die Frustration der Schweizer aufgrund ihrer Unfähigkeit, die Neutralitätsverletzungen zu verhindern, kam in scharfen Fragen in bezug auf die mangelnde Aktivität der eigenen Armee zum Ausdruck. «Wo ist die schweizerische Fliegerabwehr?» wurde zur peinlichen Frage. Die Vereinigten Staaten waren nahe daran, den ihnen in der Schweiz entgegengebrachten guten Willen erschöpft zu haben. Dies kam etwa in der Basler «Nationalzeitung» zum Ausdruck, die resigniert erklärte, dass sie es trotz aller Sympathie für die «grosse Schwesterrepublik» nur schwer akzeptieren könne, dass die Befreiung Europas von Leiden und Tod begleitet sei, welche die amerikanischen Flieger ohne Unterscheidung der Opfer über die Grenze trügen.[119]

Als General Eisenhower den taktischen Luftstreitkräften am 28. Februar Beschränkungen auferlegte, versicherte er General Marshall, dass die Angriffe auf die Schweiz für sein Hauptquartier und für die Luftwaffe Gegenstand extremer Besorgnis seien, warnte aber gleichzeitig, es sei wohl unmöglich, die Verletzung des schweizerischen Luftraums mittels eines administrativen Befehls ganz zu verhindern. «Unter den vorhandenen Bedingungen gibt es keine völlige Garantie, dass solche Zwischenfälle nicht mehr vorkommen...»[120]

Eisenhowers prophetische Vorahnungen waren begründet, denn bereits nach einer Woche griffen amerikanische B-24-Bomber Basel und Zürich an. Diese Angriffe waren aber der sprichwörtliche Tropfen, der das Fass zum Überlaufen brachte und veranlassten das amerikanische Oberkommando, jetzt schnell und entschieden zu handeln, um die Luftangriffe auf die Schweiz ein für allemal zu beenden. Die Bombardierung von Basel und Zürich war eine weniger tödliche Neuinszenierung des Dramas von Schaffhausen: Einige der selben Luftwaffeneinheiten wie damals nahmen daran teil; die Flieger hatten wegen schlechten Wetters die Orientierung verloren und litten unter der Unzuverlässigkeit ihres hochtechnischen Materials; auch sie bombardierten erst, als die Wolkendecke unter ihnen plötzlich aufgebrochen war. Was die Ähnlichkeit zwischen den beiden Angriffen sogar noch unglaublicher macht, ist die Tatsache, dass eine amerikanische Einheit im letzten Moment erkannte, dass sie über dem falschen Ziel war, und deshalb ihre Bombenlast nicht abwarf. Ein wesentlicher Unterschied zwischen den beiden Operationen bestand jedoch darin, dass im März 1945 amerikanische Kommandanten ihre Flieger zu einem höheren Leistungsgrad verpflichteten als im Vorjahr und weniger bereit waren, technisches Versagen als Entschuldigung für Navigationsfehler zu akzeptieren. Der Befehlshaber des amerikanischen Verbandes, der Zürich angriff, wurde tatsächlich wegen Fahrlässigkeit vor ein Militärgericht gestellt, aber freigesprochen.

Die Operation am 4. März 1945 war als Angriff gegen deutsche Düsenjäger-Produktionsanlagen und Flugplätze geplant. Alle drei Divisionen der 8th Air Force, insgesamt 990 B-24, waren zur Teilnahme vorgesehen. Ein zusätzlicher Combat Wing, der 96., bestehend aus den 458., 466. und 467. Bombergruppen, war zu den drei anderen Wings der Division hinzugekommen, dem 2., 14. und 20., die am 1. April 1944 gegen Ludwigshafen geflogen waren. Im Gegensatz zu damals hatte der 14. Combat Wing diesmal all seine Bombergruppen dabei; zur 44. und 392. war inzwischen auch noch die 491. hinzugekommen.[121] Das Wetter über der englischen Küste, dem üblichen Besammlungsort für amerikanische Bomber, die nach Europa unterwegs waren, war am 4. März derart schlecht, dass die 2. Division den Befehl erhielt, bis zum Kontinent zu fliegen und sich nordöstlich von Paris zu besammeln.[122] Von dort sollte die Division bis zu einem Punkt südlich von Strassburg fliegen, dann direkt östlich nach Freiburg, dann südöstlich in Richtung Bodensee, von dort nördlich und nordöstlich, um schliesslich Stuttgart zu überfliegen. Von Stuttgart an hatte die Division den Befehl, in nordöstlicher Richtung zu fliegen. Unterwegs sollte der 20. Combat Wing einen Flugplatz in Schwäbisch Hall angreifen, während der 2. und der 96. Combat Wing in den Raum Würzburg vorstossen und dort die Flugplätze Kitzingen und Giebelstadt angreifen sollte. Der 14. Combat Wing sollte dann laut Befehl nach Nordwesten abdrehen und ein Tanklager bei Aschaffenburg in der Nähe von Frankfurt angreifen.[123]

Das Wetter über dem Kontinent war noch schlechter als über der englischen Küste: eine dichte Wolkendecke bis zu 7000 Metern sowie dichter, andauernder Nebel, den die Piloten als $10/10$ beschrieben, das heisst, dass die Sicht nach unten zu 100 % verdeckt war. Wie am 1. April 1944 hatte die 2. Division das Gefühl, in einem Tunnel ohne jede Sicht nach oben oder nach unten zu fliegen. Als die Division noch von Paris gegen Osten flog, gab der ganze 2. Combat Wing – etwa sechzig B-24 – die Mission auf,[124] wie es die 446. Bombergruppe am 1. April 1944 getan hatte, denn die Piloten konnten einander nicht gut genug sehen, um in Formation zu fliegen. Die anderen Combat Wings der Division flogen weiter nach Osten in immer schlechtere Wetterbedingungen hinein. Laut einem am 5. März eingegangenen Bericht «machten es die Wolken beinahe unmöglich, in irgendeiner Formation zu fliegen. Gruppenführer verloren den Sichtkontakt mit den vorderen Gruppen, und die Staffeln verloren den Kontakt mit ihren Gruppenführern... Alle vorhandene Information deutete darauf hin, dass die Hauptziele nicht erreicht werden konnten und dass so schnell wie möglich Gelegenheitsziele ausgewählt werden sollten.»[125]

Die 2. Division war nun in der Nähe von Stuttgart und entschied sich, diese Stadt mit der «H2X-Methode» anzugreifen. Die Wolken über der Stadt hingen so dicht, dass die Flugzeuge der Division einander ausweichen mussten, wenn sie zum Anflug für den Bombenangriff ansetzten. Ein Zusammenstoss von Flugzeugen des 20. und des 96. Combat Wing konnte nur knapp vermieden werden. Die 466. Bombergruppe musste ausweichen und stiess südlich in den Raum Freiburg vor, welche Stadt sie als Gelegenheitsziel anzugreifen beschloss. Als die Gruppe sich dem Ziel näherte, fiel das H2X-Gerät im Flugzeug des Kommandanten aus. Dieser, ein Oberst Jacobowitz, befahl darauf Bombardierung auf Sicht, denn wie seinerzeit über Schaffhausen öffneten sich die Wolken plötzlich. Je länger Jacobowitz jedoch den Zielraum sehen konnte, desto weniger sicher war er sich über dessen Identität. Er befahl seiner Sektion, die Bombentüren wieder zu schliessen und nach England zurückzufliegen.[126]

Der Chef der zweiten Sektion der 466. Bombergruppe, welche aus neun Flugzeugen bestand – acht eigene und ein verlorenes von der 392. Gruppe – war sicher, dass die Stadt unter ihm Freiburg war. Gemäss einer später durchgeführten Untersuchung «war der H2X-Navigator derjenige, der das Ziel eindeutig als Freiburg identizierte».¹²⁷ Im Sinn einer Vorsichtsmassnahme «überprüfte der Sektionschef die Zielidentifikation mit sämtlichen Besatzungsmitgliedern»,¹²⁸ und alle waren sich einig, dass unter ihnen Freiburg lag. Der Stab von General Spaatz kam später zum Schluss, dass die Bombardierung von Basel – denn Basel und nicht Freiburg war von der zweiten Sektion bombardiert worden – «das Resultat von Instrumenten war, die während des Flugs versagten und falsche Angaben lieferten».¹²⁹

Die Bomben der zweiten Sektion fielen auf den schweizerischen Güterbahnhof in der Nähe des Basler Stadtzentrums. Sieben Personen wurden verwundet und dreissig Häuser beschädigt. Die schweizerischen Behörden schätzten, dass ungefähr sechzig Fünfhundertpfund-Explosivbomben den Güterbahnhof getroffen hatten – es waren tatsächlich 76 –, ebenso wie tausend kleine stabförmige Brandbomben, von denen einige zum schweizerischen Passagierbahnhof abdrifteten und dort Feuer verursachten. Amerikanische Regierungsstellen kamen zum Schluss, dass «eine ganze Reihe von glücklichen Umständen» beim Angriff auf Basel eine Rolle gespielt hätten. Der hauptsächliche Glücksfall bestand darin, dass die Bomben auf einen menschenleeren Güterbahnhof fielen und nicht auf den benachbarten Passagierbahnhof, der voll von der üblichen Sonntagsmenge von Reisenden war.¹³⁰ Ebenso glücklich war der Umstand, dass, wie in Schaffhausen, eine Staffel von amerikanischen Bombern ihre Last nicht abgeworfen hatte. Oberst Jacobowitz' Staffel bestand aus fünfzehn B-24, die 126 Fünfhundertpfund-Explosivbomben mitführten – insgesamt 32 Tonnen hochexplosiven Sprengstoffs, der in Basel hätte ein Blutbad anrichten können.

Nur sechs B-24 griffen Zürich an: eine gemischte Gruppe von drei Flugzeugen der 392. Bombergruppe, zwei aus der 491. und einem aus der 445.¹³¹ Ein Flugzeug der 392. Gruppe führte die Formation an. Die B-24 der 392. und der 491. nahmen zusammen mit anderen Einheiten aus dem 14. Combat Wing an einem Angriff auf Stuttgart teil. Die 44. Gruppe führte den 14. Combat Wing an, die 392. flog an zweiter Stelle, also im Vergleich zum 1. April 1944 genau in umgekehrter Ordnung. Während der Manöver über Stuttgart wurde die Staffel von sechs Flugzeugen nicht nur von der 44. Bombergruppe getrennt, sondern «aufgrund des Wetters von allen anderen Formationen ohne jeden Sichtkontakt mit irgendwelchen anderen Einheiten».¹³² Die Staffel drehte in der Absicht nach Süden ab, Freiburg als ein Gelegenheitsziel anzugreifen. Die H2X-Ausrüstung im Führungsflugzeug «ergab sehr schlechte Resultate» und erlaubte dem Navigator «nur Sicht gegen unten».¹³³ Der Kommandant war sich seiner Position nicht mehr sicher und versuchte von einem anderen H2X-Flugzeug Angaben zu erhalten. Dessen Gerät funktionierte aber auch nicht.¹³⁴ Der Navigator des ersten Flugzeugs sah plötzlich eine Öffnung in der Wolkendecke und führte die Sektion zu einem Angriff auf das angebliche Freiburg. Es handelte sich aber tatsächlich um den Teil Zürichs zwischen Schwamendingen und dem Strickhof.

Das Gebiet enthielt viel Wald und war wenig bevölkert, aber trotzdem wurden fünf Menschen getötet und zwölf verletzt. Die amerikanischen Flieger berichteten später, dass der südliche Teil von Zürich samt dem See unter einer Wolkendecke lag und dass Bodennebel ihre Sicht zusätzlich beeinträchtigte. In seinem Kommentar zum Bombenangriff auf Zürich bemerkte der amerikanische Luftwaffenattaché in Bern, Oberst F. E. Chittle, dass «es angesichts eines wichtigen Wohngebiets in unmittelbarer Nähe der schwerbombardierten Zone als Glück bezeichnet werden kann, dass ein so grosser Teil dieses Potentials harmlos in den Wald und auf freies Feld fiel».¹³⁶

Amerikanische offizielle Beobachter berichteten, die von diesen neuen Angriffen betroffenen Schweizer hätten denselben Stoizismus an den Tag gelegt wie die Bürger von Schaffhausen. Laut dem amerikanischen Konsul in Basel «bewahrte die Bevölkerung eine bewundernswerte Disziplin. Die Leute, mit denen ich Gelegenheit hatte, über diesen bedauerlichen Vorfall zu sprechen, zögerten, ihre eventuell vorhandene Kritik an den Alliierten zur Sprache zu bringen. Statt dessen sagten sie von sich aus, derartige irrtümliche Bombardierungen seien in der modernen Kriegführung wohl unvermeidlich».¹³⁷

Die schweizerische Presse dagegen gab sich Mühe, ihren Beschwerden in neuen Worten Ausdruck zu geben. Die geographische Ignoranz der amerikanischen Militärs wurde einmal mehr angeprangert,[138] ebenso die Scheinheiligkeit der diplomatischen Beteuerungen. Die Frustration wegen der Unfähigkeit der Schweiz, in dieser Sache ihre Neutralität zu verteidigen und ihre Ziele auf diplomatischem Weg zu erreichen, war immer mehr mit Händen zu greifen. Die Zürcher «Tat» klagte, die Schweiz verfüge einfach nicht über die angemessenen Machtmittel, um ihren Protesten das notwendige Gewicht zu verleihen.[139] Die «Basler Nachrichten» warnten, es sei gefährlich, «Luftpiraten» die weisse Flagge zu zeigen, hatten aber auch keine konstruktiven Vorschläge anzubieten, wie das Land seine Ziele erreichen könne.

Ein neues Element war eine einfallsreiche Variante der Theorie, wonach die Vereinigten Staaten Schweizer Städte bewusst bombardierten, um das Land für seine angebliche Unterstützung der Nazis zu bestrafen. Gewisse Schweizer hielten es jetzt für möglich, die Sowjetunion, welche eben einen Propagandafeldzug gegen ihr Land entfesselt hatte, stecke hinter den Bombardierungen, die wohl am Treffen der Grossen Drei in Jalta ausgeheckt worden seien.[141]

Die Angriffe vom 4. März trieben Currie zur Weissglut, dessen Glaubwürdigkeit damit in Frage gestellt war. Seine Versicherungen nach den Bombardierungen vom 22. Februar, wonach er persönlich bei Präsident Roosevelt intervenieren werde, um eine Wiederholung zu vermeiden, hatten in der Schweiz die grösste Publizität erfahren. Das «Journal de Genève» schrieb am 5. März voller Sarkasmus, es hoffe, er warte damit nicht bis zu seiner Rückkehr in die Vereinigten Staaten zu.[142] Ob derartige Vorwürfe ihn beeinflussten, ist nicht klar. Aber am gleichen 5. März kabelte der unermüdliche Gesandte den beiden Generalen Eisenhower und Marshall, um ihre Aufmerksamkeit auf die Angriffe auf Basel und Zürich zu lenken. «Ich kann nicht genug betonen», legte Currie den Generalen ans Herz, «dass den alliierten Luftstreitkräften befohlen werden muss, jede mögliche Vorsichtsmassnahme zur Vermeidung derartiger Vorfälle zu ergreifen. (...) Verletzungen der Neutralität und der Verlust an schweizerischen Menschenleben führen zu äusserst schmerzhaften Eindrücken. Vielleicht können Sie auch öffentliche Erklärungen Ihrerseits in Betracht ziehen, welche meiner Meinung nach der Situation hier sicher dienlich sein würden.»[143]

Curries Vorhaltungen waren aber bereits nicht mehr nötig, denn die Angriffe vom 4. März hatten die Geduld des amerikanischen Oberkommandos erschöpft. Sie führten zu rascher, entschiedener Abhilfe. Spaatz' Vorgesetzter, General Arnold, prangerte die Bombardierungen als «Pfusch» an, für den «angriffslustige, aber manchmal unvorsichtige Führer» verantwortlich waren.[144] General Marshall war «persönlich über die wiederholten irrtümlichen Bombardierungen von schweizerischem Gebiet besorgt»[145] und richtete am 5. März den folgenden Befehl an General Eisenhower: «Spaatz soll in die Schweiz gehen und die Bombardierungsunfälle aufklären.»[146] Am nächsten Tag erhielt Spaatz ein dringendes, streng geheimes Telegramm von Marshalls Hauptquartier, das mehr ins Detail ging: «Die wiederholten Bombardierungen von schweizerischem Gebiet rufen jetzt nach mehr als dem blossen Ausdruck des Bedauerns. Es wird deshalb gewünscht, dass Sie sich persönlich sofort nach Genf oder irgendeinem anderen Ort begeben, der geeignet erscheint, um den zuständigen schweizerischen Behörden Informationen aus erster Hand über die Ursache dieser Vorfälle und die getroffenen Massnahmen sowie eine Entschuldigung in aller Form anzubieten. (...) Keine Publizität und höchste Geheimhaltung.»[149] Falls dieser Befehl einen vorwurfsvollen Unterton enthielt, so war das Absicht.

Spaatz befand sich mitten in der Planung für den in der Hoffnung der amerikanischen Generale entscheidenden Vorstoss nach Deutschland. Er konnte sich kaum an der Aussicht auf eine von oben verordneten Reise in die Schweiz freuen, aber er kam dem Befehl sofort nach. Begleitet von seinem Stabschef, General E. P. Curtis, flog Spaatz am 7. März nach Lyon. Von dort fuhr er mit dem Auto nach Bern weiter, wo er um sieben Uhr am Abend desselben Tages ankam. Um neun Uhr am nächsten Morgen präsentierte sich Spaatz mit seiner Begleitung im Bundeshaus, wo sie von einer schweizerischen Delegation empfangen wurden. Diese bestand aus dem Vorsteher des Eidgenössischen Militärdepartements, Bundesrat Karl Kobelt, dem Vorsteher des Politischen Departements, Bundesrat Max Petitpierre, General Henri Guisan und Oberstdivisionär Fritz Rihner, dem

Kommandanten der Flieger- und Flabtruppen.[148] Im Namen des amerikanischen Kriegsdepartements und der strategischen Luftwaffe drückte Spaatz gegenüber Kobelt «unser offizielles und mein persönliches Bedauern über diese Zwischenfälle und im besonderen über den daraus resultierenden Verlust an schweizerischen Menschenleben» aus.

In einer Arbeitssitzung mit den schweizerischen Militärs erklärte Spaatz die spezifischen Massnahmen, die er am 6. März ergriffen hatte, um in Zukunft die Bombardierung schweizerischen Gebiets zu verunmöglichen. Wie er offenlegte, hatte er zwei Linien um die Schweiz gezogen. Innerhalb der ersten Linie, rund achtzig Kilometer nördlich des Rheins, von Strass-burg bis Innsbruck reichend, durfte von nun an ohne ausdrückliche Genehmigung durch Spaatz persönlich nicht mehr bombardiert werden. Innerhalb einer zweiten Linie, die rund 160 km nördlich der ersten verlief, war es nötig, die Genehmigung des Hauptquartiers von Spaatz zu erhalten, um «mit anderen Mitteln als denjenigen der direkten Sicht» zu bombardieren. Spaatz legte auch den Befehl General Eisenhowers vom 28. Februar an die taktischen Luftstreitkräfte offen, in denen diesen jeder Angriff auf Ziele mit weniger als sechzehn Kilometern Abstand zur Schweizer Grenze verboten wurde, während Angriffe «in einer Zone zwischen sechzehn und achtzig Kilometern nur bei eindeutiger Zielidentifikation» gestattet waren.

Laut Spaatz waren General Guisan und Rihner offenbar «von den unternommenen Schritten mehr als befriedigt und versicherten mir, die Information betreffend die verbotene Zone würde strikte vertraulich behandelt». Spaatz antwortete, indem er die Schweizer warnte, falls die Deutschen von der Sicherheitszone um die Schweizer Grenze erführen und diese auszunützen begännen, müsse er unter Umständen neue Angriffe befehlen.

Die Schweizer Militärs warfen gegenüber Spaatz auch noch andere Fragen auf. Sie brachten «ihren Wunsch, von der Air Force 10 P-51 zu erwerben, äusserst klar zum Ausdruck». Offensichtlich beabsichtigten sie damit nicht, amerikanische Bomber abzuschiessen, denn Spaatz bewilligte ihr Ersuchen mit der Begründung, dies würde Sympathien für die Vereinigten Staaten schaffen. Das Kriegsdepartement lehnte es dann aber ab, den Schweizern entgegenzukommen, weil der Nachschub an P-51 auch für die dringendsten amerikanischen Bedürfnisse ungenügend war.[150] Die Schweizer erinnerten Spaatz aber auch daran, dass sie zur Landung in der Schweiz gezwungene amerikanische Flugzeuge reparierten und instandhielten und dass diese Kosten dereinst vom Kaufpreis der P-51 abgezogen werden könnten. Schliesslich erklärten sich die Schweizer bereit, an ihren Grenzen noch grössere Schweizerkreuze als Zeichen für vom Kurs abgekommene Flugzeuge aufmalen zu lassen.

Spaatz informierte das Hauptquartier Marshalls, «die Haltung aller Schweizer Behörden sei sehr verständnisvoll und sogar herzlich gewesen. Sie schienen von unserem Besuch regelrecht beeindruckt zu sein.» Die Schweizer suchten und erhielten Spaatz' Einverständnis, eine Pressemitteilung zu publizieren, die in sehr allgemein gehaltenen Sätzen das Resultat seiner Mission darlegte und «die öffentliche Meinung mit den amerikanischen Anstrengungen, künftige Schwierigkeiten zu vermeiden, beeindrucken sollte».

Dies geschah an einer Pressekonferenz am Abend des 8. März, unmittelbar bevor Spaatz nach Frankreich zurückkehrte.[152] EMD-Vorsteher Kobelt präsidierte die Pressekonferenz und dankte Spaatz, der trotz seiner schwierigen Aufgaben in die Schweiz gekommen sei. Kobelt berichtete, Spaatz habe sein Bedauern über die kürzlichen Bombardierungen ausgedrückt und den Schweizern versichert, er habe sofortige neue und wirksame Schritte befohlen, um die Sicherheit des Landes zu garantieren. Um welche Schritte es sich handelte, legte Kobelt aber nicht dar. Der Bundesrat versicherte seinen Landsleuten, die Situation werde sich nun bessern, und das geschah auch. Nach dem Besuch von Spaatz gab es keine weiteren Bombenangriffe auf die Schweiz mehr.[153]

Currie nahm an dem Treffen am 8. März nicht teil. Er war daran, seine Rückkehr in die Vereinigten Staaten vorzubereiten, denn am 5. März hatte er seine Verhandlungen abgeschlossen. Die Schweiz hatte eingewilligt, ihre wirtschaftlichen Verbindungen mit Deutschland zu reduzieren. Spaatz erschien erst nach Abschluss von Curries Verhandlungen in Bern.

Das belegt, dass die Mission des Generals nicht darauf angelegt war, Currie mit militärischen Konzessionen zugunsten wirtschaftlicher Ziele zu helfen. Das Motiv für die Mission Spaatz bestand in der Notwendigkeit für die amerikanischen Militärs, ihren Berufsstolz zu retten. Die andauernden Bombardierungen waren ein ständiger Vorwurf an die Adresse der amerikanischen Luftwaffe, die der Welt das Schauspiel einer Organisation gab, die offenbar nicht in der Lage war, ihre eigene Politik gegenüber Neutralen umzusetzen. Die Missionen von Spaatz und Currie liessen die Zukunft der schweizerisch-amerikanischen Beziehungen in einem günstigen Licht erscheinen. Spaatz' Besuch wurde von der Schweizer Regierung mit Dankbarkeit aufgenommen und hatte eine äusserst positive Wirkung auf die öffentliche Meinung.[154] Auch die schweizerische Presse begrüsste die Mission des Generals. Die «Gazette de Lausanne» versicherte am 10. März, Spaatz habe überzeugend demonstriert, dass die amerikanischen Streitkräfte der Bombardierungsfrage grösste Bedeutung beimassen. Auch Curries Verhandlungen wurden von den Schweizern als Erfolg angesehen. Die schweizerische Neutralität war daraus unversehrt hervorgegangen, wie die «Neue Zürcher Zeitung» zustimmend bemerkte. Viele Schweizer hofften auf eine westliche Neuorientierung der schweizerischen Wirtschaft und Politik. Currie wurde für seine handsärmlige Diplomatie, für die die Meinung der einfachen Leute zählte, gelobt. Er werde schon herausfinden, dass diese nicht profaschistisch sei, wie das in Amerika bisweilen dargestellt werde.

Currie enttäuschte die schweizerischen Erwartungen nicht. Er berichtete nämlich Marshall und Eisenhower, die Schweizer seien «in ihrer grossen Mehrheit pro-alliiert» eingestellt.[156] Hatte Currie lediglich den oberflächlichen Enthusiasmus von Leuten beobachtet, die sich vom bevorstehenden angloamerikanischen militärischen Sieg beeindrucken liessen, oder stellte er eine Einstellung zu den Vereinigten Staaten fest, die tiefere Wurzeln hatte? In diesem Zusammenhang verdient Bundesrat Kobelts Bemerkung zu Beginn des Treffens vom 8. März mit General Spaatz Erwähnung, als er seinen Besuchern sagte, die Schweiz sei stolz darauf, zusammen mit den Vereinigten Staaten für die älteste Demokratie der Welt angesehen zu werden.[157] Oder auch die Bemerkung eines hohen IKRK-Vertreters, Louis Micheli, der am 10. November 1944 zum amerikanischen Gesandten Harrison – ausdrücklich stellvertretend für «die Haltung sehr vieler Schweizer Bürger» – sagte: «Die Schweiz hat eine enge Affinität zu seinem eigenen [Präsident Roosevelts] Land vom Gesichtspunkt der Verfassung wie auch der Grundsätze der inneren Organisation her.»[158]

Solche Bemerkungen könnten als Schmeichelei abgetan werden, die darauf angelegt war, gute Beziehungen mit den Vertretern einer entstehenden Supermacht aufzubauen. Die Bereitschaft der Vertreter der offiziellen Schweiz, sie auszusprechen, deutet aber doch darauf hin, dass das traditionelle Konzept der Schwesterrepubliken in der Schweiz immer noch genügend einflussreich war, um gegenüber den Vereinigten Staaten ein positives Vorurteil zu bewirken. Wie Currie entdeckte, war dieses stark genug, um selbst die schwere Prüfung der amerikanischen Bombardierungen zu überleben.

Das Kriegsende in Europa im Mai 1945 führte noch nicht zum Abschluss des Kapitels der amerikanischen Bombardierungen in der Schweiz. Die Schäden mussten nun endgültig festgestellt werden, und – eine grössere Herausforderung – es galt, den amerikanischen Kongress davon zu überzeugen, dass jetzt die Rechnung auch bezahlt werden müsse. Nach Kriegsende sandten die Vereinigten Staaten Ermittler in die Schweiz, die schweizerische Forderungen zu bestätigen hatten. Bis zum Frühling 1947 waren dann die meisten Forderungen zur Zufriedenheit aller soweit erledigt. Das Staatsdepartement ersuchte den Kongress deshalb, eine Interimszahlung von zehn Millionen Dollar zu bewilligen. Diese Zahlung sollte sowohl den Bombardierungsopfern zugute kommen als auch den Besitzern von Liegenschaften, die durch den Absturz von abgeschossenen amerikanischen Flugzeugen beschädigt worden waren. 46 solcher Vorfälle machten einen Sechzigstel der Bombardierungsentschädigung aus.[159] Der Gesetzesentwurf des Staatsdepartements passierte den Senat und ging ans Repräsentantenhaus. Dort empfahl ihn der Ausschuss für auswärtige Beziehungen zur Annahme. Das Plenum behandelte ihn aber nicht, und so blieb die «Swiss Compensation Bill» für die nächsten zwei Jahre im Kongress stecken.

Im Juli 1947 drängte das Staatsdepartement, den Gesetzesentwurf zu verabschieden, «da gewisse Teile der Schweizer Presse und einzelne Parlamentarier stets darauf aus sind, die kleinste Meinungsverschiedenheit zwischen diesem Land und den Vereinigten Staaten aufzubauschen».[160] Im September forderte die schweizerische Regierung, die verschiedene lokale Forderungen beglichen hatte und damit zum Gläubiger der Vereinigten Staaten geworden war, von Washington «eine substanzielle Vorauszahlung»,[161] und im Oktober machte der Schaffhauser Grosse Stadtrat seine Unzufriedenheit mit der Verzögerungstaktik des Kongresses aktenkundig. Als das Entschädigungsgesetz im nächsten Sommer immer noch im Kongress blockiert war, wurden die Kommentare in der Schweiz schärfer. Stadtpräsident Bringolf schrieb einen Artikel in einer Schaffhauser Zeitung, in dem er sich beklagte, dass man bei allem Verständnis für die Schwerfälligkeit der parlamentarischen Maschinerie in einer Demokratie doch gezwungen sei, seinem Erstaunen und Bedauern darüber Ausdruck zu geben, dass das amerikanische Parlament eine für die Schweiz derart wichtige Angelegenheit so lange verzögere.[163]

Ein Redaktor der Zürcher «Tat» wurde noch deutlicher und hielt fest, diese Hinhaltetaktik seitens der amerikanischen Volksvertreter könne kaum als etwas anderes denn als ein beabsichtigt unfreundlicher Akt gegenüber der Schweiz qualifiziert werden.[163] Die Schweiz zeigte sich besonders darüber empört, dass der amerikanische Kongress mit dem Marshall-Plan zum selben Zeitpunkt benachbarte europäische Nationen mit Milliarden von Dollar überhäufte, in dem er sich weigerte, eine in schweizerischen Augen begründete Schuld von wenigen Millionen abzutragen.[164]

Im Mai 1949 behandelte das Repräsentantenhaus die «Swiss Bombing Claims Bill» schliesslich in einer bemerkenswert unerbaulichen Plenardebatte. Der Abgeordnete Stephen Young, ein Demokrat aus Ohio, griff die Schweizer an als «gefühllos und hart, listig und kaltblütig, und immer um ihre eigenen Interessen besorgt und auf einen unfairen Vorteil aus. Sie zettelten in der Schweiz den Ersten Weltkrieg an», beklagte sich der Abgeordnete, «und die Schweizer wurden im Ersten Weltkrieg reich. Der Zweite Weltkrieg wurde dort angezettelt, und die Schweizer bereicherten sich am Zweiten Weltkrieg, während wir unser Blut und Gut hingegeben haben.»[165] Ein Redaktor des «Journal de Genève» bekannte in seiner Antwort auf diese «unangebrachten Bemerkungen» sein «Erstaunen, dass diese gegen eine Nation gerichtet waren, die immer die freundlichsten Gefühle für die grosse amerikanische Republik gehegt hat».

Die antischweizerische Rhetorik machte allerdings auf das Repräsentantenhaus wenig Eindruck. Es verabschiedete den Gesetzesentwurf und sandte ihn dem Senat. Nachdem die Zinsen auf den Forderungen von fünf auf dreieinhalb Prozent reduziert worden waren, erlangte der Entwurf, der eine Zahlung von bis zu 16 Millionen Dollar an die Schweiz bewilligte, am 28. Juni Gesetzeskraft. Am 21. Oktober 1949, mehr als fünfeinhalb Jahre nach der Bombardierung Schaffhausens, akzeptierte die Schweiz 62 176 433.06 Franken als Erfüllung ihrer Forderungen. Insoweit Geld die Schweiz überhaupt für den ihr zugefügten Schaden entschädigen konnte, war endlich eine Regelung gefunden worden.

Die Bombardierung der Schweiz seitens der Vereinigten Staaten während des Zweiten Weltkriegs war eine Tragödie. Mindestens siebzig Schweizerbürger wurden getötet, und eine wesentlich grössere Zahl verletzt, zum Teil mit bleibenden Schäden. Die Bombardierungen waren auch eine Tragödie für die daran beteiligten amerikanischen Besatzungen. Diese wurden in unmöglichem Wetter mit unzuverlässigen Instrumenten ausgeschickt, um unzugängliche Ziele anzugreifen. Der Kummer der amerikanischen Flieger war echt, als sie nachträglich erfuhren, dass sie Schaffhausen bombardiert hatten. Einige Flieger waren «zu bewegt, um zu sprechen», während andere nur stammeln konnten, «sie bedauerten schrecklich, dass dies habe geschehen können».[166]

Das Bedauern war gerade wegen des weitverbreiteten guten Willens gegenüber der Schweiz auf allen Stufen der amerikanischen Gesellschaft, auch in den höchsten militärischen Rängen, besonders heftig. Die Schweizer unterschätzten die ihnen in Amerika entgegengebrachte Wertschätzung gewaltig, weil sie die lärmigen Stimmen einiger kurzsichtiger Bürokraten und Kirchturmpolitiker für die Meinung der amerikanischen Öffentlichkeit hielten.

Auch die Haltung der Schweizer gegenüber den Vereinigten Staaten während und nach dem Zweiten Weltkrieg scheint von einem ähnlichen Muster geprägt zu sein. Seit den dreissiger Jahren kritisierte eine lautstarke Minderheit die Vereinigten Staaten, oft von einem ideologischen Standpunkt aus, der in ihnen den schlimmsten Ausdruck des modernen Kapitalismus verkörpert sah. Aber die Mehrheit der Schweizer war gegenüber den Vereinigten Staaten wohlwollend eingestellt. Diese Gefühle überlebten die Provokationen der amerikanischen Luftwaffe während des Krieges ebenso wie die Machenschaften einiger weniger amerikanischer Politiker in der Zeit danach.

Es mag naiv und sentimental erscheinen, wenn man den schweizerischen guten Willen dem Erbe gemeinsamer politischer Einrichtungen zuschreibt, wie es im Bild der Schwesterrepubliken zum Ausdruck kommt. Aber die Skeptiker gegenüber Bildern und Symbolen sind uns eine andere Erklärung dafür schuldig geblieben, weshalb die schweizerisch-amerikanische Freundschaft die dunkeln Tage von 1944 und 1945 überdauert hat. Diese Dauerhaftigkeit erscheint fünfzig Jahre später als ein ausserordentliches Zeugnis der Macht gemeinsamer demokratischer Ideale.

Anmerkungen

1) Archiv der 8th Air Force, Center for Air Force History, Bolling Air Force Base (AFB), Washington, D.C. Dieses Archiv besteht aus Mikrofilmkopien des Originalarchivs in der Air Force Historical Research Agency, Maxwell AFB, Montgomery, Alabama. Die Mikrofilmrollen, die auf der Bolling AFB konsultiert wurden, tragen die Signaturen 520.331, 520.332, 526.331, 526.332 und BO 445. G.P. 392

2) Nationalzeitung, Basel, 3. April 1944

3) A.a.O.

4) Walther Bringolf, Mein Leben. Weg und Umweg eines Schweizer Sozialdemokraten, Bern 1965, 340

5) Neue Zürcher Zeitung (NZZ), 3. April 1944

6) Bericht des Leitbombenschützen (Joseph Whittaker), 392. Bombergruppe, 1. April 1944, reel 526.332, Bolling AFB

7) Vgl. Ursel P. Harvell, Liberators over Europe. 44th Bombardment Group, San Angelo, Texas, 1949, nicht paginiert

8) Stadtpräsident Bringolf berichtete, dass er die Stadtratssitzung kurz unterbrach, als die Sirenen zu heulen begannen, und zum Fenster ging, um den Himmel zu betrachten. Er sah ein Rauchsignal und nahm an, es sei ein Zeichen dafür, dass schweizerische Flieger aufgestiegen waren, um die fremden Flugzeuge zu verdrängen. Kaum hatte der Stadtrat seine Beratungen aufgenommen, als die Bomben in der Umgebung des Stadthauses zu fallen begannen. Bringolf, a.a.O., 340-1

9) New York Times, 2. April 1944

10) Basler Nachrichten, 3. April 1944

11) Bringolfs Bericht an den Schaffhauser Grossen Stadtrat ist in der NZZ vom 13. April 1944 abgedruckt.

12) Insgesamt 270 Personen erlitten unterschiedlich schwere Verletzungen. Andreas Schiendorfer, Schaffhauser Nachrichten, 31. März 1994

13) Max Bendel, Zerstörter Schaffhauser Kunstbesitz, Zürich 1944

14) So handelten beispielsweise die Verantwortlichen des Kunstmuseums Basel. Nationalzeitung, 5. April 1944

15) Für eine lebendige Schilderung der Bombardierung in der Sicht einer einzelnen Schweizer Familie und ihre Auswirkungen auf die Bürger von Schaffhausen, vergleiche Peter Vogelsanger, Mit Leib und Seele. Erlebnisse und Einsichten eines Pfarrers, Zürich 1977, 196-9

16) NZZ, 3. April 1944

17) Pfarrer Vogelsanger berichtet vom neugefundenen Respekt der Schaffhauser für die Luftschutzsirenen. Eine Konfirmationsfeier am 2. April, welcher er vorstand, «wurde unterbrochen durch neuen Luftschutzalarm. Während man früher nicht mehr auf diese Alarme geachtet hatte, flohen wir nun beim ersten Zeichen in einen nahen, grossen Luftschutzkeller, und dort setzte ich die Feier fort. Es war wohl die eindrücklichste Konfirmationsfeier, die ich je erlebte...» A.a.O., 201

18) Harrison an Cordell Hull, 20. April 1944, Record Group 59, 411.54, National Archives, Washington

19) Freys Artikel wurde auch im Berner «Bund», 12. April 1944, abgedruckt.

20) NZZ, 3. April 1944

21) Washington Star, 2. April 1944

22) New York Times, 2. April 1944

23) Nationalzeitung, 3. April 1944

24) Journal de Genève, 4. April 1944

25) Harrison an Cordell Hull, 2. April 1944, Record Group 59, 411.54, National Archives

26) Journal de Genève, Gazette de Lausanne, Nationalzeitung, alle vom 3. April 1944

27) 4. April 1944

28) 5. April 1944

29) Vergleiche dazu Heinz K. Meier, Friendship under Stress. U.S.-Swiss Relations 1900–1950, Bern 1970, 146-7

30) Zur Entwicklung des Bildes der Schwesterrepubliken vergleiche James H. Hutson, The Sister Republics, Washington 1992. Deutsche und französische Ausgaben vom Stämpfli-Verlag, Bern 1992, herausgegeben.

31) Meier, a.a.O., 263, Anmerkung 29

32) New York Times, 5. April 1944

33) Michael Sherry, The Rise of American Air Power. The Creation of Armageddon, New Haven 1987, 144

34) NZZ, 8. April 1944

35) New York Times, 2. April 1944

36) New York Herald Tribune, 4. April 1944

37) Basler Nachrichten, 3. April 1944

38) 5. April 1944

39) Harrison an Cordell Hull, 20. April 1944, Record Group 59, 411.54, National Archives

40) Record Group 165, National Archives

41) A.a.O.

42) Foreign Relations of the United States, Vol. IV, 1944, 793

43) Memorandum vom 5. April 1944, Spaatz-Papiere, Box 17, Manuscript Division, Library of Congress, Washington, D.C.

44) General Thomas T. Handy, Memorandum vom 5. April 1944, Record Group 165, National Archives

45) Washington Star, 9. April 1944

46) Der Prahler war General Ira Eaker. Washington Star, 1. April 1944

47) New York Times, 7. April 1944

48) A.a.O., 3. April 1944

49) Washington Post, 2. April 1944

50) Nationalzeitung, Basler Nachrichten, beide 3. April 1944

51) Legge an War Department, 4. April 1944, Record Group 165, National Archives

52) Taktischer Bericht über den Einsatz vom 1. April 1944, verfasst am 25. April 1944; reel 526.331, Bolling AFB

53) Operationsbericht, 7. Januar 1944, reel 520.331, a.a.O.

54) Hugh Odishaw, Radar Bombing in the 8th Air Force, Seiten 11–12, Spaatz Papers, Box 80, Manuscript Division, Library of Congress. Odishaws Aufsatz ist eine gründliche Nachkriegseinschätzung der Wirkung des Radars in der 8th Air Force. Der Autor war Mitarbeiter des Strahlungslabors am Massachusetts Institute of Technology.

55) A.a.O., 39

56) A.a.O., 61/62

57) Spaatz an Arnold, 14. März 1945, Spaatz-Papiere, Box 21, Manuscript Division, Library of Congress

58) Die Zahlen über am 1. April flugtüchtige Flugzeuge variieren in den verschiedenen Luftwaffenberichten leicht.

59) Operationsbericht, 8th Air Force, 1. April 1944, reel 520.332, Bolling AFB

60) Taktischer Bericht über den Einsatz vom 1. April 1944, 25. April 1944, reel 526.331, Bolling AFB

61) Bericht des Leitnavigators (Christian Koch), 392. Bombergruppe, 3. April 1944, reel 526.332, a.a.O.

62) Bericht 392. Bombergruppe, reel BO 445, GP 391-92, a.a.O.

63) 8th Air Force, Operationsbericht vom 1. April 1944, verfasst am 24. Juni 1944, reel 520.331, a.a.O.

64) Bericht des Leitnavigators (C. E. Shuler), 44. Bombergruppe, 2. April 1944, reel 526.332, a.a.O.

65) A.a.O.

66) Bericht des Operationsoffiziers (Heber Thompson), 448. Bombergruppe, 2. April 1944, reel 526.332, a.a.O.

67) Bericht vom 24. Juni 1944 (vgl. Anm. 63)

68) A.a.O.

69) Bericht des Leitnavigators (Arthur Kline), 448. Bombergruppe, 2. April 1944, reel 526.332, Bolling AFB; Bericht des Formationskommandanten (Carl Fleming), 445. Bombergruppe, 2. April 1944, a.a.O.; Taktischer Bericht über den Einsatz vom 1. April 1944, 25. April 1944, reel 526.331; Spaatz an Arnold, 1. April 1944, Arnold Papers, Box 190, Manuscript Division, Library of Congress

70) Operationsbericht vom 24. Juni 1944 (vgl. Anm. 63)

71) Bericht des Leitbombenschützen (John King), 44. Bombergruppe, reel 526.332, Bolling AFB

72) Operationsbericht, 24. Juni 1944; Taktischer Bericht, 25. April 1944 (vgl. Anm. 63 und 60)

73) Bericht des Leitbombenschützen (Joseph Whittaker), 392. Bombergruppe, 1. April 1944, reel 526.332, Bolling AFB; General Thomas Handy an General Barnwell Legge, 6. April 1944, Record Group 165, National Archives. Andere Teilnehmer am Angriff anerkannten, dass sie ein «Gelegenheitsziel» und nicht Ludwigshafen angegriffen hatten.

74) Bericht des kommandierenden Piloten (James McFadden), 392. Bombergruppe, 3. April 1944, reel 526.332, Bolling AFB

75) Bericht des Leitnavigators, 392. Bombergruppe (vgl. Anm. 61)

76) A.a.O.

77) Bericht des Leitbombenschützen, 392. Bombergruppe (vgl. Anm. 73)

78) NZZ; 3. April 1944, Harrison an Cordell Hull, 20. April 1944, Record Group 59, 411.54, National Archives

79) Bericht des Leitnavigators, 44. Bombergruppe (vgl. Anm. 64)

80) Bericht des Leitbombenschützen, 44. Bombergruppe (vgl. Anm. 71)

81) A.a.O. Charles McBride, der am 1. April in der 448. Bombergruppe flog, publizierte im Jahr 1989 ein Buch, das eine Darstellung des Angriffs auf Schaffhausen enthält, die mit Leutnant Kings Darstellung übereinstimmt. Nach McBride wusste Leutnant A. N. Williams, identifiziert als Leitnavigator der 2. Sektion der 44. Bombergruppe, dass er über der Schweiz war, und befahl der Sektion, ihre Bomben zurückzubehalten. McBrides Darstellung basiert auf gewissen Dokumenten und auf den Erinnerungen noch lebender Besatzungsmitglieder 45 Jahre nach dem Ereignis. Wieviel Glaubwürdigkeit seiner Beschreibung von Leutnant Williams Handlung zugemessen werden kann, ist unsicher. Sein Buch enthält an anderer Stelle nämlich gewichtige Fehler. So schreibt er, «am 22. Februar 1945» sei Schaffhausen mit namhaften Verlusten an Menschenleben «erneut getroffen worden». Es ist seltsam, dass in den offiziellen Akten der Air Force kein Bericht eines Leutnant Williams existiert und dass kein solcher Name in den offiziellen Untersuchungsberichten über die Bombardierung Schaffhausens auftaucht. Vgl. Charles McBride, Mission Failure and Survival, Manhattan, Kansas, 1989, 79, 126

82) A.a.O.

83) Legge an War Department, 2. April 1944, Record Group 165, National Archives

84) Basler Nachrichten, 3. April 1944

85) NZZ, 3. April 1944

86) Die Zahlen über abgeworfene Bomben stammen aus den Einsatzberichten von King und Whittaker; vgl. Anm. 71 und 73

87) Ein neuerer Autor hat festgestellt, Schaffhausen sei von 366 Bomben und neun Blindgängern getroffen worden. Andreas Schiendorfer, Schaffhauser Nachrichten, 31. März 1994

88) Journal de Genève, 3. April 1944

89) Bericht, 392. Bombergruppe, April 1944, reel BO 495; GP 391-2, Bolling AFB

90) War Department an Legge, 6. April 1944, Record Group 165, National Archives

91) Legge an War Department, 22. April 1944, a.a.O.

92) Stimson an Cordell Hull, 18. April 1944, a.a.O.

93) Memorandum über ein Gespräch zwischen Bruggmann und Paul Culbertson, 2. Mai 1944, a.a.O.

94) NZZ, 31. März / 1. April 1984

95) Franco Battel, Zum 50. Jahrestag der Bombardierung Schaffhausens am 1. April 1944, Schaffhauser Mappe 1994, 12. Paul Stahlberger hält in der NZZ vom 26./27. März 1994 fest, es werde immer noch spekuliert, der Angriff auf Schaffhausen sei eine Repressalie gegen die schweizerische wirtschaftliche Unterstützung für die deutschen Kriegsanstrengungen gewesen. Er unterstreicht aber, dass der Angriff mit grösster Wahrscheinlichkeit ein tragischer Fehler und das Ziel der amerikanischen Piloten vermutlich Ludwigshafen gewesen sei. Zwei schweizerische militärische Autoren, die offenbar Zugang zu amerikanischen Quellen hatten, stellen in Erinnerungsartikeln fest, das Ziel der amerikanischen Flieger sei Ludwigshafen gewesen. Vgl. Hans von Rotz, Es war ein fataler Irrtum, Schaffhauser Nachrichten, 31. März 1994, und Kurz, Vor 50 Jahren wurde Schaffhausen bombardiert, Schweizer Soldat, April 1994. In einem Leserbrief in der NZZ vom 15. April 1994 führt Toni Schob Charles McBrides «Mission Failure and Survival (Manhattan, Kansas, 1989) als Beweis dafür an, der Angriff am 1. April 1944 sei ein Fehler gewesen. McBride kam in seinem Buch zum Schluss, das amerikanische Ziel sei Ludwigshafen gewesen. Auch der Diplomatiehistoriker Jonathan Helmreich gelangte zur selben Konklusion. Vgl. sein «The Diplomacy of Apology. United States Bombings of Switzerland During World War II», Air University Review, Vol. XXVIII, Mai/Juni 1977, 20–37. All diese Abhandlungen leiden an einer nur begrenzten Benutzung amerikanischer Archive. Sie enthalten deshalb Fehler und sind unvollständig. In amerikanischen militärischen und diplomatischen Archiven ist die Bombardierung Schaffhausens reich dokumentiert und seit Mitte der siebziger Jahre entklassifiziert. Diese Dokumentation beweist über jeden Zweifel hinaus, dass der 14. Combat Wing der 8. Air Force Befehl hatte, Ludwigshafen zu bombardieren, als er am 1. April 1944 Schaffhausen angriff. Franco Battel liegt vollkommen falsch, wenn er festhält, es sei zweifelhaft, ob wirklich Quellen existieren, welche die Frage zweifelsfrei zu klären in der Lage seien, ob der Angriff auf Schaffhausen ein Fehler oder ein Vergeltungsschlag gewesen sei. Battel wird zitiert gemäss: Die Bombardierung, NZZ, 26./27. März 1994

96) Legge an War Department, 20. April 1944, Record Group 165, National Archives

97) In ihrer Entschädigungsforderung ging die schweizerische Regierung von drei separaten Angriffen auf Schaffhausen, Flurlingen-Feuerthalen und Schlatt aus. Gemäss schweizerischer Zählung hatten die Vereinigten Staaten somit vom 1. April 1944 an die Schweiz vierzigmal angegriffen, wofür die Amerikaner auch die Verantwortung übernahmen. Zusätzlich gingen die Schweizer noch von einem Angriff auf Samedan in Graubünden am 1. Oktober 1943 aus, welchen die Vereinigten Staaten im Sommer 1944 anerkannten und mit 56 515 Dollar entschädigten (Hull an Bruggmann, 4. Juli 1944, Record Gorup 59, 411.54, National Archives). Die Vereinigten Staaten übernahmen also die Verantwortung für 41 Angriffe auf die Schweiz während des Zweiten Weltkriegs. Die schweizerische Regierung behauptete, amerikanische Bomber hätten acht zusätzliche Angriffe auf Schweizer Gebiet ausgeführt, für welche die Vereinigten Staaten die Verantwortung ablehnten. Recapitulation of Bombing Claims, Headquarters, U.S. Forces European Theater, Office Theater Chief of Claims, 12. Februar 1947, a.a.O.

98) Legge an Military Intelligence Service, 30. April 1945, Record Group 165, a.a.O.

99) Schweizerisches Aide-Mémoire, 16. Juli 1946, Record Group 59, 411.54, a.a.O.

100) Memorandum, 26. Juli 1944, Record Group 165, a.a.O.

101) Record Group 59, 411.54, a.a.O.

102) Marshall an SHAEF Main, 12. September 1944, Record Group 331, SHAEF 373.5, a.a.O.

103) Memorandum War Department, 10. September 1944, Record Group 59, 411.54, a.a.O.

104) Dossier neutrale und besetzte Länder, Switzerland, Box 139, Spaatz Papers, Manuscript Division, Library of Congress; Bruggmann an Hull, 29. Dezember 1944; Divine an Culbertson, 26. Januar 1945, Record Group 165, National Archives

105) Hull an Stimson, 15. September 1944, Record Group 59, 411.54, a.a.O.

106) Legge an W. B. Smith, 9. November 1944, Record Group 331, SHAEF 373.5, a.a.O.

107) Memorandum General J. E. Hull, 10. Oktober 1944, Record Group 165, a.a.O.

108) Stettinius an Bruggmann, 22. Dezember 1944, Record Group 59, 411.54, a.a.O.

109) Bericht Oberst F. E. Cheatle, 15. Januar 1945, Record Group 165, a.a.O.

110) Zur Operation Clarion vgl. Ronald Schaeffer, American Military Ethics in World War II: The Bombing of German Civilians, Journal of American History, Vol. 67, Juni 1980, 327–330

111) Dossier Switzerland, vgl. Anm. 104

112) Earl Latham, The Communist Conspiracy in Washington, Cambridge, Massachusetts, 1966, 242

113) Neues Winterthurer Tagblatt, zitiert in Harrison an Hull, 31. Januar 1945, Record Group 59, EW 740.00112, National Archives

114) Bund, 24. Februar 1945

115) Journal de Genève, zitiert in Harrison an Hull, 24. Februar 1945, Record Group 59, EW 740.00112, National Archives

116) Bund, 23. Februar 1945

117) Grews Pressemitteilung findet sich in Record Group 59, EW 740.00116, National Archives; Marshalls und Eisenhowers Befehle sind in Record Group 331, SHAEF 373.5, a.a.O.

118) 24. Februar 1945

119) 23. Februar 1945

120) Eisenhower an Marshall, 28. Februar 1945, Record Group 331, SHAEF, 373.5, National Archives

121) Planning for Mission of March 4, 1945, Bericht vom 12. März 1945; Bombing Results, 2nd Division operation no. 863, reel 520.332, Bolling AFB

122) Planning for Mission of March 4, 1945, a.a.O.

123) Track chart, 4. März 1945, a.a.O.

124) Bombing of Neutral Territory, March 4, 1945, Bericht vom 5. März 1945, a.a.O.

125) Two Incidents of Bombing Swiss Territory, March 4, 1945, a.a.O.

126) A.a.O.

127) A.a.O.

128) Dossier Switzerland, vgl. Anm. 104

129) A.a.O.

130) Für detaillierte amerikanische Berichte der Bombardierung von Basel vgl. John A. Lehrs, amerikanischer Vizekonsul in Basel, an Cordell Hull, 7. März 1945, Record Group 59, 411.54, National Archives, und Oberst F. E. Cheatle, Bericht vom 16. März 1945, Record Group 165, a.a.O.

131) Two Incidents of Bombing of Swiss Territory, 4. März 1945, vgl. Anm. 125

132) A.a.O.

133) Bombing of Neutral Territory, March 4, 1945, vgl. Anm. 124

134) A.a.O.

135) A.a.O.

136) Report, 10. März 1945, Record Group 165, National Archives

137) Lehrs an Hull, 7. März 1945, vgl. Anm. 130

138) Vgl. zum Beispiel: Die Tat, 6. März 1945

139) A.a.O., 8. März 1945

140) 5./6. März 1945

141) Harrison an Hull, 7. März 1945, Record Group 59, EW 740.00112, National Archives

142) Journal de Genève, 5. März 1945

143) Currie an Eisenhower, 5. März 1945, Record Group 331, SHAEF 373.5, National Archives

144) Arnold an Spaatz, 28. März 1945, Spaatz Papers, Box 21, Manuscript Division, Library of Congress

145) Grew an Harrison, 5. März 1945, Record Group 59, EW 740.0011, National Archives

146) Record Group 331, SHAEF 373.5, a.a.O.

147) War Department an Spaatz, 6. März 1945, Spaatz Papers, Box 23, Manuscript Division, Library of Congress

148) Der Bericht von Spaatz über das Treffen ist in seinem Nachlass enthalten, 10. März 1945, Spaatz Papers, Box 23, a.a.O.

149) Spaatz an Arnold, 11. März 1945, Spaatz Papers, Box 23, a.a.O.

150) General Barney Giles an Spaatz, 23. März 1945, a.a.O.

151) Bericht Spaatz, 10. März 1945, Anm. 148

152) Eine englische Übersetzung der offiziellen schweizerischen Pressemitteilung, datiert vom 10. März 1945, befindet sich in den Papieren von Spaatz, Box 23, a.a.O.

153) Am 5. Oktober 1945 übernahm die amerikanische Regierung die Verantwortung für geringfügige Schäden, die einige Monate vorher in Brusio, Graubünden, entstanden waren. Die Angriffe vom 4. März waren die letzten Angriffe von Bedeutung auf die Schweiz.

154) Harrison an State Department, 8. März 1945, Record Group 59, 411.54, National Archives

155) 9. März 1945

156) Telegramme vom 5. März 1945, Record Group 331, SHAEF 373.5, National Archives

157) Spaatz Papers, Box 23, Manuscript Division, Library of Congress

158) Louis Micheli gegenüber Harrison, 10. November 1944, Leland Harrison Papers, a.a.O.

159) Swiss Bombing Claims, Entwurf für eine Stellungnahme, Legal Adviser's Office, Department of State, Juli 1949, Record Group 59, 411.54, National Archives

160) Memorandum, Office of the Director of European Affairs, Department of State, 9. Juli 1947, a.a.O.

161) Harrison an State Department, 9. September 1947, a.a.O.

162) John Carter Vincent an State Department, 23. Juni 1948, a.a.O.

163) A.a.O.

164) Vincent an State Department, 20. Juli 1948, a.a.O.

165) Congressional Record, U.S. House of Representatives, 9. Mai 1949, vol. 95, part 5, 1st session, 81st Congress, 5914

166) NZZ, 3. April 1944

Bildnachweis

Seite 145: Hugh Odishaw, «Radar Bombing in the Eighth Air Force,» Spaatz Papers, Box 80. Manuscript Division, Library of Congress.